한국인의 이상향

지리산 화개동

한 국 인 의   이 상 향

지리산 화개동

글 최석기
사진 김종길

저자의 말

이 책은 지리산 화개동(지금의 경상남도 하동군 화개면 일대)을 한국인의 영원한 이상 세계로 보아 이 골짜기에 산재한 다양한 문화와 역사를 조선 시대 선인들의 시선과 기억을 따라가며 재조명한 것이다.

예로부터 지리산에는 다양한 문화가 공존해 왔다. 일찍이 지리산 자락에 사는 사람들에 의해 산신 신앙, 무속 신앙이 발달하였고, 불교와 도교가 전래되면서 불교문화와 도교문화가 꽃을 피웠으며, 조선 시대에는 유교 지식인들이 은거하여 독서하고 수양하는 공간으로 자리를 잡아 유교문화가 꽃을 피웠다.

또 지리산은 중국 사람들이 생각한 바다 건너 신선이 사는 삼신산의 하나로 인식되어 방장산으로 자리 잡았다. 그리하여 현실 세계의 불화를 달래고 근심 없이 살 수 있는 이상 세계 또는 무릉도원의 이미지를 갖게 되었다. 특히 화개동에는 청학동이 있고, 신선과 관련된 전설이 많아 그 어느 골짜기보다 별천지, 무릉도원 등 이상 세계의 이미지가 강하다. 이 책은 바로 이런 지점을 주목하였다.

이 책에서 쓰는 화개동이라는 용어는 화개면 전체 지역을 포함한다. 동(洞)은 본래 물을 함께 사용하는 사람들이 모여 사는 공동체를 의미하는 말로, 유역권(流域圈)을 중심으로 한 용어이다. 이런 관점에서 보면 이 책에서 다루는 부춘동과 덕은동은 화개천 유역에 포함되지 않는다. 그러나 산줄기로 보면 화개 계곡의 큰 범위 안에 이 두 동천이 들어 있을 뿐만 아니라 화개동 입구와 연접해 있다. 또한, 문화적으로도 세속과 일정하게 거리를 두고 은거한 유학자의 은거지이기 때문에 화개동 안쪽의 이미지와 유사성이 있다.

이 책에서는 화개동을 큰 범위로 보고, 다시 그 골짜기 안에서 작은 골짜기의 동천을 나누었다. 탑리와 삼신리, 정금리 일대를 화개동천으로, 부춘리와 덕은리 일대를 부춘동천과 덕은동천으로, 운수리와 용강리 일대를 쌍계동천과 청학동천으로, 범왕리와 대성리 일대를 삼신동천으로 나누어 각각의 공간에 스민 특색 있는 이미지를 찾아내고, 그 속에 담긴 역사와 문화를 발굴하여 조명하였다.

화개동 안에 전해 오는 전설은 어디까지나 민간이나 승려들에게서 전해 내려온 것으로, 근거 없이 만들어져 와전되거나 신비롭게 각색된 것이 많다. 쌍계사 육조정상탑에 관한 전설, 청학동에 대한 전설, 최치원에 대한 전설, 수로왕의 일곱 아들이 성불했다는 전설 등이 그렇다. 이런 전설에 의거해 주장을 하면 자칫 진실을 왜곡할 우려가 없지 않다. 따라서 요즘 유행어로 '팩트[사실]'가 아닌 것은 그

실체를 일정하게 가려낼 필요가 있다. 이 책을 기술하면서 이러한 점에 일정하게 유의하였다.

이 책은 조선 시대 선인들의 시선과 기억을 따라가며 지리산 화개동의 역사와 문화를 발굴하여 조명한 것이기 때문에 현대인들이 알고 있는 것보다 훨씬 풍부한 내용을 담고 있다. 또한 선인들이 보고 들은 것에 의거해 기술하려고 애썼기 때문에 전설을 사실로 믿고 있는 세상에서 전하는 것과는 다른 시각이 있다.

아무쪼록 이 책을 통해 지리산 화개동에 산재한 다양한 문화와 역사가 지리산을 사랑하는 사람은 물론 온 국민들에게 보다 객관적으로 전해지길 바란다. 아울러 지리산 화개동이 우리나라를 대표하는 신선 세계로서의 문화원형을 회복하여 지친 현대인들의 몸과 마음을 정화하고, 인간의 길을 찾는 구도자들이 찾아와 수도하고, 거문고와 범패를 배우는 고유한 음악의 산실이 되어 정신문화의 메카로 거듭나기를 기대해 본다.

2019년 3월
경상대학교 남명학관 산해실에서 최석기가 쓰다.

차례 $\mathcal{1}$장

흐르는 냇물에는 복사꽃 떠가고

최고운이 놀던 바위가 있는 마을

6장

오래된 미래, **화개동**

부록

1장

지리산

화개동

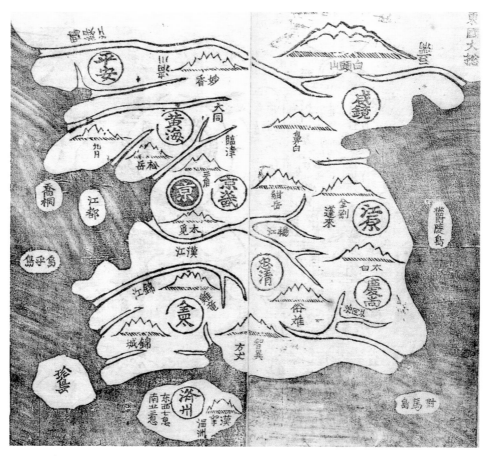

「동국대총(東國大摠)」에 그려진 조선의 명산과 지리산, 『지도서(地圖書)』, 1849년, 서울역사박물관.

·· 금강 봉래, 지리 방장, 한라 영주라 적혀 있다. 금강산, 지리산, 한라산 등의 삼신산과 백두산, 묘향산, 구월산 등의 명산을 위주로 그렸다.

화개동

한국 제일의 명산, 지리산

지리산(智異山)은 3개 도와 5개 시·군에 걸쳐 있는 산으로 1967년 국립공원 제1호로 지정되었다. 그것은 지리산이 외형적으로 크고 넓기 때문만은 아니다. 이 산이 우리나라를 대표하는 산이기 때문일 것이다. 이 산의 이름을 살펴보면 매우 의미 있는 사실을 발견할 수 있다.

지리산이라는 명칭에 대해 오늘날 포털사이트에 떠돌고 있는 '어리석은 사람도 들어가 살면 지혜로워지는 산'이라는 설은 전혀 근거가 없는 낭설이다. 그런데 인터넷을 통해 빠르게 확산되어 마치 이 설이 정설처럼 알려져 있고, 많은 사람들이 아무 생각 없이 그대로 받아들이고 있다. 그러나 지혜 지(智) 자와 다를 이(異) 자가 합성된 한자 어휘 '지리(智異)'에서 그런 의미는 읽어낼 수가 없다.

•• 지리산 노고단 새벽 풍경.

　지리산은 순수한 우리말이 한자로 표기되는 과정에서 지리산(地利山), 지리산
(地理山), 지이산(知異山) 등으로 다양하게 쓰이다가 지리산(智異山)이라는 한자어로
정착되었다. 조선 후기 안덕문(安德文)이라는 학자는 이 지리산의 뜻을 '지혜로
운 사람과 특이한 산물이 많이 생산되는 산'이라는 의미로 풀이하였다. 그렇
지만 애초 그런 뜻으로 이름을 붙인 것은 아니다. 한자로 표기되기 이전의 순
수한 우리말 '지리'에 대해서는 명확하게 전하는 설이 없다. 그러므로 온갖 가
지 추정설이 나오게 된 것이다.

　조선 시대 지식인들은 대부분 지리산을 두류산(頭流山)이라고 불렀다. 그것

은 '백두산이 흘러내려와 국토 남단에 우뚝하게 솟은 산'이라는 의미로 붙인 것이다. 즉, 이는 민족의 영산인 백두산과 한 줄기로 연결된 산을 의미한다. 조선 전기 김종직(金宗直), 조식(曹植) 등 유학자들이 지리산을 유람하고 쓴 유람록에 모두 이 '두류산'이라는 명칭을 사용함으로써 보편적으로 쓰이게 되었다. 이는 우리나라 국토의 조종(祖宗)에 대한 인식이 발전하면서 더욱 의미를 갖게 되었고, 영남과 호남의 중심에 두류산이 자리하여 영남과 호남을 모두 아우르고 진압하는 의미를 갖게 되었다.

지리산의 또 다른 이름은 방장산(方丈山)이다. 방장산은 중국 설화에 나오는 삼신산(三神山)의 하나이다. 삼신산은 봉래산(蓬萊山), 방장산, 영주산(瀛洲山)으로, 당나라 때쯤 되면 이 삼신산이 모두 우리나라의 산으로 알려져 봉래산은 금강산, 방장산은 지리산, 영주산은 한라산으로 인식되었다. 이 삼신상 중에서 한라산은 바다 한가운데에 있고, 금강산은 동해에 치우쳐 있어 일반인들에게 널리 알려지지 못한 반면, 지리산은 영남과 호남의 중간에 있는 데다 인간이 사는 현실 세계에서 그리 멀지 않아 인간의 역사와 함께 문화가 깊이 투영되어 있다. 예컨대 지리산에는 민속문화, 산악문화, 불교문화, 유교문화 등이 다양하게 공존하며 발전해 왔다.

지리산의 또 다른 이름 중 하나가 덕산(德山)이다. 이는 조선 중기의 도학자 남명(南冥) 조식(曹植, 1501~1572)이 지리산의 최고봉인 천왕봉 밑 덕산동(德山洞)에 은거함으로써 이 일대가 조선 도학의 성지로 자리 잡아 그의 후학들이 천왕봉 및 덕산 일대를 덕산이라 불렀다.

이외에도 지리산은 몇 개의 이름이 더 있지만 그렇게 널리 쓰이지 않았기 때문에 굳이 거론할 필요는 없다. 이 땅에서 살아온 사람들에 의해 붙여진 지리산. 신선이 살고 있다는 삼신산의 하나인 방장산. 백두산에서 뻗어내려 국토 남단을 진압하고 있는 두류산. 그리고 도덕군자가 은거한 덕산. 이렇게 아름다운 이름을 두루 가지고 있는 산은 이 세상에 거의 없을 것이다.

이를 다시 말하면 이 땅에서 살아온 민중들의 삶이 투영된 지리산, 우리 민족 강토의 골격이라고 생각한 두류산. 신선처럼 때 묻지 않고 깨끗한 세상을 염원하는 뜻에서 붙인 방장산. 윤리와 도덕이 살아 숨 쉬는 세상을 염원한 사람들의 정신이 깃든 덕산으로 그 이름을 풀이할 수 있다.

이렇게 사람이 사람답게 사는 세상을 만들고자 하는 꿈이 담긴 산이 세상 어느 곳에 있겠는가. 이런 점에서 우리는 지리산을 정복의 대상으로 삼지 말고 숭배의 대상, 순례의 대상으로 삼아야 할 것이다.

지리산의 명승, 화개동

이러한 지리산은 주위에 수많은 고을을 품고 있으며, 사람들은 그 넉넉한 품에 의지해 살아가고 있다. 또한 이 지리산에는 수많은 봉우리와 골짜기가 있는데, 그중에는 우리나라를 대표하는 명승으로 손색없는 곳이 다수 있다. 그런 명승 중 하나가 바로 지리산 권역의 이름난 동천 화개동(花開洞)이다.

화개동은 지금의 행정구역으로 말하면 경남 하동군 화개면을 말한다. '동(洞)'은 사람들이 물을 함께 공유하는 공간을 의미한다. 그래서 물길을 따라

· · 삼신동에서 본 지리산 주능선.

삶의 터전이 형성되었고, 공동체 사회가 만들어졌다. 이처럼 계곡을 중심으로 형성된 유역권(流域圈)은 오랜 기간 역사와 문화가 공존한 문화 공동체였다. 지금의 행정구역은 일제강점기에 만들어진 것으로 유역권을 중심으로 한 공동체 문화를 상당히 파괴하고 있다.

화개동은 지리산 주능선의 삼도봉에서 토끼봉−명선봉−형제봉−벽소령−덕평봉−칠선봉−영신봉의 남쪽으로 흐르는 물이 모이는 곳이며, 세석에서 삼신봉−형제봉으로 이어지는 남부능선에서 서쪽으로 흐르는 물이 모이는 곳이며, 삼도봉에서 불무장등−황장산−촛대봉으로 이어지는 능선에서 동쪽으로 흐르는 물이 모이는 곳이다. 이 안에는 수많은 골짜기가 있어서 물길을 따라

촌락이 형성되어 있다.

화개동은 자연경관이 빼어날 뿐만 아니라, 역사와 문화가 풍부하게 깃들어 있다. 지리산 권역의 다른 어느 동천보다 풍부한 문화와 전설을 간직한 골짜기다. 따라서 이 화개동에 투영되어 있는 예전 사람들의 정서와 이야기를 하나로 묶어 보는 것은 이 공간을 문화적으로 이해하는 데 의미 있는 일이다. 또한 이러한 일은 화개동이 내포하고 있는 이미지를 발굴하고 문화원형을 만들어내는 작업이기도 하다.

화개동이라는 이름은 '꽃이 피어 있는 동네'라는 뜻이다. 그런데 이런 명칭은 그냥 붙여진 이름이 아니고, 그 명칭이 유래한 고사가 있다. 대체로 화개라는 이름은 신라 시대 삼법화상(三法和尙)이 육조(六祖) 혜능선사(慧能禪師, 638~713)의 정상(頂相)을 중국에서 모시고 와 '눈이 쌓여 있는 골짜기 칡꽃이 피어 있는 곳[설리갈화처(雪裏葛花處)]'에 안장한 이야기에서 유래한 것으로 보고 있다. 그 자리는 지금의 쌍계사 금당(金堂)이다.

한겨울 눈 덮인 산하에 칡꽃이 피어 있는 곳이니, 그 장소적 의미가 특별하게 느껴진다. 겨울에 칡꽃이 필 리는 만무하지만, 양지바른 곳이기에 겨울에도 꽃이 필 만큼 안온한 곳이다. 이 설화를 액면 그대로 믿을 수는 없지만, 적어도 사계절 꽃이 필 만큼 기후와 환경이 갖추어진 곳이라고는 할 수 있다.

이러한 자연환경을 가진 곳이 화개동인데, 언제부턴가 그 안에 청학(靑鶴)이 사는 청학동이 있다고 알려져 청학동으로 이름나게 되었고, 또 신라 시대 최치원(崔致遠)이 이곳에 들어와 신선이 되었다고 알려지면서부터 신선이 사는 세상으로 인식되었다. 그리하여 우리나라 사람이라면 누구나 한번쯤 가보고 싶어 하는 명승이 되었다.

조선 시대 유학자들이 지리산을 유람한 것을 크게 분류해 보면, 지리산 최고봉인 천왕봉에 올라 공자가 태산(泰山)에 올라 천하를 작게 여긴 정신을 맛보기 위한 경우와 청학동이 있는 화개동을 유람하면서 현실 세계의 불화를 달래기 위한 경우로 나누어 볼 수 있다. 이런 점에서 화개동천은 현실 세계와 떨어져 있는 때 묻지 않고 깨끗한 구역이며, 또 신선이 살고 있는 세계이며, 권력의 억압이 미치지 않는 편안하게 살수 있는 낙토(樂土)로 인식되었다. 그리하여 꼭 한 번 가서 흉금을 상쾌하

··화개동천의 운무.

게 하고, 세속에 찌든 때를 말끔히 씻고 올 수 있는 최적의 장소였다. 이런 점을 생각해 보면, 우리가 화개동을 어떻게 바라보고, 어떻게 보전하고, 어떻게 가꾸어 가야 할지를 찾게 될 것이다.

지리산은 우리나라 국립공원 제1호로 지정되어 있다. 이곳은 자연경관 및 생태가 잘 보전되어 있어 누구나 찾아와 휴식을 취할 수 있는 공간일 뿐만 아니라, 그 속에 담긴 풍부한 역사문화적 유산은 물질문명으로 오염된 우리에게 시원한 청량제 역할을 할 수 있다.

화개동의 동천들

오늘날 화개면의 행정구역은 부춘리, 덕은리, 탑리, 삼신리, 정금리, 운수리, 용강리, 범왕리, 대성리 등 9개 리(里)로 나뉘어 있다. 그러나 예전의 문헌자료를 현재의 리(里) 단위로 분류할 수 없어서 아래와 같이 동천(洞天) 단위로 공간을 구분해서 정리해 보았다. 동천(洞天)이란 산이 빙 둘러 있고 가운데가 뻥 뚫려 있는 공간을 말한다. 그러니까 화개동이라는 큰 범주 속에서 작은 물줄기가 흘러내리는 골짜기를 중심으로 작은 동을 다시 동천 개념으로 분류해서 살펴보려는 것이다.

    화개동천(花開洞天): 탑리, 삼신리, 정금리

    부춘동천(富春洞天)·덕은동천(德隱洞天): 부춘리, 덕은리

    쌍계동천(雙磎洞天)·청학동천(靑鶴洞天): 운수리, 용강리

    삼신동천(三神洞天): 범왕리, 대성리

• •화개동천 초입의 섬진강 풍경.

이러한 공간 구분은 대체로 지형에 따른 것으로 화개동 안에 다시 작은 동천이 있는 것으로 구분한 것이다. 이 가운데 삼신동천은 다시 여러 개의 작은 동천으로 구분할 수 있지만 삼신동천의 문화적 범주 속에 포괄하여 세분하지 않았다.

지형으로 보면 부춘동천과 덕은동천은 화개동 계곡과는 다른 골짜기다. 그렇지만 문화적인 관점에서 보면, 화개동을 찾는 예전 사람들이 함께 떠올렸던 곳이기 때문에 넓은 의미의 화개동 속에 넣기로 하였다. 또한 행정구역으로 보면 두 곳 모두 화개면에 속하기 때문에 아울러 거론해도 무방할 것이다.

화개동천 꽃이 피어 있는 별천지

화개동천 입구는 화개 장터다. 이곳은 화개동에서 흘러내린 화개천이 섬진강과 만나는 곳으로 오일장이 열리는 곳이다. 조영남 씨의 「화개 장터」라는 노래로 유명한 곳이다. 「화개 장터」 노랫말에는, 아랫마을의 하동사람과 윗마을의 구례 사람이 닷새마다 어우러져 장을 펼친다는 내용이 있다. 또 영남과 호남의 화합을 의미하는 뜻으로 남도대교가 가설되어 있다. 그래서인지 요즘 사람들은 화개 장터를 영남과 호남의 사람들이 만나서 교류하는 곳, 또는 화합하는 곳으로만 알고 있다.

그러나 예전의 화개장은 섬진강을 따라 하동 포구에서 배가 들어와 육지의 산물과 바다의 해산물을 교역하던 곳이었다. 그러니까 구례 사람과 하동 사람이 교역하는 장소가 아니라, 지리산에서 나는 각종 산지의 산물과 바다에서 나는 해산물을 사고팔던 장소였던 것이다. 이런 점에서 화개장터는 구례와 하동 사람들의 교역 장소였을 뿐만 아니라, 오히려 육지의 산물과 바다의 산물을 교역했던 곳이라는 상징성이 더 컸다고 볼 수 있다.

예전에는 화개장까지 배가 들어왔다. 그래서 유람객들도 화개장에서 배를 타고 하동 포구까지 내려가기도 했다. 일례로 조선 전기 함양에 살던 정여창(鄭汝昌, 1450~1504)과 김일손(金馹孫, 1464~1498)은 지리산을 유람하고 화개로 내려와 배를 타고 하동까지 내려왔다. 또 1558년 조식(曺植)은 여러 명의 벗과 함께 사천에서 배를 타고 하동 포구를 거쳐 화개까지 올라와서 그다음부터는 육로로 쌍계사와 신흥사 등지를 유람하였다. 이처럼 조선 시대에는 화개에서 하동 포구까지 수로를 이용하는 것이 훨씬 편하고 빨랐다.

또한 큰 배는 화개장터까지 올라오지 못하고 두치진(豆卮津, 지금의 흥룡리 강가)까지 올라왔다. 이러한 사실은 18세기 후반 정약용(丁若鏞, 1762~1836)이 지은 「두치진(豆卮津)」이라는 시를 통해 확인할 수 있다. 정약용은 19세 때 부인과 함께 경상우도 병마절도사로 있던 장인 홍화보(洪和輔)를 만나기 위해 진주로 향하다가 하동 두치진의 장을 구경하였다. 이때 지은 시가 「두치진」인데, 그중에 "포구에 모인 범선의 돛대가 생선꾸러미처럼 줄지어 있네"라고 하였다. 범선이 꾸러미처럼 줄지어 늘어선 모습을 요즘은 상상할 수도 없지만, 불과 2백여 년 전에는 이처럼 두치진이 번성하였다.

또 정약용의 이 시에는 "서쪽으로는 남원으로 통하고, 북쪽으로는 상주까지 통해, 온 나라의 거상들이 이곳에 다 모였구나"라고 하였으며, "개성과 안남의 비단이 여러 곳을 거쳐서 들어오고, 울릉도와 제주도의 생선이 바닷길로 수송되었네"라고 하였다. 이러한 두치진의 모습을 보면, 당시 이 장이 얼마나 번성했는지를 짐작할 수 있을 뿐만 아니라, 이곳이 해외 사람들까지 오는 무역 장소였음을 알 수 있다.

화개장은 화개동으로 들어가는 동구로서 그 안에 삼신동천, 쌍계동천, 청학동천 등 신선 세계가 펼쳐져 있다. 그런데다 화개동천 바로 아래에 조선 전기 유학자 정여창(鄭汝昌)이 은거하여 독서한 악양정(岳陽亭)이 있고, 그 아래 고려 시대를 대표하는 은자 한유한(韓惟漢, ?~?)의 은거지 부춘동천이 있다. 그러니 이곳을 유람하는 사람들은 화개동천에 이르러 특별한 설렘과 감회를 느끼지 않을 수 없었을 것이다.

화개동이라는 명칭은 '꽃이 피어 있는 동네'라는 뜻이다. 봄날의 정경을 떠

올릴 때 지금은 샛노란 개나리와 진분홍 진달래가 눈에 그려지지만, 예전에는 복사꽃이 붉게 피어 있는 도화원(桃花園)의 이미지가 먼저 연상되었다. 특히 냇물에 복사꽃잎이 떠내려오는 풍경은 고요하고 평온한 시골 풍경을 실경처럼 보여준다. 화개동 입구 화개동천은 바로 그런 곳이었다. 꽃이 사방 언덕에 피어 있고, 맑은 시냇물이 졸졸 흘러내리는 도화원과 같은 이미지가 있는 곳이었다.

그래서 화개동천은 그 안의 쌍계동천·청학동천·삼신동천 등의 신선 세계로 들어가는 초입의 선경 이미지, 별천지(別天地)로 들어가는 입구의 현실 세계와 구별되는 이미지 등이 느껴지던 곳이었다. 그런데다 강가 언덕의 청초한 대숲, 시내 양쪽 언덕에 피어 있는 불긋불긋한 꽃들은 이런 느낌을 더욱 증진시켰다. 그리고 바로 아래쪽 덕은동천과 부춘동천에 은자의 유적지가 있으니, 세상을 피해 은거할 만한 장소로서는 최상의 조건이 갖추어진 셈이다. 그래서 화개동천은 속진에 묻지 않은 밝고 깨끗한 신선 세계의 이미지를 충만하게 느끼던 곳이었다.

부춘동천·덕은동천 은자가 사는 곳

부춘동이라는 명칭은 후한(後漢) 광무제(光武帝)와 동문수학한 벗 엄광(嚴光)이 은거한 부춘산(富春山)에서 취한 것으로, 후대에는 은자가 사는 동천에 보편적으로 붙이던 명칭이다. 부춘산은 중국 절강성 동려현(桐廬縣)에 있는 산이다. 그

산 골짜기에 동강(桐江)이 있고, 그 강가에 엄광이 은거하여 낚시질을 했다는 엄자릉조대(嚴子陵釣臺)가 있다.

일설에는 한유한이 이 골짜기에 은거하고 있을 때 임금이 불렀으나 나아가지 않아 불출동(不出洞)이라 불렀는데, 음이 와전되어 부춘동이 되었다고 한다. 그러나 이는 후대에 누군가가 지어낸 말인 듯하다. 또 일설에는 불출동(佛出洞)이라고도 하는데, 이는 부처가 이 동네에서 나와 그렇게 불렀다고 한다. 그러나 이 역시 불출동(不出洞)에서 와전된 설로 보인다.

덕은동(德隱洞)이라는 명칭은 글자 그대로 '도덕군자가 은거한 동네'라는 뜻으로 붙인 이름이다. 이곳은 조선 전기 함양 출신 유학자 정여창(鄭汝昌)이 은거하여 독서를 하던 곳이 있기 때문에 그런 이름이 생긴 것이다.

이렇게 보면 부춘동천과 덕은동천은 고려 시대 한유한과 조선 전기 정여창에 의해 생긴 명칭임을 알 수 있다. 또한 그 명칭의 의미도 '은자가 사는 곳'을 상징한다. 따라서 이 두 동천의 공간 이미지는 '은자가 살던 곳'으로 정리할 수 있다.

쌍계동천·청학동천 더할 나위 없는 신선 세계

쌍계동천(雙磎洞天)과 청학동천(靑鶴洞天)은 하나의 골짜기에 형성된 동천으로 크게 보면 한 동천이다. 굳이 두 개의 동천으로 나눈 것은 불일폭포가 있는 주위의 청학동천이 갖는 의미와 상징성이 워낙 크기 때문에 쌍계동천과 구분한 것이다.

쌍계(雙磎)라는 명칭은 두 시내를 의미한다. 계(磎)는 바위가 많은 시내를 의미한다. 시냇물이 졸졸 흘러내리는 시내가 아니라 바위가 널려 있는 시내다. 실제로 쌍계사 입구 쌍계석문 옆의 시내를 보면 그런 분위기를 실감할 수 있다. 두 시내는 쌍계사의 시내와 삼신동에서 흘러내리는 시내를 의미한다. 그러니까 쌍계사라는 이름은 '이 두 시내 사이에 있는 절'이라는 뜻으로 붙인 이름이다.

쌍계사는 신라 시대 창건된 선종 사찰이다. 쌍계사는 의상대사의 제자인 삼법대사(三法大師)가 창건한 절이다. 이후 진감선사(眞鑑禪師, 774~850)가 중창하여 옥천사(玉泉寺)라 하였는데, 헌강왕 때 쌍계사라고 이름을 바꾸었다.

쌍계사는 불교계의 관점에서 보면 중국 선불교를 크게 확산시킨 육조(六祖) 혜능선사(慧能禪師)의 초상이 모셔져 있었고, 또 진감선사가 중국 선불교를 들여와 이 땅에 퍼뜨린 곳이기 때문에 우리나라 선불교의 본산이라 할 수 있다. 그런데 유학자들의 관점으로 보면, 우리나라 유학의 비조(鼻祖)에 해당하는 고운(孤雲) 최치원(崔致遠)이 만년에 은거한 곳으로, 그의 필적과 비문, 영정과 거처하던 공간이 남아 있는 곳이다. 그러므로 쌍계사는 가야산 해인사와 함께 불우한 천재 문장가 최치원의 만년 은거지로 유명해졌다.

최치원은 근본이 유학자이지만 불우한 시대를 만나 불가(佛家)와 선가(仙家)에 몸을 의탁한 인물로 후인들은 그를 유선(儒仙)이라 칭하였다. 유학자로서 신선이 되었다는 말이다. 조선 시대 유학자들의 유람록을 보면 최치원은 유학자로서 우리나라 문학의 시조로 일컫는다. 그런데 화개동에 전해 오는 전

"푸른 학이 사는 골짜기 청학동에서 최치원이 학을 불러 타고 갔다."

설에는 최치원이 신선이 되어 지리산에 살아 있다는 신선의 이미지가 더 크다.

또한 쌍계사에서 불일폭포로 오르는 길에 최치원이 학을 불러 타고 갔다는 환학대(喚鶴臺)가 있고, 불일폭포 옆에는 청학봉(靑鶴峯)과 백학봉(白鶴峯) 등 학이 살았다는 전설이 있으니, 쌍계사 일대는 최치원으로 인해 신선 세계의 이미지가 더욱 확고히 자리 잡았음을 알 수 있다.

청학동(靑鶴洞)은 글자 그대로 '푸른 학이 사는 골짜기'이다. 청학동이라는 지명은 우리나라에 몇 군데 있다. 심지어 한양 남산에도 있었다. 학은 신선이 벗하는 동물이다. 신선이 사는 신선 세계는 한마디로 속세의 때가 묻지 않은 청정 구역을 의미한다. 즉, 세속적 가치를 떠나 자연의 섭리대로 살아가는 자연인이 곧 신선이다. 신선은 화식(火食)을 하지 않고 벽곡(辟穀)을 하니, 곡식을 먹지 않고 음식을 익혀 먹지 않는 것은 농사를 짓지 않고 자연에서 먹을거리를 구해 먹는다는 뜻일 것이다. 이는 식욕으로부터 해방된 삶을 의미한다.

이런 관점에서 보면 쌍계동천과 청학동천은 이곳을 찾는 이들에게 더할 나위 없는 신선 세계의 이미지가 간직된 곳이다. 그래서 수많은 사람들이 청학동을 찾아 이곳으로 왔던 것이다. 특히 삶이 지치고 힘들 때 세속적 가치로부터 훌쩍 벗어나 이런 신선 세계에 몸을 두면 모든 것을 다 버리고 하늘로 날아가고 싶은 생각이 들 것이다. 그러니 그런 기분을 맛볼 수 있는 최적의 공간이 바로 이 두 동천이었던 것이다.

삼신동천 선인과 승려의 수도처

삼신동은 지리산 주능선 영신봉 밑에 있던 영신사(靈神寺), 의신마을에 있던 의신사(義神寺), 범왕리에 있던 신흥사(神興寺), 이 세 사찰이 있어 삼신동으로 불렸다고 전해진다. 삼신동 구역에는 영신사, 의신사, 신흥사뿐만 아니라, 서산대사가 머물던 내은적암, 일곱 사람이 성불했다는 칠불사 등 이름난 사찰이 많다. 따라서 이곳은 신선과 승려들이 사는 선계(仙界)의 이미지를 간직하고 있다. 특히 지리산 주능선 아래 깊숙한 골짜기에 있는 이 동천은 속인의 발걸음이 미치지 않는 청정한 곳이니, 선인과 승려의 수도처로서는 최적지이다.

지금은 영신사, 신흥사, 의신사가 다 없어져 그 모습을 상상할 수 없다. 그러나 조선 시대만 해도 신흥사는 굉장히 큰 사찰이었다. 특히 경관이 매우 아름다워 수많은 시인묵객이 찾던 곳이며, 유람객들이 꼭 가보고 싶어 했던 곳 중의 하나였다. 그런데다 신흥사에는 최치원과 관련된 일화와 유적까지 남아 있어서 더욱 신선 세계의 이미지를 고조시켰다.

그런데 안타깝게도 지금은 그 흔적조차 찾아볼 수 없다. 신흥사 자리에는 초등학교가 들어서 있고, 그 밑으로 길을 내면서 모두 파괴되어 그 찬란하고 아름답던 경관은 기록을 통해 상상할 뿐이다.

"신선과 승려들이 사는 깊숙한 골짜기에는
속인의 발걸음이 미치지 못한다네."

무릉도원

앞에서 화개동을 몇 개의 작은 동천으로 나누어 각각의 특징적인 이미지를 살펴보았다면, 이제 화개동 전체의 공간 이미지를 정리하면서 문화원형이 무엇인지를 생각해 보자.

우선 화개동은 신선 세계 또는 무릉도원으로 들어가는 초입의 신선한 이미지를 가지고 있다. 화개동이라는 이름 자체만으로도 무릉도원이 있는 상류에서 복사꽃이 떨어져 꽃잎이 떠내려오는 듯한 느낌을 받는다. 이는 마치 진세(塵世)와 구분되는 경계처럼 느껴진다. 절에 가면 일주문이 속계와 법계를 구분하듯이, 화개동 입구의 경계는 바로 그런 느낌을 주는 곳이다. 지금이야 화개 장터로 더 유명하지만 공간 이미지로 볼 때 속되지 않은 신선 세계로 들어가는 동구 같은 이미지가 바로 이 화개동천의 문화원형이라고 해도 좋을 것이다.

화개동천 남쪽에 있는 덕은동천과 부춘동천은 고려 시대 한유한과 조선

「몽유도원도(夢遊桃源圖)」, 안견(安堅), 1447년, 비단에 수묵담채, 38.7×106.5㎝, 일본 덴리[天理]대학교 중앙도서관 소장.

・・왼쪽의 현실 세계에서 오른쪽의 무릉도원으로 그림이 전개된다. 두루마리 그림이라 실제 보는 것은 오른쪽 무릉도원에서 왼쪽 현실 세계로 보게 된다. 무릉도원에는 복숭아꽃이 만발했다.

전기 정여창이 은거한 곳으로 도덕군자가 은거하기 십상인 곳으로서의 공간 이미지가 있다. 그런 데다 이곳은 화개동천과 이웃하고 있기 때문에 신선 세계는 아니지만 신선 세계와 근접한 은자의 공간으로서 그 문화원형을 정립할 수 있다.

다음으로 화개동의 중간쯤에 있는 쌍계동천과 청학동천은 학이 사는 신선 세계를 상징한다. 그런 데다 우리나라 신선의 비조라 일컬어지는 최치원이 만년에 살던 공간이니, 신선 세계로서의 상징성은 그 어느 곳보다 탁월하다. 물론 불가의 관점에서 보면 육조 혜능선사의 초상이 모셔져 있었고, 진감선사

같은 선사가 주석하던 곳으로 우리나라를 대표하는 선종 사찰이다. 그러나 일반인의 시선으로 보면 고려 시대 이인로처럼 불화를 달랠 수 있는 최적의 장소이다. 따라서 쌍계동천과 청학동천은 그 문화원형이 신선이 사는 세계라고 할 수 있다.

영신사, 의신사, 신흥사 및 내은적암과 칠불사가 있는 삼신동은 화개동의 제일 안쪽 골짜기이다. 이곳은 대체로 일반인들의 발길이 잘 닿지 않던 곳으로 불가의 승려들이 살던 곳이다. 그래서 삼신동은 불자의 수도처였다. 운상원(雲上院)에서 옥보고가 거문고를 공부한 이야기, 칠불사에서 일곱 사람이 성불한 이야기, 의신사의 의신조사 이야기, 내은적암에 은거한 서산대사, 신흥사에서 불경을 강론하던 이야기 등은 모두 이곳이 수도처였음을 말해준다. 이는 삼신동이 승려들의 수도처로서 자리 잡았음을 의미한다.

이처럼 화개동은 전체적으로 무릉도원, 신선 세계, 은자의 공간, 선인과 승려의 수도처 등으로 문화원형을 정리할 수 있다. 그런데 이 네 가지 가운데 가장 중요한 것이 무릉도원으로 인식되었다는 점이다. 이는 특히 현실 세계에서 고통을 받던 민중들의 염원이 투영된 것이다. 그러므로 이 무릉도원 이미지는 화개동 전체의 제일 중요한 문화원형이라고 해야 할 것이다.

무릉도원은 중국 진(晉)나라 때 도연명(陶淵明)이 지은 「도화원기(桃花源記)」가 알려지면서 나타난 인식이다. 「도화원기」의 도화원이 무릉도원(武陵桃源)으로 알려지게 되었고, 무릉도원은 권력의 폭압이 미치지 않는 낙토(樂土)로 인식되었다. 「도화원기」는 진시황 때 학정을 피해 무릉도원으로 숨어든 사람들이 사는 곳을 찾아간 기록이다. 전제군주 시대에는 어느 곳에서나 권력자의 횡

"골짜기의 입구가 서쪽으로 향해 있었다. 골이 매우 웅장하고 깊었다.
큰 시내가 산속에서 흘러내려 바위를 치며 우레 소리를 냈다.
화개의 하류는 큰 강으로 흘러 들어갔다."

포와 수탈로 민생은 편안히 살 수가 없었다. 그래서 그들은 곡식을 축내는 쥐에 관리를 비유하였고, 그들의 폭거가 미치지 않는 낙토를 꿈꾸었으니, 그곳이 바로 무릉도원이다. 무릉도원은 현실 세계의 실제적 장소가 아니라 그들의 마음속에 있는 꿈이기도 하였기에 그들은 언제나 그런 곳에서 마음 편하게 살기를 꿈꾸었다.

화개동이 무릉도원으로 인식된 것은 바로 그런 민중의 염원이 투영된 것이다. 그래서 그들은 권력의 칼날이 미치지 않는 별도의 세상, 곧 별유천(別有天)으로 가서 살기를 희망하였다. 별유천은 권력이 미치지 않는 그들만의 세상을 의미한다. 화개동을 '항아리 속의 별천지〔壺中別有天〕'라고 하는 것도 바로 이런 인식에서 나온 것이다.

실제로 1618년 화개동을 유람한 양경우(梁慶遇, 1568~1629)는 화개천의 상류를 무릉도원으로 생각하여 다음과 같이 기록했다.

> 화개에 이르자 골짜기의 입구가 서쪽으로 향해 있었고, 골이 매우 웅장하고 깊었다. 큰 시내가 산속에서 흘러내려 바위를 치며 우레 소리를 냈는데, 큰 강으로 흘러 들어가는 곳이 바로 화개의 하류였다. 여기서부터 강을 따라가는 길을 버리고 시내를 따라 10여 리를 가니 쌍계의 어귀가 나타났다. 한 줄기 물이 쌍계석문에서 흘러내리고, 한 줄기 물은 신흥사(神興寺)로부터 내려와 이곳에서 하나로 합해져서 흘러가니, 이곳이 바로 화개의 상류인 무릉계(武陵溪)였다.[1]

무릉계는 무릉도원에서 흘러나오는 시내를 말하니, 신흥사 위쪽에 무릉도원이 있다고 생각한 것이다. 그러니까 삼신동은 불가의 승려들에게는 수도처였지만, 고통받던 민생들에게는 꿈에도 그리는 무릉도원으로 여겨진 곳이었다.

2 장

무릉도원의 초입 /

화개동천

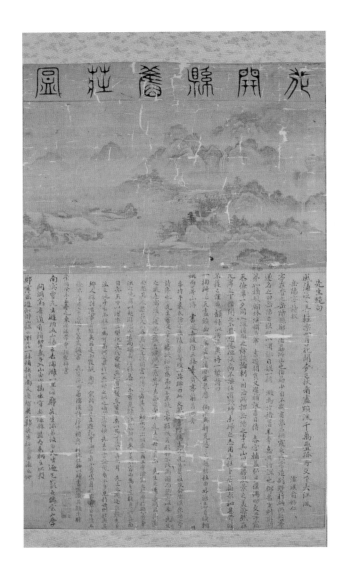

「화개현구장도(花開縣舊莊圖)」, 이징(李澄), 1643년, 비단에 담채, 전체 크기 188.0×67.5cm, 그림 크기 89.0×59.0cm, 보물 제1046호, 국립중앙박물관 소장.

- • 조선 중기의 화가 이징이 정여창 선생의 지리산 별장(구장舊莊)을 그린 그림이다. 그림 하단의 신익성의 발문을 통해 실경을 직접 보고 그린 것이 아니라 기록을 참고하여 그렸음을 알 수 있다. 정여창과 유호인의 시, 제작 배경을 적은 글, 그리고 조식과 정구의 글에서 발췌한 글 등이 있다.

시냇물에 떠내려온 복사꽃잎

무릉도원(武陵桃源)의 무릉은 중국 호남성의 무릉현(武陵縣)이고, 도원은 복숭아나무가 가득한 상류의 골짜기를 의미한다. 무릉도원은 도연명(陶淵明)이 지은 「도화원기(桃花園記)」에서 유래한 말로 이상 세계를 의미한다. 그래서 이상 세계로 향하는 길목에는 「도화원기」에서 말한 것처럼 복사꽃잎이 시냇물에 떠내려오고, 그 상류에 이상향인 도화원이 있다. 화개동천은 바로 그런 무릉도원에서 흘러내린 시내에 꽃잎이 떠내려오는 곳이다. 그러니 그 안쪽 어딘가에는 도화원이 있다고 상상할 수 있다.

고려 시대 이인로가 그랬듯이 예전 사람들은 청학동을 찾아가고 싶어 했고, 무릉도원을 찾아가고 싶어

··섬진강에 핀 복숭아꽃.

했다. 특히 이인로처럼 군인들이 정권을 잡고 문인 지식층을 탄압하던 시대에
는 말할 것도 없이 그들의 칼날을 피해 멀리 숨고 싶었으리라.

조선 전기 김극성(金克成, 1474~1540)은 화개동을 지나가다 대나무 숲 사이로 지
은 집이 매우 정결하고 사랑할 만하여 시를 한 수 지어 벗에게 보였다.

> 저 사람 반드시 우리 임금을 알진 않겠지만,
> 대숲 사이에 집을 짓고 훌쩍 무리를 떠났네.
> 몇 이랑 땅을 사서 성남에 터전을 정하려다,
> 쌍계사 입구 한 계곡의 구름과 바꾸었나 보다.
> 未必斯人識此君　竹間開屋便超群
> 欲將數頃城南産　換得雙溪一壑雲[1]

이 시를 보면 인간 세상을 훌쩍 떠나 당시의 임금이 누구인지도 모른 채
살아가는 사람들이 살고 있는 곳으로 화개동을 묘사하고 있다. 즉, 무릉도원
으로 인식한 것이다.

16세기 서산대사는 지리산과 인연이 깊은 승려이다. 그는 지리산의 여러
사찰에 머물렀는데, 화개동에도 그의 유적이 많다. 그는 화개동의 경관을 노
래한 시를 여러 편 남겼는데, 다음은 그중 화개동천의 풍광을 담박하면서도
사실적으로 그려낸 시이다.

> 흙덩이는 푸른 바위의 골수가 되었고,
> 소나무는 늙은 용의 비늘이 되었구나.

백운이 서린 개 짖는 소리 들리는 곳,

복사꽃 핀 동천 안에 사람이 살고 있네.

泥爲靑石髓　松作老龍麟

犬吠白雲隔　桃花洞裏人[2]

　이 시의 소재는 흙덩이, 소나무, 흰 구름, 복사꽃이다. 어디서나 접할 수 있
는 그런 소재가 바위, 용, 개 짖는 소리, 동네 사람과 만나 도화원의 신비로운
분위기로 재탄생하였다. 서산대사는 화개동을 도화원에 비유하여 묘사함으
로써 그곳의 자연을 모두 세속과 동떨어진 곳으로 그려냈다.

　이처럼 도화원을 연상시키는 화개동천의 이미지는 여러 사람들의 시선에
도 유사하게 나타난다. 전라도 출신 학자 조위한(趙緯韓, 1567~1649)은 1618년 4월
화개동을 유람하였는데, 화개동천의 자연경관을 다음과 같이 묘사해 놓았다.

　　화개동 입구에서 악양(岳陽)으로 가는 큰길을 버리고, 곧장 작은 길을 따라
　　들어갔다. 큰 시내가 소리를 내며 산에서 흘러내렸다. 그 시내를 따라 10리
　　를 갔는데, 골짜기는 굽이굽이 돌고 바윗길도 구불구불하였다. 비단 같은
　　바위, 옥 같은 꽃들이 굽이굽이마다 피어 기이하고 빼어났다. 말이 가는
　　대로 몸을 맡겨둔 채 느긋하게 즐기면서 가니, 눈도 피로하고 마음도 나
　　른해졌다.[3]

　조위한은 골짜기로 들어가는 길의 굽이굽이에 비단 같은 바위들이 널려 있
고, 옥 같이 고운 꽃들이 지천으로 피어 있는 곳으로 화개동을 그려냈다. 바

"발길 닿는 곳마다 그림 같은 풍경이니 참으로 세상 밖의 별천지로다."

위는 비단처럼 화려하고, 꽃은 옥처럼 곱다는 것은 곧 세속과 떨어진 무릉도원의 모습이다.

또 1618년 윤4월에 화개동을 유람한 양경우(梁慶遇, 1568~1629)는 덕은동천에서 화개동천으로 가는 섬진강 가의 풍광을 "발길 닿는 곳마다 그림 같은 풍경이었다"[4]라고 기술해 놓았다. '그림 같은 풍경'이라는 말은 한 폭의 산수화처럼 느껴지며 무릉도원을 연상시킨다.

경북 인동(仁同) 사람으로 지리산 덕산동에 와서 은거한 신명구(申命耉, 1666~1742)는 1720년 쌍계사를 유람하였는데, 그는 화개장에서 쌍계사로 향하는 10여 리의 풍광을 "산수의 빼어난 경관은 참으로 세상 밖의 별천지로다"[5]라고 하였다. 세상 밖의 별천지가 바로 무릉도원이다.

이처럼 화개동천의 자연경관은 시인묵객들의 눈에 비단 같은 바위, 옥 같은 꽃, 그림 같은 풍광, 세상 밖의 별천지 등으로 인식되었다. 18세기 후반 한양에 살던 박제가(朴齊家, 1750~1805)는 이런 경관을 다음과 같이 그려냈다.

흐르는 냇물에는 복사꽃 떠가고,
최고운이 놀던 바위가 있는 마을.
고상한 이는 원래 냉정한 듯하고,
이름 난 술은 데울 필요가 없네.
나무는 흔들려 거문고 타는 그림자 같고,
이끼는 넓게 펴져 벼루 씻은 흔적인 듯.
여태껏 수많은 유람에 이런 곳 없었으니,
우연히 앉았다가 어느덧 황혼이 되었네.

流水桃花地　孤雲片石村
高人元似冷　名酒不須溫
樹拂彈琴影　苔洋洗硏痕
十游無此適　偶坐遂黃昏[6]

　박제가는 박지원(朴趾源, 1737~1805) 등과 교유한 조선 후기 실학자 중 한 사람
으로 북학(北學)을 주장한 인물이다. 이 시는 유득공(柳得恭, 1748~1807)의 시에 차운
한 것인데, 화개동천의 아름다운 풍광을 섬세하게 그려냈다. 제5구와 제6구
는 비유가 빼어나다. 시인은 이런 화개동천의 자연경관을 자신이 다녀 본 곳
중에서 최고라고 하며, 아름다운 산수에 해가 가는 줄도 모르고 취해 있다.
아마도 절로 자연에 도취되었던 듯하다.
　무릉도원, 별천지는 세속과 일정하게 떨어진 세계를 의미한다. 그곳은 권
력의 힘이 미치지 않는 곳으로 누구나 즐거운 삶을 영위할 수 있는 곳이다.
곧 세루(世累)가 없는 자유로운 세상이다. 그래서 화개동천은 그런 무릉도원,
별천지의 입구로서 세속에서 벗어나는 이미지를 갖게 되었다.

꽃이 핀 세상의 별천지

화개동천은 무릉도원, 별천지의 이미지를 갖고 있으면서 또 한편으로는 신선 세계의 이미지를 갖고 있다. 신선 세계의 이미지는 청학동, 최치원과 깊은 연관을 갖는데 대체로 속세의 티끌이 없는 세상을 의미한다.

속세의 티끌은 사람과 사람의 관계 속에서 일어난 갈등과 불화로, 요즘 말로 하면 스트레스다. 스트레스는 만병의 근원이라고 하니 적절히 스트레스를 풀어주는 것이 필요하다. 예로부터 신선 사상은 스트레스를 풀어주는 방편으로 작용한 면이 있다. 유학자들이 선계(仙界)를 찾아 유람을 하고 단약(丹藥)을 노래한 것이 실제로 신선이 되기를 바란 것이 아니라, 현실 세계에서 오는 스트레스를 날려버리려고 한 측면이 더 강하다.

이런 점에서 청학동천과 삼신동천이 있는 화개동은 누구에게나 더 없이 좋은 신선 세계라 할 수 있다. 삼신동에 주석한 서산대사가 지은 아래의 시를 보면 이곳이 신선 세계로 인식되고 있었음을 알 수 있다.

화개동 안에는 꽃이 아직도 떨어지는데,

청학의 둥지 주변엔 학이 돌아오지 않네.

홍류교 아래로 흐르는 진중한 시냇물이여,

너는 바다로 흐르고 나는 산으로 들어가네.

花開洞裏花猶落　靑鶴巢邊鶴不還

珍重紅流橋下水　汝歸滄海我歸山[7]

　　서산대사는 내은적암에 머물렀던 듯한데, 그곳은 의신마을에서 그리 멀지
않은 곳이다. 홍류교는 유몽인(柳夢寅, 1559~1623)의 유람록에도 보이는데, 유몽인
은 의신사에 들렀다가 신흥사로 내려오는 계곡을 홍류동(紅流洞)으로 칭하고
있다. 그는 홍류동의 명칭에 대해 "이른바 '홍류(紅流)'란 사영운(謝靈運)의 시 '돌
층계에서 붉은 샘물 쏟아지네[石磴射紅泉]'라는 구절에서 취한 것인데, 이를 해
석하는 사람들이 '홍천(紅泉)은 단사(丹砂) 구멍에서 나오는 것이니 홍류라는 이
름은 선가(仙家)의 책에서 유래된 것이다'라고 한다"[8]라고 하였다. 이처럼 홍류
라는 명칭을 신선 사상과 연관시켜 해석하는 설이 있는가 하면, 글자 그대로
풀이하여 '붉은 꽃잎이 떠가는 시내'라는 뜻으로 붙인 것이라는 설도 있다.

　　서산대사의 시는 바다를 향해 달려가는 홍류동의 시냇물과 그 시냇물을
등지고 깊은 산속으로 들어가는 자신을 상대적으로 설정하여 묘한 느낌을 만
들어내고 있다. 산과 물의 대조는 물론, 깊은 산중으로 들어가는 승려의 뒷모
습과 바다를 향해 내달리는 시냇물은 극적인 대조를 이룬다.

　　조선 중기 유몽인(柳夢寅)은 함양에서 등산을 시작하여 천왕봉을 거쳐 세석
평전을 지나 대성동 골짜기로 내려와서 화개동을 지나 구례로 갔다. 그는 화

개동에서 의신사, 신흥사, 쌍계사 등지를 두루 둘러보았는데, 화개동 전체의
이미지를 다음과 같이 노래했다.

깊고 그윽하기만 한 화개동은,

두류산 온갖 골짜기 흐르는 곳.

마을마다 모두 대나무가 우거지고,

어느 곳인들 족두리풀 없는 데 없네.

흰 사슴은 어린애도 능숙히 몰고,

단약(丹藥)은 여자도 만들 줄 아네.

허리에 두른 두 가닥의 긴 끈,

나의 한 자루 붓보다 가볍구나.

窈窕花開洞　頭流萬壑傾

有村皆種竹　無地不生薑

白鹿兒能御　丹砂婦可營

腰間丈二組　於我一毫輕[9]

　유몽인은 화개동의 깊숙한 골짜기를 두류산 온갖 골짜기의 물이 모여 흐르는 곳으로 보았고, 그곳에 사는 사람들은 모두 신선처럼 살고 있는 것으로 그려냈다. 그야말로 임금이 누구인지도 모르고 사는 자연인의 삶이다. 그렇다. 신선이 인간과 별도로 존재하는 생명체는 아니다. 최치원은 현실 세계의 인간이었지만 지리산에 들어가 살면서 신선이 되었다. 그러니 누구나 사심을 버리고 자연의 이치에 순응하면서 살면 신선이다. 인간의 욕망을 모두 내려놓고 자연의 섭리에 따라 살 수 있는 곳, 그곳이 바로 화개동이다.

　그래서 조선 후기 이규경(李圭景, 1788~?)은 화개동에 대해 변증하면서 최치원이 노래한 시를 인용해 놓았는데,[10] 그 시에 "우리나라의 화개동은, 이 세상의 한 별천지[東國花開洞　壺中別有天]"라는 구절이 있다.

　최치원은 화개동을 별유천(別有天)이라고 했고, 다시 그곳을 신선 세계라고 하였다. 별유천은 '별도로 하나의 하늘이 있는 곳'이라는 말이니, 이 세상과 다른 세상이라는 말이다. 그리고 그곳에는 선인이 살고 있다. 최치원의 이 한 마디 평으로 화개동은 더 이상의 말이 필요 없게 되었다. 그래서 단언컨대 자연경관으로나 문화적으로나 화개동은 우리나라 최고의 별천지이고 최고의 신선 세계이다. 그러므로 이곳은 누구나 와서 불화와 갈등을 풀 수 있는 곳으로 그 장소적 이미지를 만들어가야 한다.

은군자의 땅

화개동천은 무릉도원, 신선 세계로 들어가는 초입으로서의 이미지와 함께 인근에 도덕군자가 은거한 곳으로도 기억되었다. 16세기 함양 출신으로 이조 판서까지 지낸 노진(盧禛, 1518~1578)은 화개동 입구에서 정여창을 떠올리며 다음과 같은 시를 지었다.

가는 길 맑고 화창하며 신록이 연하기만 한데,
수옹(睡翁)은 이 길 오가며 몇 번이나 보았는지.
석양빛에 말 세우고 무너진 터를 찾아보는데,
산은 저절로 굽이돌고 강은 절로 흐르는구나.
行趁淸和綠正柔　睡翁來往幾經秋
斜陽立馬尋頹址　山自盤迴江自流[11]

'수옹(睡翁)'은 정여창의 호이다. 노진은 신록으로 물든 맑고 화창한 화개 길을 가면서 이곳에 살던 정여창이 이 자연을 얼마나 보았을까를 떠올렸다. 그리고 정여창이 우거하여 독서하던 집의 무너진 터를 보면서 산수에 깃든 그의 정신을 느껴보려 하였다. 이처럼 화개동천을 찾는 유람객은 인근에 은거한 정여창을 떠올렸다. 그것은 정여창이 조선 전기 사림파의 대표적인 인물이기 때문이다.

정여창은 김종직에게 수학하고 과거에 급제하여 연산군의 스승을 역임하였으나, 무오사화에 연루되어 유배지에서 별세하였고, 1504년 갑자사화 때는 부관참시를 당하였다. 그 뒤 복권되어 문묘에 배향되었다. 그런 조선 전기 도학군자가 벼슬길에 나아가기 전에 이곳에 은거하여 오경과 성리학을 연구했으니, 이곳의 장소적 의미는 사림파 지식인들에게는 특별한 곳으로 다가왔던 것이다.

이런 인식은 조선 시대가 막을 내릴 때까지 지속되었다. 구한말 남원에 살던 정종엽(鄭鐘燁, 1885~1940)은 화개동을 유람한 기록에 다음과 같이 기록해 놓았다.

> 30일. 일찌감치 새벽밥을 먹고 서둘러 출발하여 화개동(花開洞)에 이르렀다. 일두(一蠹) 선생이 지은 '바람에 이리저리 물결치는 부들'이라는 시구를 떠올리니, 당시 강학하던 정자가 어제의 일처럼 날개를 펼친 듯하여 우러러 사모하고 그 풍모를 그려보았다. 감개무량한 마음을 어찌 그만두랴.[12]

정여창이 김일손(金馹孫)과 함께 천왕봉을 거쳐 화개동을 내려와 화개장에서 배를 타고 섬진강을 내려갈 때 지은 「악양(岳陽)」이라는 시의 제1구가 "냇가의

"당시의 정자가 어제의 일처럼 날개를 펼친 듯하여
우러러 사모하고 그 풍모를 그려보았다네."

버들잎은 바람결에 한들한들[風蒲泛泛弄輕柔]"이다. 즉, 정종엽은 정여창의 「악양」이라는 시를 읊조리며 정여창을 추모하는 마음으로 울컥했던 듯하다.

이처럼 화개동천에 이른 유람객들은 자연경관의 아름다움에만 도취되지 않고 인근에 살던 도덕군자 정여창을 기억하며 그가 보여준 문명의 의미를 다시 되새겼다.

3장

은군자의 땅 /

부춘동천과 덕은동천

「부춘산거도(富春山居圖)」, 황공망(黃公望), 1347~1350년(원), 종이에 수묵, 33×636.9cm, 타이완 국립고궁박물원 소장.

• •황공망의 「부춘산거도」는 역대 산수화 가운데 가장 뛰어난 '신품(神品)'이라는 평가를 받는다. 1347년에서 1350년 사이에 절강성 전당강(錢唐江) 상류의 부춘강(富春江)을 배경으로 그린 것으로 알려져 있다.

한유한의 부춘동

지리산의 은군자

부춘동의 지명 유래에 대해서는 앞에서 언급했기 때문에 생략한다. 부춘동은 고려 시대 한유한(韓惟漢, ?~?)이 가족을 이끌고 내려와 은거하여 붙여진 이름이다. 한유한에 대한 정확한 인물 정보는 없다. 어떤 사람은 신선의 한 사람으로 분류하기도 하고, 어떤 사람은 풍수가라고도 한다. 그러나 역사 기록을 통해 살펴보면 한유한은 유학자임이 분명하다. 신선이나 풍수가로 보는 설은 후대에 와전되거나 신비한 인물로 전파되면서 생겨난 이야기인 듯하다.

한유한이라는 인물에 대해 『한국민족문화대백과사전』에는 고려 인종 때의 기인으로 소개하면서 "처음에는 벼슬하였으나 이자겸(李資謙)의 횡포가 날로 심해지자 화란이 장차 일어날 것을 예측하고 가족을 데리고 지리산 악양(岳陽)에서 숨어 살았다"라고 하였다. 이자겸의 난은 1026년에 일어났으니, 그 이전에 개성을 떠나 지리산에 은거한 것으로 보인다.

한편 『고려사절요』 신종 7년 조에는 다음과 같은 기사가 있다.

> 최충헌(崔忠獻)을 수태사 문하시랑 동중서 문화평장사 판병부 어사대사(守太師門下侍郞同中書門下平章事判兵部御史臺事)로 삼았다. 왕은 최충헌이 자기를 세운 공이 있으므로 최충헌을 신하로 대우하지 않고 항상 은문상국(恩門相國)이라 불렀다. 이때 한유한이란 사람이 있었는데 대대로 개성에 살았다. 최충헌이 국정을 마음대로 천단(擅斷)하는 것을 보고 말하기를 "난이 장차 일어날 것이다"라고 하고서 드디어 처자를 이끌고 지리산에 숨었다. 조정에서 그를 불렀으나 나오지 않고 마침내 그곳에서 생을 마쳤다.

이 기사를 보면 한유한은 이자겸의 횡포를 보고 은거한 것이 아니라, 최충헌이 국정을 천단하는 것을 보고서 지리산에 은거한 것을 알 수 있다. 최충헌은 1149년생으로 1201년 이후 국정을 장악하였으니, 한유한은 1204년 지리산에 은거한 것이 된다.

이 두 자료를 두고 볼 때, 『고려사절요』의 기사를 따르는 것이 더 옳을 듯하며, 『한국민족문화대백과사전』의 내용은 오류가 있는 듯하다.

조선 후기 안정복(安鼎福)이 쓴 『동사강목(東史綱目)』 「범례(凡例)」에는 "속세에서 은둔하여 우리 도에 기치를 세운 사람은 널리 찾아서 더욱 자세하게 기록하였으니 한유한, 이자현(李資玄), 안유(安裕), 우탁(禹倬)과 같은 이들이다"라고 하여, 은군자를 특별히 거론하면서 한유한도 그중 한 사람으로 보았다. 그리고 『동사강목』에는 다음과 같이 기록해 놓았다.

> ○ 12월 최충헌에게 수태사 문하시랑 동중서 문하평장사(守太師門下侍郞同中

書門下平章事)를 더하였다.

왕은 최충헌이 자신을 옹립한 공로가 있다는 이유로 특별한 예로 대우하고 은문상국(恩門相國)이라 불렀다.

○ 한유한이 지리산에 들어갔다.

한유한은 대대로 수도에 살았는데 벼슬길에 나아가기를 바라지 않았다. 최충헌이 국정을 천단하는 것을 보고서 "난리가 일어날 것이다"라고 하더니, 드디어 처자를 이끌고 지리산에 은거하였다. 청렴하게 수신하고 절개를 굳게 지키며 세상 사람들과 교유하지 않았다. 뒤에 대비원 녹사(大悲院錄事)에 제수되었으나 나아가지 않았다. 깊은 산속으로 거처를 옮겨 죽을 때까지 돌아오지 않았다. 오래지 않아 과연 거란과 몽고의 난리가 있었다. 세상에 "명사(名士)가 지리산에 숨었다"는 말이 전해지자, 왕이 이 소식을 듣고 사신을 보내 그를 초빙하였으나, 사양하며 말하기를 "외신(外臣)이 알 바가 아니니 왕명을 쉽게 받을 수 없습니다"라고 하였다. 곧 문을 닫고 밖으로 나오지 않았다. 사신이 문을 밀치고 들어가 보니, 벽에 "임금의 한마디 말씀이 산골에 들어오니, 비로소 내 이름 인간 세상에 남아 있는 줄 알았네[一片絲綸來入洞 始知名字落人間]"라는 한 구절만이 쓰여 있었고, 이미 북쪽 창문을 통해 도망을 가 버렸다. 후인들은 그 사람이 바로 한유한이라고 말한다.

　남명(南冥) 조식(曺植)은 한유한에 대해 "국가가 망하려 할 적에 어찌 어진 이를 좋아하는 일이 있겠는가. 이 한유한과 같은 분은 높은 산이나 큰물에 비유하자면 십 층의 봉우리 위에 구슬 하나를 올려놓은 격이고, 천 이랑의 넓은 물결 위에 달이 하나 비춘 격이다"라고 하였다. 또 최씨(崔氏)는 말하기를 "당시는 권간(權奸)이 국정을 농단하였으니, 정히 어진 선비가 멀

•• 한유한이 유유자적하며 노닐던 섬진강 취적대(삽암) 일대.

리 떠날 시기였다. 조정의 신하 중에는 그런 기미를 보고 떠나간 자가 한 사람도 없었는데, 한유한만이 그 일을 결행하였으니 어찌 어진 사람이라고 말하지 않을 수 있겠는가. 그는 당시의 아첨하며 벼슬을 구걸하는 무리 보기를 개나 돼지만큼도 여기지 않는데, 하물며 어찌 그 부름에 나아가려 하였겠는가. 빼어난 풍도와 드높은 절개는 천년 뒤에도 우러러보고 흠모하지 않는 자가 없을 것이다"라고 하였다.[2]

안정복은 한유한을 안유·우탁과 같은 고려 시대의 유학자로 보았다. 그리고 그에 대해 평가한 조식과 '최씨의 논평'을 인용하여 무도한 정권에 나아가지 않고 청렴한 지조를 지킨 인물로 재정립하였다. 그러니까 한유한은 빼어난 풍도와 드높은 절개를 지킨 인물로 자리를 잡은 것이다.

은자의 유허지

부춘동에는 한유한이 살던 터가 남아 있지 않다. 세월이 천년 가까이 흘렀으니 그 자취를 찾기는 어려울 것이다. 그러나 사람들의 머릿속에는 그에 대한 기억이 잊히지 않고 전승되었다. 그리하여 누군가는 한유한이 노닐던 섬진강 가의 바위를 취적대(取適臺)라 하고, 또 취적대(吹笛臺)라고도 불렀다.

취적대(取適臺)는 '한유한이 유유자적(悠悠自適)하며 노닐던 대'라는 뜻이고, 취적대(吹笛臺)는 '한유한이 피리를 불던 곳'이라는 뜻이다. 지금 섬진강 쪽 바위에 '취적대(取適臺)'라는 글씨가 희미하게 남아 있다.

18세기 황도익(黃道翼)은 취적대에 대해 "또한 녹사대(錄事臺)가 있었으니, 한유한이 은거하여 살던 곳이다. 사람은 떠나가고 대만 덩그렇게 남았는데, 강물은 변함없이 도도하게 흘러간다. 한유한의 청풍을 상상하자 감회가 절로 일어났다. 바위 벼랑에 새겨진 '취적대(取適臺)' 세 글자는 자획이 거의 마모되어 있었다"[3]라고 하였으니, 당시에도 '취적대' 세 글자는 마모되어 희미했던 것을 알 수 있다.

이 취적대는 배를 타고 섬진강을 거슬러 오를 때 마치 삽처럼 보였기 때문에 후인들은 이 바위를 삽처럼 생겼다고 하여 삽암(鍤巖)이라 불렀다. 그리고

어떤 사람은 삽을 꽂아 놓은 것처럼 생겼다고 하여 삽암(插巖)이라고도 불렀다. 이 바위는 조선 전기 조식(曺植)의 유람록에 '삽암(鍤巖)'이라고 되어 있으니, 삽처럼 생겼기 때문에 그렇게 불렀던 것으로 추정된다.

조선 후기 경북 칠곡에 살던 이동항(李東沆)은 삽암을 한유한의 유허지라고 하면서 날마다 물고기 한 마리씩 낚시질하였다고 하였다.[4] 즉, 삽암을 한유한이 낚시질하던 곳으로 여긴 것이다. 이 역시 누구에게서 들은 말인 듯하니, 삽암은 한유한이 낚시질을 하던 곳이기도 하다.

그리고 또 세월이 많이 흐른 뒤 누군가는 이 바위에 모한대(慕韓臺)라고 새겨 넣었다. 이 '모한대'라는 글씨는 지금 선명하게 남아 있어 누구나 볼 수가 있으니, 새겨 넣은 지가 그렇게 오래되지는 않은 듯하다. 모한대라는 명칭은 '한유한을 사모하는 대'라는 뜻이다.

지금은 도로를 내면서 경관이 훼손되어 이 바위에서 삽의 모양을 찾아보기는 어렵다. 또 도로에서 보면 이 바위를 찾기도 쉽지 않다. 더구나 이 이름난 바위 위에 근세 인물이 비석을 세워 놓아 이 바위 본연의 의미를 퇴색시키고 있다.

조선 후기 진주 출신 정식(鄭栻, 1683~1746)은 지리산 권역의 명승을 두루 찾아 다녔는데, 그는 삽암 위쪽에 한유한의 유적지인 취도암(就道巖)이 있다고 하였다.[5] 그러나 그 바위가 어떤 것인지는 아는 사람이 없다.

후인들의 기억

한유한이라는 인물에 대해 최초로 평을 한 사람은 조식(曺植)이다. 조식은 쌍계사 방면을 유람하고 쓴 유람록에서 한유한에 대해 다음과 같이 말하였다.

> 눈 깜짝할 사이에 악양현을 지났다. 강가에 삽암(鈒岩)이라는 곳이 있었는데, 바로 녹사(錄事)를 지낸 한유한(韓惟漢)의 옛집이 있던 곳이다. 한유한은 고려가 어지러워질 것을 예견하고, 처자식을 이끌고 이곳에 와서 은거한 인물이다. 조정에서 그를 불러 대비원(大悲院) 녹사로 삼았는데, 그날 저녁에 달아나 간 곳이 묘연했다고 한다. 아! 나라가 망하려고 할 적에 어찌 어진 이를 좋아하는 일이 있을 수 있겠는가? 어진 이를 좋아하는 것이 착

한 사람을 표창하는 정도에서 그친다면, 또한 섭자고(葉子高)가 용(龍)을 좋아한 것만도 못한 일이니, 나라가 어지러워지고 망하려는 형세에는 아무런 도움이 되지 않는다. 문득 술을 가져오라고 하여 한 잔 가득 따라 놓고, 거듭 삽암을 위해 길이 탄식하였다.[6]

조식 일행은 배를 타고 섬진강을 거슬러 오르며 유람을 하였는데, 삽암에 이르러 쉬면서 한유한을 회상한 것이다. 조식이 언급한 것은 『고려사절요』의 기록과 거의 유사하다. 조식은 한유한이라는 인물을 통해 의리를 드러냈다. "나라가 망하려 할 적에 어찌 어진 이를 좋아하는 일이 있을 수 있겠는가"라는 말은 무도한 정권에 대한 일침이다. 그리고 조정에서 생색내기 식으로 어진 이를 표장하는 정도로는 망하는 나라를 구제할 수 없다는 점도 분명히 하였다. 그런데다 그는 섭자고의 고사를 인용하여 그 점을 더욱 부각시켰다.

조식이 인용한 섭자고의 고사는 이렇다. 섭자고는 춘추 시대 초(楚)나라 섭현(葉縣)의 수령이었던 심저량(沈諸梁)을 말한다. 그는 용을 매우 좋아하여 자기 주변의 곳곳에 용을 새겨 놓았는데, 하늘의 용이 그 소문을 듣고 내려와 창문에 머리를 내밀고 마루에 꼬리를 걸치자, 섭자고가 기겁을 하여 달아났다고 한다. 즉, 섭자고는 실상이 없이 겉으로만 용을 좋아했다는 말이다.

조식은 한유한이라는 역사적 인물을 통해 그 시대 통치자의 부도덕성을 폭로했다. 무도한 정권에 등을 돌리고 거리를 두는 것으로 그친 것이 아니라, 현인을 등용하지 않아 부도덕한 횡포를 일삼는 정권은 반드시 망한다는 사실을 드러낸 것이다. 이는 조식이 역사를 통해 현실 정치를 비판한 것으로 백성을 위한 정치를 해야 한다는 시대정신을 우회적으로 말한 것이다.

조식이 한유한에 대해 언급한 이후로 그의 문하에서 수학한 사람은 물론 이 지역으로 유람을 오는 사람들은 거의 대부분 한유한이라는 인물에 대해 회상하였다. 한유한에 대한 조선 시대 유학자들의 기억은 무도한 정권에 나아가지 않고 지리산에 은거하여 청렴함을 지킨 인물로 보는 것이 대세를 이룬다.

경남 사천 출신 이정(李楨, 1512~1571)은 1558년 부춘동 한유한의 유적지에 이르러 다음과 같이 노래했다.

> 만고에 청풍을 드린 그 옛날 한 녹사,
> 일생을 누추한 마을에 산 나 이 구암.
> 세 번씩이나 찾아오니 누가 그 마음 알리,
> 산꽃은 말을 하려는 듯 이슬방울 떨어지네.
> 萬古淸風韓錄事　一生陋巷李龜巖
> 三度歸來誰會意　山花欲語露戔戔[7]

이정은 한유한을 만고에 청풍(淸風)을 전한 인물로 평가하고 있다. 이정은 한유한의 유적지를 세 차례나 탐방한 것을 알 수 있는데, 제3구를 보면 그가 사화기라는 어려운 시대를 살면서 정계에 남을 것인가, 재야에 물러나 살 것인가에 대해 깊이 고뇌하였음을 알 수 있다.

17세기 전반기에 활동한 조위한(趙緯韓)은 한유한의 유적지를 지나면서 "한 녹사는 지금 어디에 계시는지, 옛 발자취를 계승하는 사람 없구나. 꽃다운 이름 역사에 전해지니, 지난 일을 늘 푸른 소나무에게 묻네[錄事今安在 無人繼故蹤

芳名傳汗竹 往事問寒松]"라고 노래하였다. 그는 한 녹사의 지취(志趣)를 계승하여 은거하는 사람이 없음을 탄식하면서 아울러 세한(歲寒)에도 푸름이 변치 않는 소나무의 지조를 연상하였다. 역시 변치 않는 절개를 통해 청풍을 드린 인물로 한유한을 그리워한 것이다.

19세기 경남 단성에 살던 김인섭(金麟燮, 1827~1903)은 한유한의 유적지에서 다음과 같이 노래했다.

> 두류산 남쪽 기슭에 섬진강이 흐르는데,
> 필마로 지나다가 은자의 유적을 찾았네.
> 거듭 명산에 들어와 그 옛날 생각을 하니,
> 아련히 드높은 절의가 천추에 비추는구나.
> 頭流南麓是蟾津　匹馬會過訪隱淪
> 重入名山寄遲想　炯然高義照千春[9]

선현의 유적지는 이처럼 기억이 전승되어 후대 누군가에게 큰 깨달음을 줄 수 있고, 세상에 아름다운 문화를 이어지게 한다. 그래서 그 기억이 전승되는 것은 매우 소중하다.

취적대의 감회

은자가 유유자적하던 곳

취적대라는 명칭은 '유유자적을 취하는 곳'이라는 뜻이다. 19세기 진주 출신 정달석(鄭達錫, 1845~1886)은 이 대에 오르자마자 낚시질하기 좋은 곳이라고 하였다. 그러면서 왜 취적대라는 이름이 붙여졌는지 알 것 같다고 하였다.[10]

조선 전기 사림파의 종장 김종직(金宗直)은 1472년 함양군수로 재직할 적에 추석을 맞이하여 휴가를 내고 지리산을 유람하였다. 그는 유호인(兪好仁) 등 제자들과 함께 함양 엄천사에서 등산을 시작하여 쑥밭재–영랑재를 거쳐 천왕봉에 올랐다가 주능선을 따라 세석평전 뒤의 영신사에까지 이르렀다. 그리고 한신 계곡 옆 능선을 따라 백무동으로 내려갔다. 김종직은 영신사에 이르러 남쪽으로 쌍계사 방면을 바라보면서 최치원을 회상하였다.

그리고 그는 다시 부춘동에 은거했던 한유한을 떠올리며, "천년 동안 오직 한 사람인 한 녹사는, 붉은 절벽 푸른 고개서 얼마나 소요했을까"[11]라고 노래

"아름다운 이름이 바위에 남아
천년의 풍상 속에서도 글씨가 빛을 발하네."

했다. 김종직은 한유한에 대해 '천년의 역사 속에서 오직 한 사람뿐'이라고 평하였으니, 무도한 정권에 나아가지 않고 절개를 지킨 고려 시대의 유일한 인물로 본 것이다. 그리고 그는 한유한이 붉은 절벽이 있는 강가와 푸른 숲이 우거진 고개를 얼마나 많이 소요했을까를 떠올렸다. 은자가 유유자적하며 살아간 마음을 돌아본 것이다.

이처럼 김종직은 지리산 높은 봉우리에 올라 산천의 경계를 둘러보는 데서 그치지 않고, 그 산천에 살았던 역사적 인물을 떠올리며 그들의 삶과 지향을 생각하였다. 그리고 그들이 남긴 발자취를 통해 어떤 세상을 만들어야 할지를 그렸을 것이다. 이것이 국가와 사회를 걱정하는 진정한 지식인의 마음이다. 요즘 정치인들 중에 정치적 중대 결심을 할 때 지리산을 종주하는 사람이 있다고 들었다. 그런데 그들이 과연 김종직처럼 역사를 떠올리며 삶의 가치를 다시 생각하고 새로운 세상에 대한 큰 그림을 그릴까?

구한말 경남 단성 출신으로 곽종석(郭鍾錫, 1846~1919)에게 수학한 권상정(權相政, 19세기 후반 출생)은 취적대를 지나면서 다음과 같이 노래했다.

강물 소리 고요하고 해는 서쪽으로 기울었는데,
한유한 공이 옛날 우거했던 곳이라고 가리키네.
취적대라는 아름다운 명칭이 바위에 남아 있어,
천년의 풍상 속에서도 글씨에서 빛이 발하네.
江聲寂寂日暉斜　指點韓公舊寓家
取適佳名留石面　風霜千載筆生花[12]

취적대라는 세 글자에서 시인은 옛날 한유한의 고사를 떠올리며 천년을 전해진 한유한의 절의(節義)를 생각하고 있다.

한 점의 누(累)도 없는 곳

한유한이 유유자적한 취적대에 대해 진주에 살던 조식의 재전문인(再傳門人) 박민(朴敏, 1566~1630)은 다음과 같이 노래했다.

> 돌은 희고 시내는 맑아 누 한 점 없는 곳,
> 옛날 사람 그 누가 이 바위 가에 살았던가.
> 임금 소명이 이르자 담장 넘어 달아났으니,
> 방장산에 천추토록 한 신선이 빼어나구나.
> 石白溪淸無點累　昔人誰卜此巖邊
> 絲綸入洞踰垣走　方丈千秋獨一仙[13]

하얀 바위와 맑은 시내, 모두 한 점의 티끌도 없이 깨끗함을 표현한 것이다. 그래서 한유한의 발자취가 묻어 있는 삽암은 한 점의 누(累)가 없는 곳이다. 누는 세루(世累)이다. 세상살이를 하면서 생기는 스트레스다. 박민은 삽암에서 바로 그런 한 점 누도 없는 한유한을 만난 것이다. 그래서 그는 임금의 부름에 응하지 않고 담장을 넘어 달아난 한유한의 절의를 높이 숭상하며 지리산에 영원히 전해질 인물이라고 하였다. 박민이 한유한을 신선이라고 한 것은 세속을 떠났다는 의미로 말한 것이지, 장생불사하는 신선을 가리키는 말은 아니다.

구한말 경남 단성 출신인 권기덕(權基德, 1856~1898)도 삽암에서 청풍을 느끼며 다음과 같이 읊었다.

> 고요하고 적막한 강가의 이 취적대,
> 바위 위엔 청풍이 얼굴에 불어오네.
> 지난 일 아득하여 저곳이라 가리키니,
> 오늘은 내 술을 마시지 않을 수 없네.
> 寥寥寂寂江乙臺　臺上淸風拂面來
> 往事蒼茫空指點　令人此日不慳盃[14]

불의에 무덤덤하게 방조하지 않고 자리를 박차고 일어나 그들의 무리를 떠나서 깊은 산속에 은거하며 절개를 지킨 사람, 어찌 보면 그렇게 대단하게 여겨지지 않을 수도 있다. 그러나 고려 최씨 정권에 대해 아무도 저항을 못하고 입을 다물고 있던 시대에 벌떡 일어나 그 자리를 떠난 것은 진정한 용기가 아니면 할 수 없는 일이다. 그래서 무도한 시대에는 그 정권에 동조하지 않고 지조를 지키며 진정한 인간의 도리가 무엇인지를 알려주는 사람이 있어야 한다.

조선 시대 조식의 후학들이 한유한을 추숭하는 것은 고려 무신정권 시대에 유일하게 정권에 등을 돌린 한유한이라는 인물의 절의를 주목한 것이다.

그래서 권력을 마음대로 휘두르는 추잡하고 더러운 사회 풍상을 맑고 깨끗한 청풍이 부는 세상으로 만들고자 하는 염원이 여기에 담겨 있는 것이다. 강가의 바위 대 하나가 이렇게 세상의 기강을 바로 세우는 역할을 하며 1천여 년을 내려온 것을 우리는 다시 기억해야 할 것이다.

세상을 피한 난세의 현자

삽암을 찾은 유람객들은 취적대에서 또 한유한에 대해 국가가 혼란에 빠질 것을 미리 알고 정계를 떠나 은거한 기미를 안 인물로 보았다. 조선 후기 윤기(尹愭, 1741~1826)의 『무명자집(無名子集)』을 보면 우리나라 역사를 노래한 「영동사(詠東史)」에 "기미를 가장 잘 안 사람은 한유한, 처자식 이끌고 지리산에 들어가 은거했네"[15]라고 하였다. 한유한을 화란이 일어날 기미를 미리 보고서 멀리 떠나 화란을 피한 지혜로운 현자로 본 것이다.

  "미리 기미를 보고 일어난다[見機而作]"는 말은 『주역』 「계사전(繫辭傳)」의 "군자는 화란이 닥칠 기미를 미리 보고서 그 자리에 머물러 있지 않고 떠나 하루의 해가 다 가기를 기다리지 않는다"[16]라는 데에서 취한 것이다. 역사를 돌아보면 무도한 정권이 들어설 적에 그 기미를 알고 떠난 사람이 극히 적다. 그것은 시대정신과 역사 인식이 부족하기 때문이다. 우리는 현대사 속에서도 이런 경험을 꽤나 많이 하였다. 이런 점으로 보면, 한유한을 조선 시대 학자들이 왜 추숭했는지에 대해 수긍할 것이다.

진주에 살던 조식의 문인 성여신(成汝信, 1546~1632)은 삽암에 이르러 한유한을 떠올리며 "녹사 한유한은 고려 말 사람으로, 고려 왕실이 어지러워질 것을 예견하고 이 산속으로 숨어들어 삽암 위에 터를 잡고 살았다. 뒤에 조정에서 대비원 녹사로 부르자 '한 조각 임금의 명령 여기까지 찾아오니, 내 이름이 세상에 알려졌음을 비로소 알겠네'라는 시구를 벽에 써 놓고서 담을 넘어 달아났는데, 어디로 갔는지 아무도 모른다"[17]라고 하였다. 그리고 이렇게 노래하였다.

　　　　눈 내리는 날 옛 시인을 찾아,
　　　　선철(先哲)의 옛터에 올라왔네.
　　　　아래위로 닿은 하늘 소상강(瀟湘江) 물가 같고,
　　　　동남으로 열린 땅은 악양(岳陽)과 흡사하네.
　　　　세상을 피한 맑은 기품 푸른 산처럼 우뚝하고,
　　　　담을 넘은 높은 발자취 흰 구름처럼 떠갔네.
　　　　강산의 늙은이 한 줄기 긴 피리 소리에,
　　　　갈대꽃 억새꽃 흩날려 가을이 깊어 가네.
　　　　訪古騷人雪滿頭　　來登先哲舊林丘
　　　　天連上下猶湘浦　　地坼東南似岳州
　　　　遁世淸標靑嶂立　　踰牆高躅白雲浮
　　　　一聲長笛江山老　　蘆荻花飛入晩秋[18]

　　성여신은 한유한에 대해 '세상을 피한 맑은 기품'이라고 하였다. 역시 고려

"동쪽 울타리에서 국화를 뜯다가 아련히 남산을 바라보네."

「동리채국도(東籬採菊圖)」, 정선(鄭敾), 18세기, 종이에 채색, 22.7×59.7cm, 국립중앙박물관 소장.
「유연견남산도(悠然見南山圖)」, 정선(鄭敾), 18세기, 종이에 수묵, 22.8×62.7cm, 국립중앙박물관 소장.

• • 겸재 정선이 도연명의 「음주飮酒」에 나오는 시의 세계를 그림으로 표현한 그림이다. 전원생활을
　　주제로 은자의 세계를 그린 작품이다. 두 폭 모두 부채에 그렸다.

시대 청풍의 대표적인 인물로 평한 것이다. 무도한 정권에 나아가면 도덕성을 저버리는 것이니, 이는 만고에 죄인이 되는 일이다. 그래서 한유한이 지조를 지키기 위해 왕명을 거역하고 흰 구름처럼 유유히 사라졌다는 것이다.

구한말 일제가 나라를 빼앗자 절명시를 남겨 놓고 스스로 목숨을 끊은 구례에 살던 황현(黃玹, 1855~1910)은 삽암에서 이렇게 노래했다.

> 높다란 삽암의 그림자가 드리워서,
> 동정호 가에 푸른빛이 비추는구나.
> 강가에서 이슬 젖은 국화를 따서,
> 공경히 한유한에게 받들어 올리네.
> 峨峨鍤巖影　青落洞庭畔
> 臨江挹露菊　敬薦韓惟漢[19]

국화는 은자를 상징한다. 도연명(陶淵明)은 중국 진(晉)나라 때 사람으로 대표적인 은자이다. 그는 팽택현령(彭澤縣令)에 제수되었으나 곧 사직을 하고 돌아가며 그 유명한 「귀거래사(歸去來辭)」를 지었다. 「귀거래사」에 보면 "세 오솔길이 황폐해졌지만, 소나무와 국화는 남아 있네[三逕就荒 松菊有存]"라고 하였다. 세 오솔길은 정원에 만든 소나무, 대나무, 그리고 국화를 심어 놓은 길을 말한다. 도연명은 이 세 식물을 특히 사랑하여 벗하며 지냈는데, 국화는 울타리에 빙 둘러 심어 놓았다고 한다.

그의 「음주(飲酒)」라는 시를 보면 "동쪽 울타리에서 국화를 뜯다가, 아련히 남산을 바라보네[采菊東籬下 悠然見南山]"라는 구절이 있는데, 후인들이 이 구절을 만고절창이라고 평하였다. 원나라 때 하중(何中)은 「국(菊)」이라는 시에서 "국화는 은자와 같고, 매화는 열사와 같다[菊花如幽人 梅花如烈士]"라는 명언을 남기기도 하였으니, 국화는 도연명처럼 깊숙이 숨어사는 은자를 상징한다. 또 당나라 때 원진(元稹)은 「국화(菊花)」라는 시에서 "꽃 중에 국화만을 편애하는 것은 아니지만, 이 꽃이 지고 나면 더 이상 꽃이 없어서이네[不是花中偏愛菊 此花開盡更無花]"라고 하여 한 해 찬 서리가 내릴 때 피는 국화의 모습에서 은인자중하는 군자의 지조를 읽어냈다.

황현은 이런 은군자를 상징하는 국화를 한유한에게 꺾어서 바쳤다. 이것이 대수롭지 않게 느껴질 수도 있지만, 황현 같은 분이 한유한을 은군자로 높이 추앙한 것이니, 그 의미가 결코 적지 않다. 이렇게 문화는 만들어가는 것이다. 역사적 사실을 재평가하여 그 시대의 정신을 담아내는 것이다.

한유한의 마음을 안 오직 한 사람

앞에서 언급했듯이, 한유한에 대해 최초로 조명한 인물은 조식이다. 이는 맹자가 백이(伯夷)·숙제(叔齊)를 논평하면서 처음으로 성인의 반열에 올려놓은 것과 같다. 백이·숙제는 주(周)나라 무왕(武王)이 800명의 제후를 거느리고 은(殷)나라 주왕(紂王)을 정벌하러 갈 적에 말고삐를 붙잡고 정벌을 말리다가 받아들여지지 않자 수양산에 숨어 고사리만 캐 먹다가 죽은 인물이다.

주왕은 폭군이었고 무왕은 후대 성인으로 평가되는 인물이다. 또 포악한

군주를 정벌하는 것은 명분상 당연할 듯한데, 백이는 정벌을 반대한 것이다. 그런 그를 맹자는 성인 중에서 청렴을 대표하는 인물이라고 추켜세운 것이다. 물론 맹자가 백이를 성인으로 추대한 것은 그가 평소 털끝만큼도 의롭지 않거나 무례한 것에 대해 주저 없이 단호한 모습을 보였기 때문이다. 백이·숙제는 후세에 주나라의 곡식을 먹지 않고 수양산에서 들어가 고사리만 캐 먹다가 죽은 인물로 일컬어지며, 청렴을 대표하는 인물로 상징화되었다.

이런 점에서 보면 조식이 처음으로 한유한을 논평하면서 무도한 정권에 출사하지 않고 기미를 보고 떠나 협조하지 않은 점을 높이 추숭한 것은 그의 도덕성과 청렴성을 높이 여긴 것이다. 이는 현실을 올바로 인식하고 그에 맞게 대처한 것으로, 부도덕한 정권과 거리를 둔 것이다. 이는 높은 안목과 역사 인식이 없이는 불가능한 일이니, 조식이 한유한을 알아준 것은 맹자가 백이·숙제를 알아준 것과 크게 다르지 않다.

구한말 진주 출신으로 곽종석에게 수학한 하겸진(河謙鎭, 1870~1946)은 "공의 마음 알아준 이로 유독 건중(健仲) 옹이 있었네[知心獨有楗仲翁]"라고 하였는데, 건중(健仲)이 바로 조식의 자(字)이다. 하겸진은 구한말 유학의 도가 무너지고 나라를 빼앗기는 어려운 시대를 살아낸 인물이다. 그는 자정(自靖)하며 유학의 도를 지키는 데 심력을 다한 학자로, 우리나라의 학맥이 없어지지 않고 전해지기를 바라서 『동유학안(東儒學案)』이라는 거질의 책을 편찬하기도 하였다. 그런 그가 삽암에 이르렀을 때의 감회는 남다른 점이 있었을 것이다. 하겸진은 삽암에서 다음과 같은 노래를 지었다.

생각나네, 그 옛날 고려 왕조 막을 내릴 때,

만월대 외로운 성에 쓸쓸히 잡초 무성했지.

구구한 녹사 자리 그가 어찌 벼슬을 하리,

떠나야지, 떠나야지, 장차 어디로 갈 거나.

악양의 산은 높이 하늘 위로 솟구쳤고,

악양의 강물 유유히 흘러 끝이 없구나.

쓸쓸한 나무숲에 운기가 깊숙이 서렸으니,

한 덩어리 바위지만 도리어 즐겁게 살 곳.

해마다 임금의 부름 구중궁궐에서 내려오나,

천 대 수레와 만 종의 녹 참으로 욕이 되네.

그 마음 알아준 이는 오직 남명뿐이었으니,

술 올리고 그때 생각하며 한 차례 탄식했네.

말 타고 찾아온 나 산의 남쪽으로 들어와서,

바위를 오르려 하나 푸른 절벽 오를 수 없네.

바위 위에 비가 내려 이끼 흔적 없어지고,

조수들은 가을이 깊어져서 슬피 배회하네.

노래 한 곡 크게 부르는데 보는 사람 없고,

단지 청풍만이 텅 빈 허공에 울려 퍼지누나.

憶昔崧陽王氣終　滿月孤城寒草碧

區區錄事彼何官　歸歟歸歟將安適

岳陽之山高挿天　岳陽江水流無極

· ·섬진강을 거슬러 오르면서 보면 삽처럼 생겨 삽암으로 불린 취적대.

蕭條萬木雲氣深　一片孤巖還樂國

歲歲絲綸降九天　千駟萬鍾誠爲辱

知心獨有楗仲翁　呼酒當年一歎息

我來驅馬入山陽　躋攀不敢緣蒼壁

巖林雨滴苔痕沒　鳥獸秋深悲躑躅

狂歌一曲不見人　只有淸風灑空綠[20]

　　세상이 어지러울 때 군자가 그리운 법이다. 군자는 덕이 있는 사람이다. 덕
이 있는 사람이란 인간의 길을 알고 그 길을 가는 사람이다. 인간의 길이란

사람답게 사는 길이고, 그것은 맹자가 말씀한 인(仁)에 마음을 두고 의(義)를 실천하는 것이다. 이렇게 함으로써 청풍이 생겨나 사회를 정화한다.

하겸진이 삽암에 와서 이처럼 슬픈 노래를 부른 이유는 무엇일까? 그가 살던 세상에 그런 군자가 없어서일 것이다. 그래서 그는 한유한을 생각하며 청풍을 마음속에 다짐했고, 조식이 한유한을 추숭한 일을 떠올리며 세상에 도덕을 부지시키는 일이 얼마나 중요한지를 느꼈을 것이다. 삽암을 노래한 하겸진의 이 시는 읽는 사람으로 하여금 비분강개한 마음을 일으키게 한다. 문화는 하겸진처럼 잊힌 기억을 복원하여 자기 사회를 정화할 때 그 가치가 빛을 발한다.

정여창의 덕은동

악양정

악양정은 화개면 덕은리 상덕마을에 있다. 덕은리(德隱里)는 '도덕군자가 은거한 마을'이라는 뜻이고, 상덕(上德) 마을은 덕은리를 상덕은·중덕은으로 구분하여 생긴 명칭이다. 조식은 「유두류록(遊頭流錄)」에서 섬진강 가 도탄(陶灘)에서 1리쯤 떨어진 곳에 정여창(鄭汝昌) 선생이 살던 옛 집터가 남아 있다고 하였으니,[21] 그곳이 곧 악양정일 것이다. 지금은 도탄이라는 지명이 없는데, 조식은 삽암에서 10리 상류 지점이라고 하였다. 탄(灘)은 여울로 수심이 얕고 자갈이 많아 물결이 일어나는 곳이다.

악양정은 정여창이 독서하던 정사(精舍)이다. 정여창은 30대 초반에 화개동에 우거하면서 독서하였는데, 39세 때 모친상을 마친 뒤 이곳에 와 악양정을 짓고 독서하였다.[22] 조식은 「유두류록」에서 악양정은 이미 폐허가 되어 집터만 남아 있다고 하였다. 그가 함양 사람인데다 그의 문인들이 화개동에 없어

••악양정은 경상도관찰사와 하동군수가 모두 힘을 보태 1900년에 완성된 것으로 보인다.

서 보존이 되지 못한 듯하다.

악양정은 폐허가 되어 3백여 년 이상 내려왔다. 1744년 화개동을 유람한 황도익(黃道翼, 1678~1753)은 황량하게 버려진 악양정 터를 찾아와 슬픈 감회를 다음과 같이 기술하였다.

> 10리를 가서 일두 정여창 선생의 유허지를 찾았다. 황량하게 잡풀이 우거져 있을 뿐이니, 대현(大賢)이 깃들어 살며 덕을 쌓던 곳이 지금은 초동과 목동의 놀이터가 될 줄을 어찌 알았겠는가? 상심하여 하늘을 우러르고 땅을 굽어보면서 슬픈 감정을 억제할 수 없었다. 그렇지만 아름다운 덕이 세상에 전파되어 장차 천지와 함께 전해질 것이다. 낙양(洛陽)의 화려했던 누정들이 한때 이름을 떨치다가 얼마 지나지 않아 전해지지 않은 것과 비교해 본다면, 어찌 동일한 입장에서 말할 수 있으랴. 오랫동안 이리저리 거닐며 차마 떠나지 못하였다.[23]

1903년 지리산을 유람한 안익제(安益濟, 1850~1909)는 「두류록」에서 1900년 하동 지역의 사림들과 정여창의 본손이 악양정을 새로 짓고, 김굉필·정여창·김일손 등의 시를 새겨 걸어 놓았다고 하였다.[24] 그런데 악양정을 중창하기로 한 논의는 1899년부터 본격적으로 일어나 경상도관찰사와 하동군수가 모두 힘을 보태[25] 1900년에 완공된 듯하다. 그런데 경상도관찰사 조시영(曺始永)이 탄핵을 받고 교체되어 중간에 공사가 중단되었다가[26] 어렵사리 완공된 듯하다.

처음 악양정을 중창하면서 터를 닦을 때 고유한 개기축문(開基祝文)은 이택

••악양정에서 본 섬진강 쪽 풍경.

환(李宅煥)이 지었고, 상량문은 조성가(趙性家)가 지었다. 악양정 건물은 모두 3칸으로 당호는 소학당(小學堂)이라 하였고, 좌우의 협실은 주양재(做樣齋)와 사도재(思道齋)라 하였으며, 문은 경신문(敬信門)이라 하였다. 이렇게 이름을 붙인 것에 대해 처음 중창할 때 지은 최익현(崔益鉉)의 「악양정중수기(岳陽亭重建記)」에는 이렇다 할 설명이 없다. 그런데 1943년 다시 중수할 때 지은 하겸진(河謙鎭)의 「악양정중수기」를 보면, 그 이유를 간략히 설명해 놓았다.

　악양정을 중건하기 전에 이곳에 우거하던 김현옥(金顯玉)과 지역 유림들은 정여창의 학문이 『소학』에 있었기 때문에 『소학』을 강론하는 강계(講契)를 조직하였다. 그 강계의 명칭을 소학계(小學契)라 하였는데, 『소학』을 강론하여 새로운 도덕사회를 지향하자는 의미이다. 이들이 악양정을 중창하는 데 기초를 다졌다. 그래서 악양정 강당의 이름을 소학당이라 한 것이다.

협실의 이름 주양재(做樣齋)에 대해서는 뚜렷한 설명이 없으나 협실 이름도 모두 이런 뜻을 본떠서 지었다고 하였으니, 『소학』을 통해 인간다운 자세를 확립하자는 의미로 주양재라 한 듯하다. 주(做)는 '만들다'는 뜻이고, 양(樣)은 '모양'으로 자신의 모습을 인간다운 군자형으로 만들어가자는 말이다. 사도재(思道齋)는 정여창이 성균관에 유학할 때 잠을 자지 않고 도를 사색했다는 고사에서 취한 것이다.[27] 악양정중수기문은 1900년 중창할 적에 최익현(崔益鉉)이 지었다.[28]

1900년 악양정을 처음 중창할 때 너무 급히 짓다 보니 기와와 재목을 제대로 준비하지 못해 십수 년 사이에 비가 새서 오래 지탱할 수 없게 되었다. 그리고 강당이 협소하여 강학을 하기에 불편하였다. 그리하여 1919년 중수를 시작해 1920년 완공하였는데, 이때의 중수기는 이택환(李宅煥)이 지었다. 이 중수기에 의하면 3칸의 건물을 4칸으로 늘리고, 악양정 뒤에 사우(祠宇)를 지었다.[29] 이수안(李壽安)은 1921년 「악양정중수기」를 지었는데,[30] 이 역시 1920년 중수한 사실을 기록한 것인 듯하다. 1943년 다시 악양정을 중수하였는데, 이때의 중수기는 하겸진(河謙鎭)이 지었다.[31]

정여창

정여창(鄭汝昌, 1450~1504)은 1450년 함양 덕곡리(德谷里) 개평촌(介坪村)에서 태어났다. 자는 백욱(伯勗), 호는 일두(一蠹)·수옹(睡翁), 본관은 하동이다. 일두라는 호는 송나라 때 정이(程頤)가 "나는 사람들에게 혜택도 주지 못하고 세월만 보내고 있으니, 이 세상에 한 마리 좀과 같은 존재이다"라고 한 데서 취한 자호이다. 자신을 한 마리 좀이라고 생각하여 지극히 겸손한 마음으로 의미 있는 삶을 살고자 한 사람이 역사 속에 몇이나 되겠는가. 이런 점에서 정여창의 정신 지향은 후인들에게 깊은 울림을 주고 스승다운 면모를 느끼게 한다.

정여창의 조부 정복주(鄭復周)는 판전농시사(判典農寺事)를 지냈고, 부친 정육을(鄭六乙)은 함길도 병마우후(咸吉道兵馬虞侯)를 지냈다. 1467년 부친이 이시애의 난을 토벌하다가 전사하자, 정여창은 부친의 시신을 모시고 와서 장례를 지냈다.

정여창은 처음 경기도 이천에 살던 이관의(李寬義)에게 찾아가 배웠고, 다시 김종직(金宗直)의 문하에 들어가 『소학』과 사서(四書)를 배웠다. 정여창은 특히 『대학』과 『중용』에 힘을 쏟았다. 이후 지리산 자락인 화개동으로 들어가 발분하여 3년 동안 독서하였다.

31세 때 경학에 밝고 행실이 닦여진 인물로 천거되었고, 34세 때 진사시에 합격하여 성균관에 들어가 수학하였다. 이후 모친상을 당하여 삼년상을 치른 뒤 화개동에 악양정을 짓고 독서하였다. 1490년 별시 문과에 급제하여 예문관 검열에 제수되었고, 곧 시강원 설서로 자리를 옮겨 연산군의 사부가 되었다.

··1552년(명종 7)에 정여창 선생을 모시기 위해 창건된 남계서원.

45세 때 외직을 구하여 안음현감에 부임하여 5년 동안 선정을 폈으며, 관아의 누각인 선화루(宣化樓)를 중건하여 광풍루(光風樓)라고 이름을 바꾸었다. 그리고 정사를 보는 여가에 고을의 자제들을 모아 강학하였다. 당시 합천 야로에 살던 동문인 김굉필(金宏弼)과 만나 학문을 함께 강론하였다.

1498년 무오사화에 연루되어 난언죄(亂言罪)로 곤장 1백 대를 맞고 종성부(鍾城府)로 유배되었다. 7년 동안 유배생활을 하다가 1504년 4월 1일 유배지에서 별세하니 향년 55세였다. 그해 9월 갑자사화가 일어나 부관참시를 당하였다.

1507년 복권되었고, 1517년 우의정에 추증되었다. 1552년 함양 출신인 강익(姜翼) 등이 주선하여 남계서원(灆溪書院)을 세워 제향하였다. 1575년 문헌(文獻)이라는 시호가 내리고, 1610년 문묘(文廟)에 종사(從祀)되었다.

정여창은 이관의의 문하에 나아가 수학한 뒤, 1472년 함양군수로 부임한 김종직의 문하에 나아가 배웠는데, 김종직은 『소학』과 『대학』을 먼저 읽게 한 뒤 『논어』와 『맹자』를 읽게 하였다. 정여창은 다시 화개동 악양정에 들어가 주자의 학규(學規)에 따라 공부하였다. 그는 본원(本源)을 함양하는 것을 덕으로 나아가는 근본으로 삼고, 성리(性理)를 탐구하는 것을 학업을 닦는 근본으로 삼았다.

16세기의 대표적 처사 조식은 정여창에 대해 다음과 같이 평가했다.

> 선생은 바로 천령(天嶺, 함양) 출신의 유종(儒宗)이었다. 학문이 깊고 독실하여, 우리나라 도학(道學)에 실마리를 열어 준 인물이다. 처자식을 이끌고 산속으로 들어갔다가, 뒤에 내한(內翰, 한림원)을 거쳐 안음현감(安陰縣監)이 되었다. 뒤에 교동주(喬桐主, 연산군)에게 죽임을 당했다. 이곳은 삽암에서 10리쯤 떨어진 곳이다. 밝은 철인(哲人)의 행(幸)·불행(不幸)이 어찌 운명이 아니랴.[32]

조식은 정여창에 대해 우리나라 도학에 실마리를 열어준 분으로 평하였다. 이는 곧 우리나라 도학의 연원이 정여창과 김굉필에서 비롯되었다고 본 것이니, 매우 의미 있는 논평이다. 도학은 심성을 수양해서 도덕적 인격을 확립하고 그것을 일상에서 실천하는 학문을 말하니, 『소학』으로 인간 자세를 확립해 도덕적 실천을 중시한 이들이 조선의 도학을 열어준 인물이라고 해도 과

언이 아닐 것이다. 정여창과 김굉필이 있어서 그다음 시대 도학정치를 펼친 조광조(趙光祖)가 나왔고, 도학정치가 비록 실패했지만 그런 영향으로 16세기 이황·조식 같은 대학자가 나와 진정한 도학이 이 땅에 전개되었다.

이런 점에서 김종직 문화의 도학군자로 일컬어지는 정여창과 김굉필이『소학』을 학문의 근본으로 삼아 실천적인 지식인상을 정립한 것은 조선의 문화 풍토를 바꾸는 데 크게 기여하였고, 조선을 동방예의지국으로 변화시키는 데 결정적 기여를 하였다.

『소학』

김굉필은 소학동자(小學童子)로 일컬어졌는데, 정여창도 그와 뜻을 같이하여 『소학』공부에 진력하였다. 그것은 자신의 마음을 다스리고 일상에서 실천하는 것을 학문의 근본으로 여긴 것이다. 또한 문사(文辭)를 위주로 하는 부화한 사회 풍토에 진실한 마음으로 정의롭게 행동하는 지식인상을 정립하는 데 『소학』이 그 무엇보다 절실히 필요하다고 생각한 것이다.

조선 전기 문화는 정여창과 김굉필이 주자가 만든『소학』을 근본으로 하여 일상에서 실천하는 참된 지식인상을 만들고자 하는 노력에 의해 새로운 국면을 맞이하였다. 인간이 먼저 되고 나서 지식을 탐구하자는 것이다. 이는 지식인 중에 예의염치를 모르는 사이비 지식인들이 설치는 사회 풍상을 근본적으로 바꾸어야 한다는 시대정신이 있었기 때문에 가능했다. 그리하여 16세기에 이르면 이황·조식 등 대학자들이 한결같이『소학』을 바탕으로 한 뒤에『대학』을 통해 학문의 규모를 세워야 한다고 하였다.

『소학』은 주자가 만든 수신서로 가르침을 세우는 입교(立敎), 윤리를 밝히는 명륜(明倫), 몸가짐을 공경히 삼가는 경신(敬身), 옛일에서 이런 점을 살피는 계고(稽古) 등 4편의 '내편'과 선한 말과 행실을 모아놓은 선언(善言)과 선행(善行) 2편의 '외편'으로 구성되어 있다.『소학』의 내용은 흔히 '쇄소응대진퇴(灑掃應對進退)의 절도'와 '예악사어서수(禮樂射御書數)의 글'이라고 한다. 이는 일상생활 속에서 해야 할 집안 청소하기, 다른 사람을 대할 때의 태도, 남을 만나러 갈 때와 물러날 때의 예절 등과 예의·음악·활쏘기·말타기·글씨연습·수학 등 실생활에 필요한 기초적인 과목의 학습을 뜻한다.

조선 시대는 김종직 문하에서 김굉필과 정여창 등이 이 책을 중시하여 이 책을 통해 자신의 마음가짐과 몸가짐을 반듯하게 하였고, 16세기에 이르면 기본 학습 교재로 인식되어 경서의 반열에 들어갔다. 그래서 이황은 선조에게 올린「성학십도(聖學十圖)」에 '소학도'와 '대학도'를 차례로 배열하고 상호 불가분의 관계에 있음을 언급하였다.

이처럼 조선 시대 학자들은『소학』을 기초적인 경서로 매우 중시하였는데, 그것은 한마디로 인간이 되고 나서 진리를 탐구하는 공부를 해야 한다는 것이다. 요즘도 한문 공부를 전문적으로 하는 교육기관에서는『소학』을 필수적으로 가르치는데, 학생들이『소학』에 대해 별로 깊은 관심을 갖지 않는다. 그것은 내용이 예절과 인륜을 논하여 고리타분한데다 고사를 인용한 문장의 해석이 결코 쉽지 않기 때문이다. 즉, 읽어도 감동을 주지 못하기 때문이다.

오늘날 주자가 만든 『소학』을 그대로 가르쳐야 한다는 것은 문제가 없지 않다. 그러나 『소학』이라는 책의 성격을 두고 볼 때, 인간 자세 확립이라는 큰 의미가 있기 때문에 윤리와 도덕이 무너지고 예의염치가 사라진 오늘날과 같은 사회에서는 새로운 『소학』교육이 절실히 요구된다. 어떻게 말하고 행동할 것인가, 어떻게 남을 대하고 배려할 것인가, 어떤 윤리관을 갖고 도덕성을 기를 것인가, 옛날 사람들은 교육을 어떻게 하였던가 등등을 살피지 않으면 결코 더불어 사는 행복한 사회를 만들기 어려울 것이다. 이런 점에서 시대에 맞는 새로운 『소학』이 만들어져야 할 것이다.

소학강회(小學講會)

이 지역 유림들은 악양정을 복원하지 못하는 것에 대해 늘 안타깝게 생각하고 있었다. 그런데 구한말 서양 문물이 밀려와 유교의 도가 무너질 위기에 처하자, 이 지역 유림들 사이에서 『소학』을 강론하자는 논의가 일어 소학강계(小學講契)를 창설하였다. 이들은 정여창이 악양정에서 공부한 사실을 떠올리면서 악양정을 보존할

『소학』.

계획을 모색했으나 여력이 미치지 못하였다.

본래 소학강회(小學講會)는 악양정이 중창되기 전에 그곳에 우거한 적이 있는 김현옥(金顯玉)이 주도하여 이 지역에 사는 박제익(朴濟翊)·유계승(劉啓承)·이병헌(李炳憲)·이병욱(李炳郁)·정기수(鄭基洙) 등과 함께 결성한 모임이다. 김현옥은 본디 산청 사람으로 기정진에게 수학한 노사학맥의 학자이다.

정재규(鄭載圭, 1843~1911)는 1891년 우연히 이곳을 지나다 소학강회에 참여하게 되었는데, 당시에 여러 모로 감동을 받아 「악양정회유기(岳陽亭會遊記)」라는 글을 남겼다. 그는 이 글에 다음과 같이 기록해 놓았다.

> 아! 성대하도다. 일두 선생이 의지한 바와 자처한 바는 과연 어디에 있었던가? 바로 주자가 엮은 『소학』 한 책이었다. 이 책을 부모처럼 공경히 하고 신명처럼 신임하였다. 노재(魯齋) 이후로는 이에 대해 들리는 소문이 없었는데, 한훤당(寒暄堂, 金宏弼)만이 백발이 되도록 갓끈을 매고서 스스로를 '소학동자'라 일컬었으니, 광풍제월(光風霽月)도 이에서 벗어나지 않는다고 하겠다. 선생은 한훤당과 더불어 뜻이 통하고 도가 합치되어, 당시 "대유(大猷, 金宏弼)가 선창하면 백욱(伯勖, 鄭汝昌)이 화답한다"는 칭송이 있었다. 이는 선생께서 의지하는 바가 깊고 거처하는 바가 편안하게 된 까닭이니, 또한 『소학』이 아닌 다른 것에서 구해서는 안 될 것이다.[33]

노재(魯齋)는 원나라 때 유학자 허형(許衡)의 자(字)이다. 허형은 『소학』을 매우 중시하여 부모처럼 공경하고 신명(神明)처럼 믿었다고 한다. 우리나라에서는 바로 김굉필과 정여창이 그렇게 하였다. 그래서 정여창의 도학을 다시 계승하기 위해 이들은 『소학』을 강론하는 모임을 결성한 것이다.

김현옥 등에 의해 소학강회가 이어지다가 1899년 지역 유림의 공론이 일제히 일어나 비로소 악양정을 중창하기에 이르렀다. 이들은 악양정을 중창한 뒤 정여창의 학문 정신이 『소학』에 있다고 생각하여 강당 및 협실의 이름을 모두 『소학』에서 취해 명명하였다.[34]

악양정을 중건한 뒤, 이들은 매년 봄가을로 모여 『소학』을 강론하였다. 그리고 주자를 주벽(主壁)으로 하고, 김굉필과 정여창 두 선생을 배향(配享)하여 석채례(釋菜禮)를 거행하였다.[35]

김현옥은 소학강규(小學講規)를 만든 뒤 동문 정재규(鄭載圭)에게 수정을 요청했고, 정재규는 그의 요구를 들어준 뒤 후지(後識)를 써 주었다.[36] 그리고 동문 선배 최숙민(崔琡民)도 후지(後識)를 써 주었다. 최숙민은 후지를 쓰면서 끊어진 도학을 다시 창도해 일으킨 인물로 정여창을 평하면서 우리나라의 주돈이(周敦頤)에 해당한다고 하였다. 그리고 소학강회를 통해 우리나라의 도학이 끊어지지 않기를 바랐다.[37]

악양정의 감회

정여창의 「악양(岳陽)」

정여창은 김일손과 함께 1489년 4월 약 보름 동안 지리산을 유람하였다. 이때 나이가 40세로, 벼슬길에 나아가기 직전이었다. 스승 김종직이 지리산을 유람한 지 17년째 되는 해이다.

이들은 함양에서 출발하여 등구사, 금대암, 용유담, 엄천사를 구경하고 산청 환아정을 둘러본 뒤 단성으로 내려가 단속사를 유람하였다. 다시 청암 오대산 수정사를 거쳐 묵계사를 지나 중산리 계곡으로 올라가 법계사를 거쳐 천왕봉에 이르렀다. 그리고 향적사, 영신사를 거쳐 의신사로 내려와 신흥사, 쌍계사, 불일암 등지를 유람하였다. 그리고 화개에서 배를 타고 섬진강을 내려갔다. 이렇게 유람한 것을 김일손은 「두류기행록(頭流紀行錄)」으로 남겼다.

정여창은 화개에서 배를 타고 섬진강을 내려갈 때 다음과 같이 노래했다.

• • 악양정은 정여창이 독서하던 정사(精舍)이다. 정여창은 30대 초반에 화개동에 우거
하면서 독서하였는데, 39세 때 모친상을 마친 뒤 이곳에 와 악양정을 짓고 독서하
였다.

강가의 버들잎은 바람결에 한들한들,	風蒲泛泛弄輕柔
사월의 화개 땅엔 보리 벌써 익었구나.	四月花開麥已秋
두류산 천만 겹을 두루 다 보고나서,	看盡頭流嗽萬雛
한 조각 배를 타고 큰 강으로 내려가네.	孤舟又下大江流[38]

이 시는 매우 평범해 보인다. 앞의 2구는 음력 4월의 풍경을 노래한 것이

고, 뒤의 2구는 지리산을 다 구경하고 배를 타고 강을 내려가는 정취를 노래한 것이다. 그런데 조선 시대 성리학자들은 이 시를 평범하게 보지 않았다. 그것은 정여창이 조선 초기의 도학자였다는 사실을 염두에 두었기 때문이기도 하겠지만, 그보다는 이 시의 소재로 등장하는 산수(山水)에 대해 특별한 인식이 있었기 때문이다.

일찍이 공자는 "지혜로운 사람은 물을 좋아하고, 어진 사람은 산을 좋아한다"[39]고 하여 산에서 인(仁)을, 물에서 지(智)를 읽어냈다. 주자는 이를 해석하면서 "지혜로운 사람은 사리에 통달해 두루 흘러가며 정체하지 않아 물과 유사한 점이 있기 때문에 물을 좋아한다"라 하고, 또 "어진 사람은 의리에 편안하여 후중(厚重)해서 변치 않아 산과 유사한 점이 있기 때문에 산을 좋아한다"고 하였다.

이런 인식에 의해 조선 시대 학자들은 산수를 통해 자신의 본성을 돌아보고 늘 그 본성에서 벗어나지 않으려 하였다. 그리하여 16세기 안의(安義)에 살던 임훈(林薰)은 "산수는 천지간 하나의 무정물이지만, 산에는 후중한 덕이 있고 물에는 두루 흘러가는 덕이 있으니 실로 사람의 인지지락(仁智之樂)에 근본이 되는 점이 있다. 그러므로 도를 구하는 세상 사람들은 요순과 공자에게서만 도를 구할 뿐만 아니라, 산수에 나아가서 도를 구하지 않은 적이 없다"[40]라고 하여, 산수에서 인지(仁智)를 체득하는 것이 중요하다고 역설하였다.

이런 정신 지향은 조선 시대 학자들에게 산수 유람을 산수를 구경하는 것이 아니라, 인지를 체득하는 현장학습으로 여기게 하였다. 이런 인식은 16세기의 대학자 이황·조식·이이 등에게서 모두 동일하게 나타난다. 그리하여 이

•• 악양정 주련에는 정여창의 시를 새겨 걸었다.

런 인식은 조선 성리학의 근간으로 자리 잡았으며, 산수 유람은 단순한 등산이나 여행이 아니라, 나의 본성을 돌아보고 마음속의 인(仁)과 지(智)를 새롭게 발견하는 구도적 여행이 되었다.

그래서 구한말 노사학맥을 이은 정재규(鄭載圭)는 정여창의 위의 시에 대해 다음과 같이 논평하였다.

일두 선생이 "두류산 천만 겹을 두루 다 보고 나서, 한 조각 배를 타고 큰 강으로 내려가네"라고 읊은 이 절구에 대해, 덕을 아는 사람은 "인욕(人慾)이 말끔히 제거되어 천리(天理)가 유행한 경지"라고 생각한다. 내 일찍이 이 시를 음미해 보건대, 이는 대체로 "증자(曾子, 曾點)가 기수(沂水)에서 바람 쐬고 무우(舞雩)에서 시를 읊조리며 돌아오겠다고 한 것에 대해 공자께서 나는 증점의 지향을 인정한다고 탄식했던 것"과 같은 기상이다. 그러나 증자는 성인을 얻어 그에게 귀의하여 자신을 태화(太和)의 원기 속에 흠뻑 젖어들게 하였으니, 거문고를 옆에 세워두고서 했던 그의 대답은 참으로 적절한 것이었다. 예컨대 선생은 학문이 끊어진 후대에 태어나, 도학을 창도해 밝히기를 자기 자신으로부터 하였으니, 누구를 따라 계발하였겠는가. 오직 덕을 함께한 벗으로 한훤당(寒暄堂, 金宏弼) 선생이 있었을 뿐이다. 선생이 도를 터득하기가 어려웠던 점은 증자보다 훨씬 더하다. 또한 증자는 광자(狂者)이니, 행실이 미치지 못하는 바가 있다. 그러나 선생과 같은 분은 그 행실을 공찰해 보면 효제(孝悌)는 신명(神明)에 통하고, 실천은 법도에 들어맞는다. 그렇다면 선생께서 "한 조각 배를 타고 큰 강으로 내려가네"라고 한 것은, 의상(意像)이 유연(悠然)하여 의지함이 깊어지고 거처가 편안하게 된 여유에서 터득한 것이지, 단지 천부적인 자질로 그렇게 된 것은 아니다.[41]

증점이 자신의 지향을 "늦은 봄날 봄옷이 만들어지면 어른 대여섯 명과 청소년 예닐곱 명과 함께 기수(沂水)에 가서 목욕하고, 무우(舞雩)에서 바람 쏘이고, 시를 읊조리며 돌아오고자 합니다"라고 하자, 공자가 "나는 너의 지향을 허여한다"라고 하였다.[42] 이 이야기에 대해 후대 학자들은 증점의 가치관은 정치적 가치보다 자연에 동화되는 삶을 지향하는 것이라고 평하였다. 그래서 증점이 "기수에 가서 목욕하고, 무우에서 바람 쏘이고, 시를 읊조리며 돌아오고자 합니다"라고 한 말은 후대 자연의 이치에 순응하며 성명(性命)을 온전히 보존하는 삶의 방식으로 인식되어 '풍영지취(風詠之趣)'라 하였다.

그런데 위 인용문을 보면, 정재규는 정여창의 시에 대해 증점의 지취(志趣)보다 더 무르익은 경지에서 나온 것이라고 평한 것을 알 수 있다. 말미의 "의지함이 깊어지고 거처가 편안하게 된 여유에서 터득한 것이다"라는 말은 『맹자』「이루하(離婁下)」에 보이는 것으로, 도리로써 깊이 나아가 자득하여 마음가짐이 편안하고 거기에 의지함이 깊어져서 일상에서 그 근원을 만나는 것을 의미하니, 증점의 경지보다 더 높은 경지에 올랐다는 뜻이다.

이런 점에서 보면 정여창은 지리산 유람을 통해 인(仁)을 체득하고, 다시 배를 타고 섬진강을 내려가며 지(智)를 체인한 경지를 「악양」이라는 시로 노래하였다고 하겠다. 그래서 이들에게 아름다운 산수는 눈으로만 보는 대상이 아니고, 자기 마음속의 보배를 비추어보는 상관물이었다.

구한말의 하장식(河章植, 1873~1941)은 이런 관점으로 악양정에서 흘러가는 섬진강을 바라보며 이렇게 읊었다.

> 악양 땅의 풍물이 정히 생기 있게 피어나,
> 악양정에서 흉금 펴니 가을처럼 상쾌하네.
> 저 한 줄기 기다란 섬진강 물 사랑스러우니,
> 만고토록 흘러 참된 근원을 허여한 듯하네.
> 岳陽風物正肥柔　亭上披衿爽若秋
> 憐渠一帶長江水　如許眞源萬古流[43]

시인은 악양정에서 흘러가는 강물을 바라보며 그 물이 근원이 있는 샘에서 발원하여 흘러가니, 그 물을 보는 사람들은 자신의 참된 근원을 떠올릴 것이라는 생각을 한 것이다. 흘러가는 강물이 근원에서 발원하듯이, 나의 마음도 근원이 있어 생겨나는데 그 근원은 바로 하늘이 부여한 본성이라는 것이다.

「악양(岳陽)」에 차운한 시

정여창의 「악양」에 차운한 시도 여러 편 있는데, 그 가운데 몇 편을 살펴보자. 정여창의 「악양」에 제일 먼저 차운한 사람은 함께 지리산을 유람한 김일손(金馹孫, 1464~1498)이다.

> 만경창파에 노 젓는 소리 부드러운데,
> 맑은 바람 소매 가득 가을인 양 시원하네.
> 아름다운 진면목을 고개 돌려 다시 보니,
> 자취 없는 구름만이 두류산을 지나누나.
> 滄波萬頃櫓聲柔　滿袖淸風却似秋
> 回首更看眞面好　閒雲無跡過頭流[44]

김일손은 배를 타고 섬진강을 내려오면서 지리산의 진면목을 돌아보는 아련한 심경을 노래하였다.

17세기 오국헌(吳國獻, 1599~1672)은 악양정 터에 이르러 정여창의 시에 차운해 다음과 같이 노래했다.

산촌의 옛 풍속이 지금까지도 유연하니,

군자의 유풍이 백년토록 전해지는 때일세.

선생의 옛터를 찾고자 하여 찾아왔지만,

푸른 버들 밑으로 작은 시내만이 흐를 뿐.

山村舊俗至今柔　君子遺風百載秋

舊址欲尋尋往見　綠楊柳下小溪流[45]

악양정 현판.

정여창의 유허지는 조식이 직접 찾아 논평을 한 뒤, 쌍계사 방면을 유람하는 식자들은 이곳을 지나치는 이들이 없었다. 그들은 악양정 유허지에 이르러 옛일을 생각하며 시대를 탄식하였다. 이런 점에서 보면 힘들 때 부모의 산소에 찾아가 하소연이라도 하듯이, 선현의 유적지는 후인들에게 새로운 시대정신을 일깨워주는 장소적 의미를 갖는다. 그래서 선현의 유적은 없어지지 않게 잘 보전해 기억을 전승해야 한다. 오국헌은 악양정 유허지에서 산촌에 전해지는 군자의 유풍을 생각하고 있다.

이런 생각은 오국헌 한 사람만 한 것이 아니다. 구한말의 강영지(姜永祉. 1857~1916)는 정여창의 시에 차운하여 이렇게 노래했다.

> 팔월의 화개 땅에는 술맛이 부드러운데,
> 조각배로 걱정 없이 강을 내려가는 때.
> 일두 선생의 고풍을 어디서 찾아볼 거나,
> 지금도 하늘가의 두류산에 의지해 있네.
> 八月花開酒味柔　孤舟無恙一江秋
> 蠹老高風何處見　至今天畔倚頭流[46]

시인은 정여창이 남긴 높은 풍도가 두류산에 남아 있다고 노래했다. 이는 기억을 잃어버리지 않아 사람들 마음속에 전해졌기 때문이다.

구한말의 권태정(權泰珽, 1879~1929)은 이를 구체적으로 표현하여 다음과 같이 노래했다.

> 처음 보리 익은 누런 들판 길가엔 풀이 파릇파릇,
> 비장한 마음으로 아련히 옛날을 생각하는 때일세.
> 선생이 남긴 스물여덟 자의 시가 전해 내려오니,
> 예로부터 지금까지 탐방객이 끊어지질 않는구나.
> 野麥初黃路草柔　悵然曠感舊時秋
> 遺詩廿八傳來字　今古行人幾涎流[47]

정여창은 무오사화에 연루되어 유배지에서 세상을 떠났고, 또 갑자사화에 부관참시되는 화를 당했다. 그리하여 그가 남긴 시문이 거의 없다. 다행히도 이 「악양」이라는 시가 전해져 그의 마음을 후인들은 알아주게 된 것이다. 정여창이 남긴 28자로 된 칠언절구의 짧막한 시 한 수가 이렇게 후대에 큰 영향을 미칠 줄이야 아무도 몰랐을 것이다. 그래서 기억은 후대에 무한한 서사(敍事)를 낳으며 문화를 발전시킨다.

악양정의 감회

조식의 문인 성여신(成汝信)은 현실 세계의 불화가 극대화되자 벗들과 아들을 거느리고 화개동의 신선 세계를 찾아 울화를 해소하려 하였다. 그리하여 그들은 모두 신선으로 별호를 붙이고 흉금을 깨끗이 씻어내는 유람을 하였다. 그러나 그들의 본분은 신선이 아닌 유학자였기에 정여창의 유허지에 이르러서는 감개한 마음을 금할 수 없었다.

정선생은 유림(儒林)의 종장(宗匠)이시니,
만년 시내 서쪽에 은거하여 지조 지켰네.
석양에 말 세우고 지난 일에 상심하노니,
구름 모양도 강물 빛도 온통 처량하구나.
鄭先生是儒林匠　晚卜幽貞溪水西

• •악양정 뒤편에 있는 정여창 선생의 사당 덕은사.

落日停驂傷往事　雲容水色共悽悽[48]

성여신은 정여창을 유림의 종장으로 평하고 있다. 그것은 사화기에 억울하게 화를 당했을 뿐만 아니라, 조선 초기 도학을 수립하는 데 공헌을 하였기 때문이다. 도학은 심신을 수양하여 인간다운 도리를 실천하는 학문을 말한다. 정여창을 유림의 종장으로 보는 것은 정몽주-길재-김숙자(金叔滋)-김종직으로 이어진 도통(道統)을 정여창과 김굉필이 이었다는 시각에서 볼 때 당연한 것이다.

이런 인식은 구한말까지 이어졌다. 박규호(朴圭浩, 1850~1930)는 "함양 출신 유종께서 돌아가신 지 4백 년 뒤, 하동 사람들이 악양정을 다시 지었네. 활발한 냇물 근원이 깊으니 도의 맥을 보겠고, 높은 산 우뚝 솟았으니 의젓한 모습을 우러르네"[49]라고 하여, 악양정 주변의 산과 물에서 정여창의 모습과 도통을 느끼고 있다.

1900년 악양정을 중창한 뒤에 이곳을 찾은 학자들은 정여창이 도학을 창도해 밝힌 점과 사화에 연루되어 억울하게 처형된 것을 못내 슬퍼하였다. 그러면서 그들은 이 악양정에서 소학강회를 하는 것에 대해 유교의 도를 보존하고 지키는 일이라고 칭송하였다. 아래의 시는 정택중(鄭宅中, 1851~1927)이 지은 것인데 이런 의식이 잘 드러나 있다.

인후한 풍속의 마을을 택해 집터를 잡았고,
도를 들은 현인들이 이곳에 와서 공부했네.
천만 겹의 지리산을 두루 유람하고 나서,
조각배 타고 강을 따라 내려가며 즐기셨지.
요즘 사람들 선생 추모해 정자 새로 짓고,
후학들은 정성스런 마음으로 고서를 읽네.
작은 마을에도 충신한 선비가 없지 않으니,
선생 문하의 정맥을 어찌 소원하다 말하리.
處仁擇里卜其廬　聞道諸賢此地居
千疊方壺看盡後　一航流水下來餘
今人追述增新制　後學虔誠讀古書
十室非無忠信士　師門正脈豈云疏[50]

구한말 서양문물이 밀려오고 나라가 풍전등화에 처했을 때, 지식인들은 다양한 형태로 대응하였다. 그 가운데 하나가 면면이 이어온 도학의 전통을 없어지지 않게 지켜나가는 일이었다. 조선의 도학은 사화와 당쟁을 통해 수많은 사람들이 희생되면서 지켜온 고귀한 것이었다. 마치 우리가 독재정권과 맞서 싸워 자유롭고 정의로운 사회를 만들고자 피를 흘렸듯이, 사화기의 도학자들은 양심과 정의를 위해 목숨을 아까워하지 않았다.

악양정이 중창되기 전에 정여창의 유허지에서 소학강회를 만들어『소학』을 읽으며 스스로 올바른 인간 자세를 확립하고자 한 것은 불가의 정풍 운동으로 일어난 결사(結社)와 유사하였다. 이들은 스스로 올바른 도리를 배워 실천함으로써 부도덕한 사회 풍상을 정화시키고자 하였다. 신문물을 받아들여 새로운 정풍 운동을 하지 못하고 구시대의 이념을 고수한 면이 없지 않지만, 격변기에 개인의 사익만을 좇아 동가식서가숙하는 세태에서 지조를 지키면서 인간다운 길을 걸어가고자 한 점은 높이 평가할 만하다.

악양정에서 강회를 마치고서

앞에서 언급했듯이 김현옥(金顯玉, 1844~1910)을 중심으로 한 몇몇 사람들은 정여창의 유허지에서『소학』을 강론하는 독서회를 만들어 10여 년 동안 활동했다. 그리고 그것이 밑거름이 되어 1899년 지역의 여론이 크게 일어나 1900년 악양정을 중창하기에 이르렀다. 악양정을 중건한 뒤에도 독서 모임은 계속되었는데, 주로 이 지역 노론 계열의 학자들이 주축이 되었다. 그것은 김현옥이 노사학파의 일원이었고, 또 당시 경상우도 지역에는 노사학맥을 이은 조성가 (趙性家)·최숙민(崔琡民)·정재규(鄭載圭) 등 큰 학자들이 강학을 하여 수많은 문인 집단이 형성되어 있었기 때문이다.

구한말 경상우도 지역의 원로 학자였던 최숙민(崔琡民, 1837~1905)은 소학강회 를 마친 뒤 소감을 다음과 같이 노래했다.

> 늙은 이 몸 일마다 오랫동안 낭패를 보았는데,
> 악양정 소학강회가 흰 머리카락을 끌어올리네.
> 지리산 유람한 뒤 배 타고 내려오신 지 삼백 년,
> 젊은 선비들이 그 남기신 향기를 흠뻑 마시누나.
> 衰腸事事久摧柔　小學提醒白髮秋
> 萬疊孤舟三百載　群髦充量飮芳流[51]

이 시는 제목을 통해 알 수 있듯이 소학강회를 마친 뒤 최숙민이 정여창의 「악양」에 차운하여 젊은 선비들에게 보인 것이다. 악양정의 소학강회는 시기 적으로 유교의 도가 망하려 할 때 다시 그 도를 부지하기 위한 공부 모임이었 다는 데 의미를 부여할 수 있다. 이런 정신을 되살려 오늘날에도 곳곳에서 경 서강독회가 일어나야 한다.

최숙민과 비슷한 연배의 정환주(鄭煥周, 1833~1899)도 악양정 소학강회에 참석하 였다가 정여창의 시에 차운하였는데, 그중에 "만 겹의 지리산을 보며 오니 예 전처럼 좋구나, 조각배는 유유히 지리산을 싣고 있네"[52]라고 하였다. 이 시의

•• 1900년에 악양정을 중창한 것은 정여창의 도학을 다시 계승한다는 상징적 의미이다.

'만첩(萬疊)'과 '고주(孤舟)'는 정여창의 「악양」에 보이는 어휘로 만 겹의 지리산과 섬진강 위에 떠가는 조각배는 산수(山水)를 상징하는 말이고, 그것은 곧 요산요수(樂山樂水)의 인지지락(仁智之樂)의 정신을 말한 것이다.

당시 청년이었던 정규석(鄭珪錫, 1843~1911)은 악양정 소학강회에 대해 영원히 그 전통이 이어져 도학이 끊어지지 않고 전할 것이라고 생각하며 다음과 같이 노래했다.

강가의 버들잎은 지금도 바람에 한들한들,
선생이 남기신 그 향기 백세토록 전해지리.

소학계가 해마다 열려 『소학』을 강론하는 곳,

수많은 선비들이 근원으로 거슬러 올라가리.

風蒲泛泛尙輕柔　餘韻可傳百歲秋

修契年年論講地　幾多人士溯源流[53]

악양정 소학강회는 그 역사적 의미가 매우 크다. 20세기로 접어들어 도가 무너지고 나라가 망하려 할 때, 이들은 목숨을 걸고 그 도를 지키려 했다. 특히 경상우도 노사학파에 속한 학자들은 독서종자(讀書種子)가 없어지지 않게 해야 한다는 사명감을 갖고 이런 강독 모임을 곳곳에서 하였으니, 그들이 고군분투한 정신을 이 지역 식자들은 잊지 말아야 할 것이다.

악양정을 중건하고 나서

1900년 악양정을 중창한 것은 정여창의 도학을 다시 계승하는 상징적 의미가 있다. 한 걸음 더 나아가 말한다면 이는 서양문물에 맞서 조선 도학의 정신을 계승하고자 한 것이다. 따라서 이 일은 단순히 정자 하나를 복원한 것으로 볼 것이 아니다. 이러한 사실은 당시 문인들의 시 속에서 얼마든지 찾아볼 수 있다.

문진호(文晉鎬, 1860~1901)는 당시의 감회를 "우리 도가 끝내 실추되지 않을 것을 비로소 알겠으니, 무너진 담장이 다시 형체를 드러낸 것을 기쁘게 보네"[54]

"일두 선생이 은거하여 독서하시던 덕은동,
고을 사람들이 지금 옛날의 정자를 지었네."

라고 노래했다. 그리고 또 이곳에서 강회가 지속되어 도가 다시 살아나는 것을 "강당에서 아침저녁으로 현가(絃歌)의 소리 들리리니, 모진 사람 깨우쳐 청렴하게 하고 혼몽한 사람 불러일으켜 깨어나게 하리"[55]라고 하였다. 이런 정서가 당시 이 지역 지식인들의 대체적인 마음이었다.

한편 진주에 살던 하봉수(河鳳壽, 1867~1939)는 악양정을 다시 중수하여 낙성할 때 다음과 같이 노래했다.

> 일두 선생이 은거하여 독서하시던 덕은동,
> 고을 사람들이 지금 옛날의 정자를 지었네.
> 섬진강에 달이 뜨니 다시 옛날 모습 되었고,
> 방장산에 구름 걷히니 다시 그 모습 드러나네.
> 나그네는 자리에 나아가 백주를 몇 순배 마시고,
> 선비들은『소학』을 들고 젊은 학생들을 모았네.
> 이 하동 땅에 문명의 운수가 정히 열릴 것이니,
> 곤한 잠 속에 빠진 데에서 얼른 깨어나길 비네.
> 一蠹先生德隱洞　縣人今起舊時亭
> 蟾湖月出重回色　方丈雲歸更露形
> 客到初筵巡酒白　士將小學集襟靑
> 河南正啓文明運　大寐要從箇裏醒[56]

시대가 암울할 때, 개인의 심성이 술에 취한 듯이 혼몽할 때, 그로부터 깨어나 또렷하고 맑은 정신을 차려야 한다. 굴원(屈原)이 「어부사(漁父辭)」에서 세상 사람들이 모두 혼몽하게 취해 있다고 하였듯이, 선각자가 아니면 그 혼몽한 꿈속에서 깨어나 자아를 찾지 못한다. 16세기 경상우도 지역의 대학자 조식은 쇠방울을 차고 다니며 잠시라도 혼몽한 정신 상태에 빠져 자신을 제대로 보지 못할까를 걱정하였다. 이런 정신을 계승한 이 지역 유학자들은 꿈속에서 깨어나 각성하는 공부를 중시했다. 그것이 바로 조식이 중시한 항상 마음을 밤하늘의 별처럼 또렷하게 하는 성성법(惺惺法)이다.

조식이 만난 세 사람

조식은 1558년 4월 여러 벗들과 함께 배를 타고 섬진강을 거슬러 올라 쌍계사 등지를 유람하였다. 그리고 돌아갈 적에는 육로를 통해 악양—양보—횡천—옥종을 거쳐 진주로 갔다. 그가 당시 지리산을 유람하고 쓴 「유두류록(遊頭流錄)」은 독자들에게 큰 반향을 불러일으켰는데, 그 이유는 크게 두 가지로 정리할 수 있다. 하나는 역사적 인물에 대한 평가를 통해 자신의 현실 인식과 시대정신을 드러냈기 때문이고, 하나는 일상에서 마음을 성찰하고 극기복례하는 심성 수양의 공부를 유람 중에 조금도 느슨하게 하지 않았기 때문이다. 여기서는 전자에 주목하여 살펴보기로 한다.

조식은 「유두류록」 말미에 다음과 같이 기록해 놓았다.

> 나는 높은 산과 큰 시내를 보고 오면서 터득한 바가 없는 것은 아니었다. 그러나 한유한(韓惟漢)·정여창(鄭汝昌)·조지서(趙之瑞) 이 세 군자를 높은 산과 큰 시내에 비교한다면, 이분들은 십 층의 높은 봉우리 끝에 옥을 하나 더

올려놓은 격이고, 천 이랑의 넓은 수면 위에 달이 하나 더 비친 격이다. 나는 3백 리 길의 바다와 산을 유람하였지만, 오늘 하루 동안에 이 세 군자의 자취를 다 보았다. 물만 보고 산만 보다가, 그 산수 속에 살던 사람을 보았고, 그들이 살던 세상을 보았다. 그러니 산속에서 10일 동안 느꼈던 좋은 생각이 하루 사이에 언짢은 생각으로 바뀌어 버렸다. 훗날 정권을 잡는 사람이 이 길로 와 본다면 어떤 마음이 들지 모르겠다. 또한 산속을 둘러볼 때 바위에 이름을 새겨 놓은 것이 많았는데, 세 군자의 이름은 어디에도 새겨져 있지 않았다. 그러나 그들의 이름은 반드시 만고에 전해질 것이니, 어찌 바위에 이름을 새겨 만고에 전하려는 것과 같겠는가?[57]

조지서는 문과에 급제하여 세자시강원 보덕 등을 역임하고 1495년 창원부사로 내려왔다가 얼마 뒤 사직하고 지리산에 은거한 인물이다. 그는 연산군의 사부를 지냈는데, 1504년 갑자사화 때 연루되어 처형되었다. 조지서의 부인은 정몽주의 현손녀로, 지금의 하동군 옥종면 정수리(당시 정수역旌樹驛이 있었음)에 정려문이 있었다. 조식은 조지서에 대해 '의로운 사람[義士]'이라고 평하며 한 시대의 기강을 부지한 인물로 보았다.

위 인용문에 보이듯이, 조식은 한유한·정여창·조지서 이 세 군자를 아름다운 산수와 비교해 논하면서 "십 층의 높은 봉우리 위에 옥 하나를 더 올려놓고, 천 이랑의 물결 위에 달이 하나 더 비친 격"이라고 하였다. 유람을 하면서 아름다운 산수를 본 것보다 이 세 군자를 만난 것이 더 의미 있었다는 말이다. 조식은 이런 자신의 유람을 한마디로 정리하여 "물을 보고 산을 보고, 그리고 그 산수 속에 살던 사람을 만나고, 그들이 살던 세상을 보았다[看水

「도원선경도桃原仙境圖」, 구영(仇英), 명나
라 말기, 비단에 채색, 175×66.7cm, 중국
천진박물관 소장.

•• 속세를 떠난 선경을 그렸다. 흰 구름에
덮인 봉우리들의 경치가 깊고 고요하
다. 흰옷을 입은 고상한 은자(隱者) 세
사람이 물가에서 거문고를 연주하며 이
상적인 은둔 생활을 즐기고 있다.

看山 看人看世]"고 하였다.

이 세상에 산수 유람을 하면서 이런 생각을 한 사람은 거의 없을 것이다. 결국 아름다운 산수를 구경하는 감흥보다 그 자연 속에 살았던 사람들, 그리고 그들이 살던 세상에 시선을 둔 것이니, 이보다 더한 여행은 없을 것이다. 예나 지금이나 도덕적 인격과 의로운 실천을 사명으로 여기는 사람은 매우 적다. 조식이 꼬집었듯이, 사람들은 한세상을 살면서 아무것도 의미 있는 일을 하지 않고 바위에 자기 이름을 새겨 영원히 전해지길 희망한다. 조식은 이러한 일을 "날아가는 새의 그림자만도 못한 짓"이라고 하였다.

앞에서 언급했듯이 한유한이라는 인물에 대해 최초로 논평한 사람은 조식이다. 조식은 한유한에 대해 "한유한은 고려가 어지러워질 것을 예견하고, 처자식을 이끌고 이곳에 와서 은거한 인물이다. 조정에서 그를 불러 대비원(大悲院) 녹사로 삼았는데, 그날 저녁에 달아나 간 곳이 묘연했다고 한다"[58]라고 하여, 무도한 정권에 출사하지 않고 은거하여 지조를 지킨 점에 큰 의미를 부여하였다. 그것은 무신 집권기에 기미를 보고 벼슬을 버린 사람이 없었는데 한유한만이 무도한 정권에 나아가지 않고 지조를 지킨 것을 높게 평가한 것이다.

조식은 또 정여창에 대해 '도학의 실마리를 열어준 유종(儒宗)'으로 평가하면서 연산군의 사부를 지낸 사람이 자신이 가르친 왕에게 죽임을 당한 것을 못내 슬퍼하였다. 그리하여 조식은 "밝은 철인(哲人)의 행(幸)·불행(不幸)이 어찌 운명이 아니랴"[59]라고 비감어린 어조로 애통해 하였다. '철인이 불행한 시대'는 숨을 쉬기도 두려운 암흑시대다. 이런 시대가 다시 도래하지 않게 하기 위해

"나는 높은 산과 큰 시내를 보고 오면서 터득한 바가 없는 것은 아니었다. (…) 오늘 하루 동안에 이 세 군자의 자취를 다 보았다. 물만 보고 산만 보다가. 그 산수 속에 살던 사람을 보았고, 그들이 살던 세상을 보았다."

서는 역사를 올바로 기억하고 현실을 직시해야 한다. 그런데도 우리 역사 속에서는 이런 일이 반복되었다. 그래서 탄식만 하지 말고 눈을 부릅뜨고 그런 시대가 오지 못하게 막아야 한다.

조식이 이렇게 탄식한 말은 그 시대 양심적 지식인들의 심금을 울렸다. 그래서 이 글을 읽는 사람들은 정신이 번쩍 들었다. 이황은 조식의 「유두류록」을 읽고 "'밝은 철인의 행·불행이 어찌 운명이 아니랴'라고 한 말은 참으로 천고 영웅의 탄식을 불러일으키고, 지하의 귀신을 울릴 수 있는 말이다"[60]라고 하여 극찬을 아끼지 않았다. 맹자가 백이(伯夷)·이윤(伊尹)·유하혜(柳下惠) 등 역사적 인물을 재평가하여 성인의 반열에 올려놓았듯이, 역사적 인물을 평가하여 그 의미를 부여하는 것은 자기 시대의 정신을 찾아내는 일이다. 지금도 마찬가지이니, 이것이 바로 인문학이 해야 할 일임을 다시 생각해야 한다.

「불일암폭포(佛一庵瀑布)」, 『교남명승첩嶠南名勝帖』, 정선(鄭敾), 18세기, 종이에 수묵, 38.3×25.8cm, 간송미술관 소장.

쌍계사

창건 설화와 육조정상탑(六祖頂相塔)

쌍계사의 창건에 대해서는 명확한 설이 없다. 1549년 서산대사가 지은 「지리산쌍계사중창기(智異山雙磎寺重創記)」에는 창건에 대한 언급이 없다. 또한 18세기 지리산에 주석한 응윤(應允)의 기록에는 다음과 같이 말하였다.

사찰의 고적에 대한 세 가지 저술이 있다. 하나는 승려 도잠(道岑)이 기록한 것이고, 나머지 둘은 무명씨의 저술이다. 도잠의 기록에는 지은 건물의 규모에 대해 상세히 기록되어 있으나, 건물을 지은 연대에 대한 기록이 실려 있지 않다. 무명씨의 기록에는 다행히 건물을 지은 연대를 모두 기록해 놓았지만 사적을 기록한 것이 산만하여 법계(法界)를 말할 경우 천축(天竺, 인도)과 중화(中華, 중국)까지 두루 나열했고, 연대를 고증한 부분에서는 멀리 불법까지 언급하였다. 처음 사적기를 지을 때부터 모든 쌍계사의 사적에는 지나치거나 모자라는 과실이 있다. 그러므로 다시 기록하지 않을 수

"쌍계사는 의상대사의 제자인 삼법화상이 처음 터를 닦아 수행했고,
진감국사 혜소가 그 자리에 법당을 짓고 옥천사라 했다."

없다. 세 사람의 기록을 살펴보면 모두 이 절의 창건 연대에 대해서 알 수 없다고 하였다.[2]

이러한 기록을 통해 볼 때, 쌍계사의 창건에 대해서는 전하는 명확한 설이 없는 듯하다. 지금 전하는 설에 의하면, 쌍계사는 723년(신라 성덕왕 22) 의상대사의 제자인 삼법화상(三法和尙)이 처음 터를 닦아 수행했고, 그 뒤 진감국사(眞鑑國師) 혜소(慧昭)가 그 자리에 법당을 짓고 옥천사(玉泉寺)라고 명명하였다고 한다.

육조정상탑(六祖頂相塔)에 대해 전하는 설화에 의하면, 신라 삼법화상이 810년 중국 숭산 소림사(少林寺)에서 출가하여 수행하다가 830년 귀국하였는데, 귀국할 때 김대비(金大悲)와 공모하여 육조 혜능선사(慧能禪師)의 정상(頂相, 머리)을 훔쳐 가지고 돌아와 지리산 화개 계곡에 모셨다는 것이다.

그런데 이러한 사실은 최치원이 지은 「진감선사대공탑비(眞鑑禪師大空塔碑)」에도 보이지 않고, 조선 시대 서산대사가 지은 「지리산쌍계사중창기(智異山雙磎寺重創記)」와 응윤이 지은 「중록쌍계사사적기(重錄雙溪寺寺蹟記)」에도 모두 보이지 않는다. 최치원이 지은 「진감선사대공탑비」에는 "이에 삼법화상(三法和尙)이 머물던 화개곡의 절터에 절을 수선하니, 어엿한 사원이 조성되었다"[3]라고 하였을 따름이다.

삼법화상이 김대비와 공모하여 육조 혜능선사의 정상을 훔쳐 가지고 왔다는 설화는 1103년 승려 각훈(覺訓)이 쓴 「선종육조혜능대사정상동래연기(禪宗六祖慧能大師頂相東來緣起)」[4]에 처음 보이는데, 이 글은 필사본으로 근대에 만들어진 것으로 보고 있다.[5] 지금 쌍계사의 육조정상탑은 진감국사가 세웠다고 하는 육조영당(六祖影堂) 자리에 쌍계사의 말사였던 목암사(木鴨寺)의 석탑을 1862년

주지 용담(龍潭)이 옮겨와 안치했기 때문에 그 석탑을 육조정상탑이라 부르게 되었다고 한다.[6]

이를 통해 볼 때 진감선사가 육조 혜능선사의 영정을 모셔 놓은 법당[影堂]이 있었는데, 삼법화상이 육조의 정상을 모셔왔다는 설화가 합해졌고, 목압사의 석탑을 옮겨놓은 것까지 합성되어 육조정상탑 설화가 만들어진 듯하다.

진감선사대공탑비

최치원이 지은 「진감선사대공탑비」에는 진감선사에 대해 상세하게 기록되어 있는데, 이를 정리하여 소개하면 다음과 같다.

> 진감선사는 법명이 혜소(慧昭)이고, 속성은 최씨(崔氏)이다. 그의 선조는 한족(漢族)으로 산동(山東) 지방의 벼슬아치였다. 수(隋)나라 군대가 요동을 정벌하다가 많은 사람이 예맥(濊貊)에서 죽게 되자, 그중에 뜻을 굽히고 우리 백성이 된 자들이 있었다. 당나라 때 선사의 선조는 지금의 전주(全州) 금마인(金馬人)이 되었다. 아버지는 이름이 창원(昌元)으로, 가정에서 출가수행을 하였다. 어머니는 고씨(顧氏)이다.
>
> 어머니가 낮잠에 들었는데, 꿈에 인도의 승려가 나타나 "저는 어미의 자식이 되기를 원합니다"라고 하고는 유리 항아리 속으로 들어갔다. 그리고 오래지 않아 선사를 잉태하게 되었다. 선사는 태어나서 울지 않았으니,

일찍부터 소리를 낮추고 말을 삼가는 좋은 싹을 보인 것이다. 이를 갈 나이가 되자, 나뭇잎을 향으로 삼아 피우거나, 꽃을 꺾어 공양을 올리는 놀이를 하였다. 간혹 서쪽을 향해 무릎을 꿇고 앉아 해가 기울도록 움직이질 않았다.

804년 중국으로 건너가 창주(滄州)에 이르러 신감대사(神鑑大師)를 찾아뵙고 몸을 던져 반쯤 절하였을 때, 대사가 반가운 얼굴로 말하기를 "이별한 지 오래지 않았는데, 기쁘게도 다시 서로 만났구려"라고 하고서, 즉시 머리를 깎고 승복을 입게 하였다. 그 자리에서 곧바로 인계(印契)를 받았다. 선사의 얼굴이 검었던 탓에, 승도들이 이름을 부르지 않고 '흑두타(黑頭陀)'라고 하였다. 810년 숭산(嵩山)의 소림사(少林寺) 유리단(琉璃壇)에서 구족계(具足戒)를 받았다.

신라의 승려 도의(道義)가 도를 구하기 위해 먼저 중국에 왔었는데, 진감선사는 그를 우연히 만나 마음이 맞았다. 사방으로 멀리 찾아다니면서 부처의 지견(知見)을 증득하다가, 도의가 먼저 고국으로 돌아갔다. 선사는 곧 종남산(終南山)으로 들어가 진리를 관조하며 3년을 지냈다. 그 뒤 자각봉(紫閣峰)에서 나와 사방을 유람하며 고행하였다.

진감선사는 830년 고국으로 돌아왔다. 선사가 크게 깨우친 대승(大乘)의 진리가 우리나라를 비추자, 흥덕대왕

••쌍계사 경내에 있는 진감선사대공탑비.

(興德大王)이 어필을 보내 맞이하며 위로하기를 "도의선사(道義禪師)가 저번에 돌아왔는데 선사가 뒤이어 귀국하니, 이 나라에 두 보살이 계시는군. 옛날 흑의(黑衣)를 입은 두 호걸 이야기를 들었는데, 지금은 누더기 옷을 입은 두 영재를 보는구나. 하늘 가득한 자비로운 위엄에 온 나라가 기뻐 의지하니, 과인은 마땅히 동쪽 계림(鷄林)의 경내에 길상(吉祥) 가득한 사원을 세우리라"라고 하였다.

선사는 처음 상주(尙州) 노악산(露嶽山) 장백사(長栢寺)에서 가서 주석하다가, 다시 강주(康州, 진주)의 지리산에 이르렀다. 두어 마리 호랑이가 으르렁거리며 앞길을 인도하였는데, 위험한 길을 피하고 평탄한 길로 가니, 길잡이와 다름없었다. 따르던 사람들도 두려워하지 않고 가축이나 다름없이 여겼다. 이에 삼법화상(三法和尙)이 머물던 화개곡(花開谷)의 절터에 당우(堂宇)를 수선하니, 어엿한 사원(寺院)이 조성되었다.

민애대왕(愍哀大王)이 보위에 오른 뒤 사신을 보내 '혜조(慧照)'라는 호를 하사했는데, 성조(聖祖)의 묘휘(廟諱)인 '조(照)' 자를 피하여 '소(昭)' 자로 바꾸었다. 그리고 대황룡사(大皇龍寺)에 주석하게 하려고 수도로 불렀으나 선사는 우뚝한 산처럼 뜻을 바꾸지 않았다. 대나무를 걸쳐서 물길을 끌어다 계단을 둘러 사방에 흐르게 하고는, 비로소 '옥천(玉泉)'으로 사호(寺號)를 삼았다. 법통(法統)을 손꼽아 보면, 선사는 혜능선사의 현손(玄孫)이다. 이에 육조(六祖)의 영당(影堂)을 세우고 흰 담장을 채색으로 장식해서, 중생을 인도하고 깨우치는 데 널리 이바지하도록 하였다.

850년 정월 9일 새벽녘에 문인들에게 이르기를 "모든 법은 다 공(空)이다. 나는 떠날 것이다. 한 마음이 근본이니, 너희들은 힘쓸지어다. 탑을 세워 내 형체를 간직하지 말고, 명(銘)을 지어 내 행적을 기록치 말라"고 하였다. 말을 마치고 앉은 채로 돌아가시니, 속세의 나이로는 77세요, 승려가 된 지는 41년이었다.

최치원이 지은 명(銘)에 "선사의 성품은 산처럼 고요하고, 선사의 범패는 골짜기와 호응했네[山與性寂 谷與梵應]"라고 하였으니, 진감선사의 본래면목을 잘 표현한 것이라 하겠다.

옥천산문과 범패

진감선사는 중국 선불교를 크게 일으킨 육조 혜능선사의 현손(玄孫, 高孫)이다. 그는 신감선사(神鑑禪師)에게 남종선을 배워 가지고 귀국하여 옥천산문(玉泉山門)을 개창하였다. 신라의 남종선은 도의선사(道義禪師)가 처음 전한 이후로 826년 홍척선사(洪陟禪師)가 실상산문(實相山門)을 개창하고, 837년 현욱선사(玄昱禪師)가 봉림산문(鳳林山門)을 개창하고, 839년 혜철선사(慧哲禪師)가 동리산문(桐裏山門)을 개창하였다. 이와 비슷한 시기에 진감선사가 옥천산문을 개창하였으니, 비교적 이른 시기에 개창한 선종산문이라 하겠다.

진감선사는 범패를 처음 전래한 인물이다. 범패는 부처의 공덕을 찬양하는 불교음악으로 범음(梵音) 또는 어산(魚山)이라고 한다. 최치원은 「진감선사대공탑비」에서 진감선사가 범패에 능했던 사실을 다음과 같이 기록해 놓았다.

선사는 평소 범패(梵唄)를 잘하였는데, 그 소리가 금(金)·옥(玉)과 같았다. 곡

"선사의 성품은 산처럼 고요하고,
선사의 범패는 골짜기와 호응했네."

조를 빗겨서 소리를 날리면 상쾌하고 슬프고 완곡하여, 능히 천상계의 모든 신과 부처를 기쁘게 하였다. 먼 지방에까지 흘러 전해짐에 배우려는 사람들이 마루에 가득 찼는데, 가르치기를 게을리하지 않았다. 오늘날까지 우리나라에서는, 어산(魚山, 梵唄)의 묘음(妙音)을 익히는 자들이 다투어 코를 막고 배웠듯이, 옥천사(玉泉寺)의 진감선사가 남긴 소리를 본받고자 한다. 이 어찌 성문(聲聞)으로써 그들을 제도하는 교화가 아니겠는가?[7]

서원이나 사찰에 가서 꼭 보아야 할 것이 그 절의 문루(門樓)의 이름이다. 서원의 문루명은 그 서원에 모셔진 인물의 사상을 단적으로 드러내고, 사찰의 문루명은 그 사찰의 특징을 단적으로 드러낸다. 쌍계사 문루의 이름이 팔영루(八詠樓)인 것은 쌍계사가 우리나라 범패의 본산이기 때문에 붙여진 이름이다. 진감선사가 범패에 밝아 쌍계사가 불교음악의 발원지가 되었으니, 그 의미가 결코 작지 않다.

또한 신라 진평왕 때 옥보고(玉寶高)가 운상원(雲上院)에서 거문고를 타며 수양하였다고 하니, 역시 불교음악과 무관하지 않은 듯하다. 그렇다면 화개동은 우리나라 불교음악의 산실로서 그 의미가 크기 때문에 이를 계승하여 발전시킬 방안을 강구해야 할 것이다.

쌍계사 중창

서산대사가 지은 「지리산쌍계사중창기」에 의하면, 1540년 도사 중섬(仲暹)이 진감선사비를 어루만지며 탄식을 하고서, 쌍계사 중수의 건을 조정에 아뢰어 허락을 받았다. 그리하여 다섯 칸의 팔영루(八詠樓)를 짓고, 진감선사비 앞에 돌을 쌓아 대를 만들고 물을 끌어들여 연못을 만들었다. 또 1543년 승려 혜수(惠修)가 중창할 의지를 갖고 시주를 모아 대웅전(大雄殿)을 세운 다음 금당(金堂)과 동서 두 방장실(方丈室)을 지었다. 이렇게 해서 금당 영역의 구 쌍계사와 대웅전 영역의 신 쌍계사가 정비되었다.

그 이전에 쌍계사를 유람한 남효온(南孝溫)과 김일손(金馹孫)의 유람록을 보면, 진감선사비에 대한 언급만 있고, 대웅전이나 팔영루에 대한 언급이 없으니, 그 당시에는 이런 건물이 없었음을 확인할 수 있다.

또한 남효온과 김일손의 유람록을 보면, 진감선사비에서 금당으로 건너가는 개울가에 최치원이 심었다고 하는 커다란 화화나무[槐]가 있었는데, 그 뿌리가 개울을 가로질러 있었다. 그런데 승려들이 후원에 불을 피우다가 잘못하여 이 거목인 회화나무까지 타버렸다. 그런데 그 나무뿌리는 그대로 있어 승려들이 다리로 삼아 금당으로 오갔는데, 이 나무뿌리의 다리를 금교(金橋)라고 불렀다고 한다.[8]

어렵사리 쌍계사가 중창이 되었지만, 오래지 않아 정유재란 때 피해를 입어 거의 폐허가 되었다. 임진왜란이 끝난 뒤인 1611년 쌍계사를 유람한 유몽인(柳夢寅)의 유람록에 의하면, 사찰 안에 대장전(大藏殿)·영주각(瀛洲閣)·방장각(方丈閣)이 있고, 최치원이 살았던 학사당(學士堂)은 무너져버렸다고 하였다.[9] 그러니까 임진왜란 때 중섬과 혜수가 중창한 대웅전과 팔영루는 소실되었던 것으로

"금당으로 건너가는 개울가에는
최치원이 심었다는 회화나무가 있었다.
훗날 회화나무는 불탔으나
개울을 가로지른 나무뿌리는 그대로 남아
승려들이 다리로 삼고 금당을 오갔다."

추정된다.

18세기 후반 지리산 벽송사(碧松寺)에 주석한 응윤(應允)이 지은 「중록쌍계사사적기」에 의하면, 임진왜란을 겪으면서 절이 소실되고 사적도 없어졌다고 하였다. 이후 1625년 지청(智淸)과 묘담(妙湛)이 지금 절의 현당(玄堂)을 짓고, '쌍계'라는 옛 이름을 그대로 따랐다. 1640년 성연(性衍)이 승당(僧堂)을 건립하였다. 1644년 승려 계준(戒俊)과 의순(義淳)이 법당을 건립하여 단청을 하고 화려하게 단장하였으며, 금칠을 한 삼존불(三尊佛)과 탱화를 조성해 봉안하였다. 또 의순이 『화엄경(華嚴經)』과 『법화경(法華經)』을 인쇄하여 궤짝에 담아 보관하였다. 1646년에 설매대사(雪梅大師)와 지협(智洽)이 정루(正樓)를 지었다. 이처럼 약 20여 년 동안 여러 승려들이 중건을 하여 현재의 대웅전을 중심으로 한 쌍계사 영역을 완성한 듯하다.

1857년 한성(罕醒)이 지은 「영남 하동 쌍계사사적기문(嶺南河東雙磎寺寺蹟記文)」[10]에 의하면, 숭정 연간(崇禎年間. 1628~1644)에 벽암화상(碧巖和尙)이 새로운 터를 마련하여 대법당과 응진당(應眞堂)·명부전(冥府殿)·화엄전(華嚴殿)·관음전(觀音殿)·팔영루 및 요사채를 세웠다고 하였다.

그 뒤 1671년 절에 불이 나 1674년 성연(性演)과 도정(道淨)·석규(碩圭)가 현당과 승당을 다시 지었다. 1675년 계환(戒還)과 도잠(道岑)·대균(大均)이 법당을 재건하고, 천준(天俊)과 청운(淸雲) 등이 절 뒤쪽 언덕에 강당인 은선당(隱仙堂)을 지었다. 1677년 지방관이 방문하여 만세루(萬歲樓)를 건립하도록 명했다. 이것이 쌍계사를 중흥시킨 사적(事蹟)이다.

이후로 다시 중수를 하지 못하여 절이 퇴락해 1773년 지곡사(智谷寺)[11]의 부속 암자가 되었다. 1794년 가뭄이 들어 승려가 이 절을 보전할 수 없게 되자, 지곡사 승려가 정루를 팔아서 관청의 세금을 내려 하였다. 이에 응윤이 관청에 글을 올려 보전해 달라고 청하자, 곧 담당 관원이 훼손하지 못하도록 하였다. 응윤은 법당·정루·현당·향로전(香爐殿)만 남아 있고 늘 모셔져 있던 불전의 기물들은 하나도 남은 것이 없어 땔나무하는 목동들의 산이 되어 더 이상 법계(法界)가 아니라고 하였다.[12]

유람객이 본 쌍계사

쌍계사는 고려 말부터 조선 중기까지 오랫동안 폐허였다. 그러다가 1540년 비로소 중창하고, 1543년에 구 쌍계사 영역과 신 쌍계사 영역이 완비되어 사찰다운 면모를 갖추게 되었다. 그러나 임진왜란 때 왜구에 의해 소실되었다. 그러다 17세기 전반기에 다시 중건되었다.

1489년 4월 쌍계사를 찾은 김일손(金馹孫, 1464~1498)은 "절의 북쪽에 최고운이 올랐던 팔영루(八詠樓)의 옛터가 있었다. 이 절의 승려 의공(義空)이 자재를 모아 누각을 다시 세우려 한다고 하였다"[13]라고 기록해 놓았으니, 당시에는 팔영루를 복원하지 못한 것을 알 수 있다.

한편 1611년 3월 쌍계사를 찾은 유몽인(柳夢寅, 1559~1623)은 "절에는 대장전(大藏殿)·영주각(瀛洲閣)·방장전(方丈殿)이 있었다. 예전에는 학사당(學士堂)이 있었는데, 지금은 무너져 버렸다"[14]라고 하였으니, 이 시기 쌍계사는 구 영역의 전각이 남아 있었던 듯하다. 그리고 최치원이 기거하던 학사당 건물은 무너져 없어진 것을 알 수 있다.

1616년 9월 쌍계사를 유람한 성여신(成汝信, 1546~1632)은 쌍계사의 주요 건축물을 다음과 같이 기록해 놓았다.

> 팔영루(八詠樓)에 이르니, 절의 승려들이 많이 나왔다. 요학루(邀鶴樓) 앞에서 말을 내려 누각에 올라 둘러앉았다. (…) 10월 1일(무술). 아침 해가 떠올라 창밖이 환해질 즈음에 요학루에 나아갔다. 높다란 난간이 공중에 높이 솟아, 현기증이 나고 아찔하였다. 곧 법당으로 돌아왔다. 법당은 벌집처럼 깊숙했고, 붉고 푸른 단청에 눈이 부셨다. 먼저 봉래전(蓬萊殿)을 찾았다. 옛날에는 온돌이 있었는데, 지금은 텅 빈 집 안에 경판(經板)만 소장되어 있었다. (…) 다시 영주각(瀛洲閣)에 들렀다. 이 건물은 법당 뒤에 있어 항상 동방장(東方丈)·서방장(西方丈)이라고 일컫는데, 옛 옥천사(玉泉寺)의 터이다.[15]

이 기록에 의하면 구 쌍계사 영역의 건축물 구조를 대략 짐작할 수 있다. 요학루는 청학루(靑鶴樓)를 지칭하는 듯하다. 청학루 위에 팔상전이 있고, 그 위에 봉래전과 영주각이 있고, 그 위에 금당을 중심에 두고 동방장실과 서방장실이 있었던 것을 알 수 있다.

1618년 윤4월 쌍계사를 유람한 양경우(梁慶遇, 1568~1629)는 "절의 승려가 나와서 맞이하여 우리를 학사대(學士臺)로 인도하였다. 한 승려가 '옛날 학사대 위에 불전(佛殿)이 있었는데, 신라 시대에 창건한 것이었습니다. 난리를 겪으면서 없어져 버렸는데, 아직 중건하지 못하였습니다. 단지 오래된 비석만 우뚝하니 홀로 남아 있습니다'라고 하였다. 실로 진감태사비명(眞鑑太師碑銘)인데 고운이 직접 짓고 쓴 것이다. 문자의 전형이 군데군데 옛 모습대로 남아 있었지만 반쯤은 떨어져 나가 거의 읽을 수도 없었다"[16]라고 기록하였으니, 당시에도 최치원이 머물던 학사당은 중건되지 못하고 터만 남아 있었음을 알 수 있다.

쌍계사는 임진왜란 때 불에 탄 뒤 구 쌍계사 영역의 몇몇 건물만 남아 있었다. 그러다 17세기 전반에 다시 중건을 하였는데, 1651년 11월 쌍계사를 유람한 오두인(吳斗寅, 1624~1689)의 기록에 "이날 저녁은 적묵당(寂黙堂)에서 묵었다. 이곳은 경내 오른편의 건물로 앞에는 팔영루(八詠樓)가 있고 동쪽에는 학사당(學士堂)이 있는데, 모두 고운의 자취가 있는 곳이다. 3일(정축). 일찍 아침밥을 먹은 후 함께 유람하는 여러 군자들과 모두 남여를 타고 북쪽으로 수십 보를 가니 한 오래된 절이 있었는데, 금당(金堂)이라는 편액이 걸려 있었다. 서쪽에는 방장각(方丈閣), 동쪽에는 영주각(瀛洲閣)이 있었다"[17]라고 하였으니, 이 당시에는 신 쌍계사 영역에 팔영루·적묵당·학사당 등의 건물이 지어진 것을 알 수 있다.

최치원이 살았다고 하는 학사당이 구 영역에 있었는지, 신 영역에 있었는지에 대해서는 정확한 설이 없다. 위 오두인의 기록으로 보면 신 영역인 팔영루의 동쪽에 있었음을 알 수 있다. 그런데 1680년 8월 쌍계사를 찾은 송광연(宋光淵, 1638~1695)은 "영주각(瀛洲閣)·방장실(方丈室)은 바로 최고운이 머물던 곳이다. 청학루(靑鶴樓)는 이 절에서 가장 빼어난 곳이다. 또 학사당(學士堂)이 있는데, 역시 최고운이 머물던 곳이라 한다"[18]라고 하여, 구 영역의 영주각과 방장실 및 신 영역의 학사당이 모두 최치원이 머물던 공간이라고 하였다.

이러한 설화는 와전된 것인 듯하다. 그것은 방장실이라는 명칭은 이 절의

•• 성여신이 요학루(邀鶴樓)로 기록했던 청학루.

방장 스님이 거주하던 곳이기 때문에 붙여진 이름일 터인데, 그곳에 학사인 최치원이 머물렀다는 것은 납득이 안 되는 말이기 때문이다. 이런 설화는 후 대에 와전되면서 사실이 아닌 허구적인 요소를 많이 내포하고 있다. 예컨대 1708년 3월 쌍계사를 찾은 김창흡(金昌翕, 1653~1722)은 다음과 같이 기록해 놓았다.

> 개울을 건너 누각을 부여잡고 올라보니 눈길 닿는 곳마다 장엄하고 화려 하였다. 옛 절에는 삼산각(三山閣)이 있다. 왼쪽은 영주각(瀛洲閣)이고 오른쪽 은 방장각(方丈閣)인데, 신감선사(神鑑禪師)와 최고운(崔孤雲)이 마주하여 살았 다고 전한다. 봉래각(蓬萊閣)에서 조금 왼쪽으로 비낀 벽에는 신감선사와 최고운의 화상(畵像)이 있다. 새로 지은 절 뜰에는 신감선사비(神鑑禪師碑)[19]

가 있다. 이는 최고운이 지은 것으로, 예서(隸書)와 전서(篆書)를 함께 썼다.[20]

김창흡은 구 영역의 영주각과 방장각에 진감선사와 최치원이 마주하고 살 았다고 하였다. 그러나 진감선사는 850년 입적했고, 최치원은 857년에 출생 했으니, 두 사람은 만날 수 없다는 사실을 생각하지 못한 것이다. 또한 진감 선사를 '신감선사'라고 하였으니, 이 역시 잘못 기록하였거나 잘못 전해 들은 것이다.

1724년 8월 쌍계사를 찾은 정식(鄭栻, 1683~1746)은 최치원이 머물던 학사당에 서 묵었는데, 그 건물 이름을 학사전(學士殿)이라 기록하였다.[21] 이 역시 상식적 으로 생각할 적에 최치원이 머물던 학사당을 학사전으로 바꾸었을 리는 없으 니, 학사당을 잘못 기록한 듯하다.

1727년 9월 쌍계사를 유람한 김도수(金道洙, ?~1742)는 쌍계사의 건축물에 대해 다음과 같이 기록해 놓았다.

> 절은 두 골짜기 사이에 있는데, 그다지 크거나 화려하지 않았다. 금당(金堂) 에는 진감(眞鑑)·혜능(惠能)·남악(南嶽) 선사의 화상(畵像)이 걸려 있었다. 금당 의 왼쪽에는 영주각(瀛州閣)이 있고, 오른쪽에는 방장실(方丈室)이 있으며, 앞 에는 청학루(靑鶴樓)가 있다. 청학루에서 조금 동쪽으로 수십 보 거리에 새 로 지은 대웅전이 있다. 대웅전의 앞에는 큰 돌로 만든 귀부(龜趺)가 세워 져 있으니 바로 진감국사의 비이다. 당나라 광계(光啓) 3년(887)에 세워졌 는데, 고운 최치원이 글을 짓고 쓴 것이다.[22]

혜능(惠能)은 육조대사 혜능(慧能)을 잘못 기록한 것이고, 남악(南嶽)은 혜능선사의 제자 회양(懷讓)이다. 이 기록은 당시 육조 혜능, 남악 회양, 그리고 진감 선사의 화상이 금당에 걸려 있었다는 중요한 사실을 알려준다. 앞에서도 언급했듯이, 진감선사는 혜능선사의 화상을 걸어놓았는데, 이 당시에는 남악 회양 선사의 화상 및 진감선사의 화상까지 함께 걸려 있었던 듯하다. 그러니까 이 당시까지도 금당에는 육조정상탑이 없었고, 혜능의 화상이 걸려 있었음을 알 수 있다.

1748년 4월 쌍계사를 유람한 이주대(李柱大, 1689~1755)는 "절이 본래는 크고 화려하였으나 매우 퇴락하였다. 말로에는 좋은 곳이 하나도 없으니, 또한 깊은 산속에서도 그렇다는 말인가?"[23]라고 하여 쌍계사가 매우 퇴락한 것을 안타까워하였다. 18세기는 불교가 가장 위축되었던 시기이다. 이 시기에는 법맥도 겨우겨우 이어질 정도였으며, 사찰을 유지하고 보수할 여력이 거의 없었던 것으로 여겨진다. 응윤(應允)이 지은 「중록쌍계사사적기」를 보면, 18세기 폐허가 된 쌍계사의 모습을 상상할 수 있다.

조선 불교는 19세기 말에 이르러 다시 재건되기 시작하여 곳곳에 이름 있는 선승들이 나타났다. 그런 영향으로 20세기 초로 접어들면 폐허가 되었던 사찰을 중수하는 경우가 많았다. 1903년 8월 쌍계사를 유람한 안익제(安益濟, 1850~1909)는 쌍계사의 구 영역을 다음과 같이 기록해 놓았다.

돌아서 고승암(古僧菴)으로 들어갔다. 청학루(靑鶴樓)·봉래각(蓬萊閣)·팔상전(八相殿)·육조탑(六祖塔)은 단청이 영롱하여 그 황홀한 모습을 형상할 수 없었다. 그래서 천하의 재물이 모두 이곳에서 소진됨을 알았다. (…) 팔상전 뒤에 육조정상탑(六祖頂相塔)이 있는데, 탑이 건물 안에 있었다.[24]

• •청학루 뒤, 금당(육조정상탑) 앞에 있는 팔상전.

이를 보면 1903년에는 이미 쌍계사 구 영역의 여러 건축물들을 화려하게 중건한 것을 알 수 있다. 이러한 모습은 지금의 모습과 크게 다르지 않다.

그 후 쌍계사는 오랫동안 중수하지 못하고 방치하여 폐허 직전까지 이르렀는데, 1975년 주지로 부임한 고산(杲山) 스님에 의해 다시 중창되었다.

유람객의 시선

최치원과 진감선사

서산대사의 「지리산雙溪寺중창기」에는 최치원과 진감선사의 관계를 유교와 불교의 사상을 초월한 만남이라는 측면에서 매우 의미 있는 말을 하고 있다.

> 옛날 유교와 불교에 환히 정밀하고 안팎의 도리에 널리 통달한 자는 공명을 헌신짝처럼 버리고 표주박 하나로 빈한함을 잊으며 천지와 나란히 존립하고 신명과 함께 왕래하여 무위진인(無位眞人)과 더불어 유람을 하거나 무시무종(無始無終)한 자와 더불어 벗하였다. (…) 우리나라에서는 최고운과 진감선사가 그와 같은 분이다. 고운은 유자이며, 진감은 불자이다. 진감선사는 사찰을 세워 비로소 사람과 하늘의 안목을 열어주었고, 고운은 비석을 세워 유교와 불교의 골수를 널리 드러냈다. 아, 이 두 분의 마음은 일종의 줄 없는 거문고였다. 그 악곡은 봄바람에 제비가 춤을 추는 것과

같고, 그 조율은 푸른 버드나무에서 꾀꼬리가 노래하는 것과 같았다. 한 사람은 날줄이 되고 한 사람은 씨줄이 되며, 한 사람은 밖이 되고 한 사람은 안이 되어 서로 도왔다. 한나라, 당나라, 송나라 이래로 유교와 불교의 허명을 타파하고 천지의 크게 온전한 도를 즐기면서 미련 없이 훌쩍 세상을 떠나 돌아보지 않은 사람은 오직 이 두 대인뿐일 것이다.[25]

서산대사는 유교와 불교의 사상적 차이에 주목하지 않고, 유교와 불교를 회통한 경지에서 최치원과 진감선사의 정신적 교유를 중시하면서 아울러 이 두 사람이 세속을 떠나 진리의 세계에서 온전한 삶을 추구한 점에 시선을 두고 있다. 특히 유교와 불교의 허명에서 벗어나 천지의 크고 온전한 도를 즐겼다는 점은 이들의 정신적 지향이 세속적 가치와 전혀 다르다는 점을 드러낸 것이다.

진감선사는 850년에 입적하고, 최치원은 857년에 태어났으니 두 사람은 실제로 이 세상에서 만나지 못했던 사이다. 그러나 최치원은 진감선사의 삶을 비문으로 쓰면서 그 마음을 알아주었으니, 서산은 두 사람의 마음을 무현금에 비유한 것이다. 최치원은 진감선사비를 쓰면서 다음과 같이 말하였다.

시험 삼아 이를 논해보리라. 시(詩)를 해설하는 자는 문(文)으로써 문사(文辭)를 해치지 말고, 문사로써 지(志)를 해치지 말라고 한다. 『예기』에 이른 바 "말(言)이 어찌 한 갈래뿐이랴? 각각 합당한 바가 있다"고 한 것이 그것이다. 그러므로 여봉(廬峰) 혜원(慧遠)은 논(論)을 지어 "석가여래와 주공(周公)·공자는, 출발점이 다르기는 하지만 귀착점은 한곳이다. 지극한 이치를 체득하는 데 겸응(兼應)하지 못하는 것은, 물(物)이 두 가지를 다 받아들일

•• 진감선사 초상.

수 없기 때문이다"라고 하였고, 심약(沈約)도 "공자는 그 단초를 드러냈고, 석가는 그 극치를 궁구하였다"라고 하였다. 이들은 대체(大體)를 안 사람이라 할 만하니, 비로소 지극한 도를 함께 이야기할 수 있겠다.[26]

혜원은 중국 진(晉)나라 때 여산(廬山) 동림사(東林寺)에서 백련결사(白蓮結社)를 일으켜 아미타불의 정토사상을 제창한 승려이고, 심약은 중국 남북조 시대 인물로 성운(聲韻)에 밝아 사성(四聲)의 체계를 확립한 사람이다. 최치원은 이 두 사람의 말을 빌려 유교와 불교의 도가 궁극적으로는 다르지 않다는 점을 말한 것이다.

이런 점에서 주자학으로 사상적 무장을 한 조선 시대 성리학자들에게는 최치원의 사상이 곱게 보일 리가 없었다. 그러나 최치원이 살던 시대는 유불선(儒佛仙)을 회통(會通)하는 사상이 유행하였으니, 그런 시대적 분위기를 고려해 볼 필요가 있다. 또한 후대의 이념이나 사상으로 앞 시대의 인물을 재단하는 것은 신중을 기할 필요가 있다.

후대의 최치원 회고

조선 시대 쌍계사를 유람한 유학자들은 근본적으로 불교를 배척하는 시각을 갖고 있었기 때문에 불교의 교리를 혹세무민하는 허탄한 설로 보았다. 특히 윤회설은 어리석은 백성들을 속이는 것으로 간주하여 심하게 미워하였다. 따라서 그들은 쌍계사를 유람하면서 불가에 대한 언급은 별로 하지 않고, 최치원에 대한 회상을 하는 경우가 대부분이었다.

유람객들은 쌍계사 경내의 진감선사비를 둘러보고 그 비문을 짓고 쓴 최치원에 대해 회고하였다. 1489년에 쌍계사를 찾은 김일손(金馹孫)은 진감선사비를 보면서 최치원의 손길을 마음으로 느끼면서 "이번 유람에 비석을 구경한 것이 많았다. (…) 그런데 유독 이 비석에 대해서는 끝없이 감회가 일어나니, 이 어찌 최고운의 손길이 여전히 남아 있고, 최고운이 산수 사이에 노닐던 그 마음이 백세 뒤의 내 마음에 와 닿기 때문이 아니랴"[27]라고 하였다.

이처럼 유람객들은 최치원이 짓고 쓴 진감선사비를 보며 무한한 감회를 느꼈다. 그러면서 그들은 자연스럽게 최치원에 대한 품평을 하였는데, 첫째는 불우한 시대를 만나 재주를 펴지 못한 인물이라는 점, 둘째는 최치원의 사상이 불교를 수용하여 순정하지 못한 것에 대한 비판, 셋째는 최치원의 문장과 글씨에 대한 품평으로 구별해 볼 수 있다.

대체로 최치원에 대한 인물평은 뛰어난 문학적 재능을 가지고 있었지만 난세에 알아주는 임금을 만나지 못해 결국 불가에 의탁해 불우한 삶을 살았다는 내용이 다수를 이룬다. 함양군수 시절 휴가를 내어 지리산에 올랐던 김종직(金宗直, 1431~1492)은 영신봉에서 화개동 계곡을 바라보며 여러 가지 생각을 하였는데, 그중 하나가 쌍계사 등지에 발자취를 남긴 최치원에 대한 회고이다. 그는 최치원에 대해 다음과 같이 기록해 놓았다.

> 최고운은 얽매이지 않은 사람이었다. 기개를 자부하였지만 난세를 만나, 중국에서 불우했을 뿐만 아니라 우리나라에서도 용납되지 못하자, 마침내 미련 없이 속세를 등졌다. 깊고 고요한 산골짜기는 모두 그가 노닐었던 곳이다. 그러니 세상 사람들이 그를 신선이라 불러도 부끄럼이 없으리라.[28]

김종직은 최치원에 대해 한마디로 세상사에 얽매이지 않은 사람이라고 평하였다. 그러면서 그는 최치원을 난세의 불우한 지식인이라 하였다. 난세에 알아주는 임금을 만나지 못해 뜻을 펴지 못한 지식인, 그래서 세상사에 얽매이지 않고 깊은 산속에서 유유자적하며 살다간 인물로 본 것이다. 김종직의 논평에는 세인들이 최치원을 '신선'이라고 일컫는 것에 대해 부끄러움이 없다고 하였으니, 세속적 가치에 연연하지 않고 미련 없이 속세를 등진 것을 칭한 것이다.

1680년 쌍계사를 유람한 송광연(宋光淵, 1638~1695)도 "고운의 인물과 재주를 가지고서 중국에서도 알아주는 임금을 만나지 못하고, 우리나라에서도 받아들여지지 못해 선가(仙家)·불가(佛家)의 도에 자취를 감추고서 산수에 묻혀 배회하다가 생을 마감했다. 때를 만나기 어려움이 이와 같구나!"[29]라고 하였다. 이처럼 조선 시대 유학자들은 대체로 최치원을 불우한 지식인으로 논평하였다.

그러나 최치원이 진감선사를 높이 평가한 것이나 불교를 인정한 것에 대해서는 매우 못마땅한 인식을 보인다. 그것은 조선 시대 유학자들이 주자학적 이념으로 무장한 데다 조선 시대 사상적 분위기가 불교를 배척하는 쪽으로 경도되어 있었기 때문이다. 조선 전기 남효온(南孝溫, 1454~1492)은 쌍계사에서 "문창후(文昌侯, 최치원)가 진감선사의 도를 칭찬한 것이 너무 심하다. 선사는 문자선(文字禪)을 한 사람이 아니던가. 그렇지 않다면 문창후가 무엇 때문에 그를 이처럼 추앙했단 말인가?"[30]라고 하여, 최치원이 진감선사를 지나치게 추앙했다고 생각했다.

주자학을 이념으로 한 조선 시대 사림파 학자들은 대체로 이와 같이 생각했다. 예컨대 1879년 쌍계사를 찾은 송병선(宋秉璿, 1836~1905)은 진감선사비를 보고서 "그 내용에 '공자는 그 단초를 드러냈고, 석가는 그 이치를 궁구했다'라고 하였으며, 또 '유교와 불교는 한 가지 이치이다'라고 하였다. 최문창의 미혹은 선학(禪學)으로 기울었던 육구연(陸九淵)보다 심하니, 어찌 문묘(文廟)에 배향되기에 합당하다 할 수 있겠는가"[31]라고 하여, 최치원을 순정하지 않은 유자라고 비판하였다.

조선 전기 김일손(金馹孫, 1464~1498)은 이러한 점 때문에 최치원을 이해하려 하면서 다음과 같이 말하였다.

> 다만 비문을 읽어보니 문장이 변려문(騈儷文)으로 되어 있고, 또 선사(禪師)나 부처를 위해 글짓기를 좋아하였다. 어째서 그랬을까? 아마도 그가 만당(晩唐) 때의 문풍을 배웠기 때문에 그 누습을 고치지 못한 것이 아닐까? 또한 숨어사는 사람들 속에 묻혀서 세상이 쇠퇴하는 것을 기롱하며 시속을 따라가면서 선사나 부처에 몸을 의탁하여 자신을 숨기려 한 것이 아닐까? 알 수 없는 일이다.[32]

•• 쌍계사 북쪽 탑봉우리(일명 '고대')에 위치한 진감선사의 사리를 모신 승탑.

김일손은 최치원이 불교의 도와 진감선사를 추앙한 것에 대해 두 가지 측면에서 이해하려고 하였다. 하나는 최치원이 살던 당나라 때의 사회적인 풍상, 또는 문학적 풍토가 그러하였기 때문에 그런 누습에 젖어 있어서 그런 글을 쓰게 되었다는 것이다. 또 하나는 최치원이 숨어사는 사람들 속에 묻혀서 자신을 숨기려 하였기 때문에 그런 글을 지은 것이라고 보았다. 즉, 자신의 정체를 숨기기 위해 불교를 찬양하는 글을 지었다는 것이다. 김일손은 최치원을 이해하려고 하였다. 그래서 최치원을 비판하기보다는 이렇게 생각한 것이다.

다음은 최치원의 문장과 글씨에 대한 품평을 살펴보기로 한다. 글씨에 대한 비평은 최치원이 쓴 '쌍계석문(雙磎石門)'에 대한 비평과 함께 살펴보아야 하지만, '쌍계석문'에 대한 비평은 뒤에서 별도로 살펴보기로 하고 여기서는 진감선사비의 글씨에 대한 비평만 언급하기로 한다.

조선 중기 신명구(申命耉, 1666~1742)는 쌍계사의 진감선사비 앞에 이르러 "오래된 비석이 법당 앞에 서 있는데 비문은 최고운이 교지를 받들어 짓고, 아울러 전서(篆書)로 쓴 것이다. 떨어져나가 조금 결락된 곳이 있지만 문장이 기이하고 빼어나며, 필법도 정밀하고 오묘하였다. 실로 영남의 기이한 구경거리 중 하나이다"[33]라고 하였다. 신명구는 진감선사비문의 문장이 기이하고 빼어나다고 칭송하고, 글씨도 정밀하고 오묘하다고 하였다.

앞 시대 김일손은 "고운이 오늘날 태어났더라면, 반드시 중요한 자리에 앉아 나라를 빛내는 문필을 잡고서 태평성대를 찬란하게 표현했을 것이며, 나 또한 그의 문하에서 붓과 벼루를 받들고 가르침을 받았을 것이다. 이끼 낀 비석을 어루만지며 감개한 마음을 금치 못했다"[34]라고 하여, 최치원의 문장에 대해 '나라를 빛낼 문필'이라고 칭송하였다.

한편 최치원의 글씨에 대해 오랫동안 연구한 조선 중기 유몽인(柳夢寅, 1559~1623)은 다음과 같이 기록해 놓았다.

> 나는 이 비석을 보고 뒤늦게 깨달은 바가 있다. 또한 나는 어려서부터 최고운의 필적이 예스럽고 굳센 것을 사랑하여 판본이나 탁본의 글씨를 구해 감상하였다. 그러나 임진왜란을 겪으면서 집도 글씨도 모두 없어져 늘 한스럽게 여겼다. 내가 금오(金吾, 의금부)의 문사랑(問事郞)이 되었을 적에 문건을 해서(楷書)로 썼는데, 곁에 있던 금오장군(金吾將軍) 윤기빙(尹起聘)이 한참 들여다보더니 "그대는 일찍이 최고운의 서법을 배웠소? 어찌 그리도 환골탈태를 잘하시오"라고 했었다. 지금 진본을 보니, 어찌 옛 사람을 위문하며 감회가 일어날 뿐이랴. 아울러 옛일을 통해 슬픈 마음이 들었다. 종이와 먹을 가져 오라 하여 탁본하였다.[35]

유몽인은 어려서부터 최치원의 필적을 사랑하여 판본이나 탁본을 구해 완미하였다고 하였다. 그리고 해서체의 글씨를 쓸 적에 자신도 모르게 최치원의 필체처럼 쓰게 되었음을 고백하고 있다. 이 정도면 최치원의 글씨에 대해서는 조선 최고의 안목을 가진 인물이라고 할 수 있다.

쌍계석문의 글씨

쌍계석문은 쌍계사의 동구에 해당하는 두 개의 바위로 된 석문이다. 그런데 이 바위에 최치원이 '쌍계석문(雙磎石門)' 네 글자를 써서 새김으로써 더욱 유람객의 눈길을 끌었다. 조선 시대 유람객은 이 바위에 이르러 무한한 감회를 느끼지 않을 수 없었다. 예컨대 조선 전기 김극성(金克成, 1474~1540)은 "고인(高人)은 세상을 떠나고 진적(眞蹟)만 남았네"[36]라고 하였고, 조선 중기 양대박(梁大樸, 1543~1592)은 "유선(儒仙)의 커다란 글씨가 아직도 남아 있네"[37]라고 하였다.

이 네 글자에 대한 평은 가지각색이다. 지금도 이곳을 지나는 사람들 중에 글씨를 좀 아는 사람은 나름대로 한마디씩 품평을 한다. 어린아이의 글씨 같다느니, 고졸(古拙)하다느니. 예전 사람들은 글씨를 품평하는 안목이 요즘 사람보다 못하지 않았을 것인데, 그들의 품평 역시 다양하게 나타난다.

이 네 글자에 대해 가장 먼저 품평한 인물은 김일손이다. 김일손은 이 네 글자에 대해 다음과 같이 평하였다.

두 바위가 마주 서 있는데 '쌍계석문(雙磎石門)'이라는 네 글자가 새겨져 있었다. '광제암문(廣濟嵒門)'이란 글자와 비교하건대, 크기는 훨씬 더 커서 말[斗]만 하지만, 글씨체는 그보다 못하여 아동이 습자(習字)한 것과 같았다.[38]

　김일손은 쌍계석문 네 글자에 대해 '아동이 습자한 수준'이라고 혹평하였다. 실제로 이 네 글자를 본 사람은 그렇게 평할 수도 있다. 현대인들 중에도 그런 사람이 많다. 그런데 이러한 비평은 후대에 호된 비난을 받았다. 그래서인지 김일손처럼 아동의 습자 수준이라고 품평한 사람은 거의 없으며, 구한말 기호지방의 학자 송병선(宋秉璿)만이 김일손처럼 "필체가 어린애의 습자한 것처럼 보였다"[39]라고 하였을 뿐이다.
　김일손이 "아동의 습자 같다"고 혹평한 말은 얼마 뒤 최치원의 글씨에 정통했던 유몽인(柳夢寅)에 의해 호된 비판을 받는다.

　　쌍계석문에 이르렀다. 최고운의 필적이 바위에 새겨져 있었는데, 글자의 획이 마모되지 않았다. 그 글씨를 보건대, 가늘면서도 굳세어 세상의 굵고 부드러운 서체와는 사뭇 다르니, 참으로 기이한 필체다. 김탁영(金濯纓, 김일손)은 이 글씨를 어린아이가 글자를 익히는 수준이라고 평하였다. 탁영은 글을 잘 짓지만, 글씨에 대해서는 배우지 않은 듯하다.[40]

　유몽인은 김일손이 "아동의 습자 같다"라고 한 평에 대해 글씨를 배우지 않은 사람의 품평으로 치부해버렸으니, 당시로서는 매우 혹독한 비평이라 할 수 있다. 유몽인은 이 네 글자에 대해 "수척하면서도 굳세다[瘦且硬]"라고 평

• • 조선 시대 유람객의 눈길을 끌었던 쌍계석문.

하였는데, 이러한 평은 전문적인 안목으로 논평한 것이다.

조선 중기 송광연(宋光淵)도 "필력이 서까래처럼 곧고 힘차다. 세상에 전해 오는 말에 최고운(崔孤雲)의 친필이라고 한다. 그런데 탁영(濯纓, 김일손)은 글자를 익히는 아이들의 글씨에 비유하였다. 무슨 소견으로 그렇게 말했는지 모르겠다"[41]라고 하여 김일손의 품평을 비판하였다.

'쌍계석문' 네 글자에 대한 품평으로 또 하나 주목할 만한 것이 아래와 같은 양경우(梁慶遇)의 언급이다.

> 시내를 건너 오른쪽으로 돌아 수백 보쯤 가니 두 개의 바위가 길옆에 문처럼 서 있었다. 쌍계사를 출입하는 자들이 이곳을 경유한다. 바위 높이는 5~6장쯤 되는데, '쌍계석문(雙磎石門)'이라는 네 개의 큰 글자가 바위에 새겨져 있었다. 바위 하나에 각각 두 글자씩 새겨져 있었는데 필획이 정돈되어 있고 서체가 엄정하며 칼과 창이 교차한 듯하니, 참으로 고운 최치원의 친필이다. 찡하게 가슴이 뭉클하여 말에서 내려 우두커니 바라보았다. 대체로 당대(唐代)의 명필로 모두 저수량(楮遂良)·안진경(顔眞卿)을 말하면서 최학사(崔學士)만은 일컫는 말을 듣지 못했으니, 외국 사람이기 때문이 아니겠는가. 저수량은 논하지 않더라도 안진경의 마애비각본(磨崖碑刻本)을 본 적이 있는데, 결코 여기에 미치지 못했다.[42]

• •쌍계(雙磎).

양경우는 이 네 글자에 대해 "필획이 정돈되고 서체가 엄정하다"고 하면서 "칼과 창이 교차한 듯하다"고 비유하였다. "필획이 정돈되어 있다"는 것은 구도가 조화롭다는 뜻일 터이고, "서체가 엄정하다"는 것은 필체가 엄정하다는 평이니, 필체와 구도에 있어 모두 높은 경지에 이르렀다는 말이다. 양경우는 최치원의 글씨에 대해 당나라 때의 명필 안진경의 글씨보다 훨씬 낫다고 하여, 당나라 때의 명필보다 더 뛰어난 글씨로 평하였다.

양경우가 '쌍계석문' 네 글자에 대해 "칼과 창이 교차한 듯하다"고 한 비유는 필력과 기상이 있다는 말일 것이다. 이런 비유는 동시대 조위한(趙緯韓)의 논평에서도 찾아볼 수 있다. 그런데 조위한은 이런 비유에 덧붙여 "네 개의 큰 글자가 엄정하여 용과 이무기가 뒤엉켜 승천하는 듯하고, 칼과 창을 비스듬히 잡고 서 있는 듯했는데, 바로 최고운의 필적이다"[43]라고 하였다. 조위한은 이 네 글자에 대해 양경우와 유사하게 "엄정하다[森然]"고 논평하면서 "칼과 창을 비스듬히 잡고 서 있는 듯하다"고 하고, 또 "용과 이무기가 뒤엉켜 승천하는 듯하다"고 하였으니, 엄정하면서도 힘찬 기상이 있다는 뜻일 것이다.

조위한이 "용과 이무기가 뒤엉켜 승천하는 듯하다"고 평한 비유는 오숙(吳翩, 1592~1634)의 비평에도 보인다. 오숙은 쌍계석문을 노래한 시에서 "용과 뱀은 어느 날 꿈틀거리나, 비바람이 때때로 요란하게 치네"[44]라고 하여, 그 서체의 기상

· · 석문(石門).

이 힘차다는 점을 강조하였다.

한편 1558년 쌍계사를 유람한 조식(曹植)은 이 네 글자에 대해 "글자의 획이 사슴 정강이만큼 크다"[45]고 비유하였다. 이는 글씨에 대한 비평은 아니지만, 후대 쌍계석문의 글자에 대한 비유로 널리 회자되었다. 예컨대 조선 후기 하익범(河益範, 1767~1813)은 "필획의 크기가 사슴 정강이만 하다"[46]고 했고, 남주헌(南周憲, 1769~1821)도 "글자의 획이 사슴 정강이 정도 크기였다"[47]라고 했으며, 구한말의 양회갑(梁會甲, 1884~1961)도 "바위에는 쌍계동문(雙溪洞門) 네 글자가 크게 새겨져 있었는데, 남명선생께서 '자획의 필력이 바위 속 깊이 새겨져 있어 사슴의 정강이만 하다'고 한 것이 이것이다"[48]라고 하였다.

글자의 크기로 비평한 것 가운데 또 하나가 구한말 양재경(梁在慶)이 "큰 획은 주먹 같았고, 작은 획은 손가락 같았다"[49]고 한 말이다.

'쌍계석문' 네 글자에 대한 비평으로 하나 더 주목할 만한 언급이 "기이하고 예스럽다"는 '기고(奇古)'로 논평한 것이다. 조선 중기 오두인(吳斗寅)은 다음과 같이 말했다.

> 7리를 올라가 절 입구에 이르니, 우뚝한 바위 두 개가 길의 좌우에 나란히 서 있었다. 모두 커다란 글씨가 새겨져 있었는데, 오른쪽은 '쌍계(雙溪)', 왼쪽은 '석문(石門)'이었다. 세상에 전해지는 말로는 최고운의 글씨라고 하는데, 글자의 획이 매우 기이하고 예스러웠다.[50]

이러한 평에 더하여 신명구(申命耈)는 "글자의 획이 힘차고 굳세며 기이하고 고풍스러웠다. 나도 모르게 한동안 손으로 더듬어 보았는데, 바로 최고운의 필적이다"[51]라고 하였다. 신명구가 논평한 '주경기고(遒勁奇古, 힘차고 굳세며 기이하고 고풍스럽다)'에 유몽인이 논평한 '수경(瘦硬, 가늘면서도 굳세다)'을 더한다면 '쌍계석문' 네 글자에 대한 품평이 온전하게 갖추어진 것으로 볼 수 있을 것이다(瘦硬奇古, 가늘면서도 굳세고 기이하고 고풍스럽다). 구한말 정종엽(鄭鐘燁)이 이와 비슷한 논평을 하여 '수경준고(瘦硬峻古)'라고 하였다.[52]

한편 후대로 내려오면서 와전된 설이 나타나 이 '쌍계석문' 네 글자를 "최치원이 쇠지팡이로 썼다"는 설이 등장하였는데, 일제강점기에 쌍계사를 찾은 김택술(金澤述, 1884~1954)은 그러한 설을 부정적으로 보았다.[53]

진감선사비의 감회

비석 이름의 오류

진감선사비의 비석 이름에 해당하는 전액(篆額)에는 '당해동고진감선사비(唐海東故眞鑑禪師碑)'라고 되어 있다. 첫 번째 글자는 '당(唐)' 자의 고자(古字)로 '양(昜)' 자와 '시(矢)' 자가 합쳐진 글자이다. 예전 사람들도 이 글자를 알아보지 못했던 듯하다. 또한 이 전액은 전서(篆書)로 쓰여 알아보기가 어려운 데다 너무 높아 멀리서 식별하기가 용이하지 않았던 듯하다.

그래서인지 유람록에 이 전액의 글자에 대해 제대로 정확히 표현한 기록은 찾아볼 수 없다. 1489년 유람한 김일손은 "그 비석의 전액(篆額)에는 '쌍계사고진감선사비(雙磎寺故眞鑑禪師碑)'라는 아홉 글자가 새겨져 있었다"[54]라고 기록하였는데, 이 말이 고사가 되어서 그런지 후인들은 모두 전액을 '쌍계사고진감선사비(雙磎寺故眞鑑禪師碑)'로 읽었다.[55]

서체에 대해 해박했던 유몽인은 "전액에 '쌍계사고진감선사비(雙溪寺故眞鑑禪師

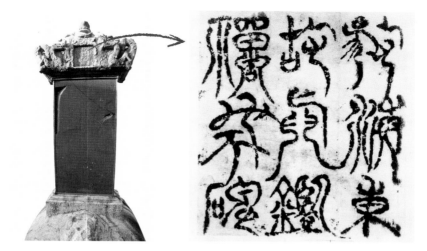

• •진감선사대공탑비(좌)와 전액에 전서로 쓰인 '당해동고진감선사비(唐海東故眞鑑禪師碑)' 탁본 글씨(우).

碑'라고 쓰여 있었는데, 전서체(篆書體)가 기이하고 괴이하여 쉽게 알아볼 수 없었다"[56]라고 술회하였으니, 대체로 이런저런 이유로 인해 전액을 올바로 읽지 못한 듯하다.

한편 조위한(趙緯韓)의 유람록에는 "전액에 '진감대사비명(眞鑑大師碑銘)'이라고 쓰여 있었다"[57]라고 하여, 글자의 숫자도 맞지 않게 대충 써 놓았다.

진정한 도를 얻은 사람

최치원이 지은 진감선사비의 내용을 정밀히 분석하면, 보편적 진리인 '도(道)'와 그것을 얻은 '사람[人]', 이 둘을 키워드로 하여 지은 것을 알 수 있다. 요컨대 진감선사가 그런 분이라는 내용이다. 그리고 중간에는 진감선사의 구도적 고행과 그 덕을 세상에 편 교화를 상세히 서술해 놓았다.

최치원이 활동하던 9세기는 동아시아 불교가 성행하던 시기이다. 특히 남북조 시대 달마로부터 일어난 선불교는 당나라 때 이르러 크게 성행하여 동아시아 각국에 퍼졌는데, 그것이 당시에는 신지식이었다. 그전의 불교는 대체로 귀족이나 왕실과 결탁하여 통치와 지배를 위한 방편으로 쓰이기도 하였다. 그래서 왕이 곧 부처가 되는 세상이었고, 일반 민중들은 부처의 공덕으로 고통이 없는 세상을 바랐다.

그런데 선불교는 깨달음을 중시하여 "종도 깨달으면 부처가 될 수 있다"는 파격적인 논리를 전개하였다. 왕만이 부처가 될 수 있는 세상에서 누구나 부처가 될 수 있다는 희망의 메시지가 된 것이다. 그러니 민중들은 선불교를 좋아하고 선승이 나타나면 그분의 설교를 듣고자 구름처럼 모여들었다.

또한 유교는 도교와 불교에 밀려 새로운 이념을 제시하지 못하고 기존의 사상을 답습하고 있었으니, 신문물인 선불교를 배워온 선사들의 설법은 새로운 세상을 향한 개혁의 목소리를 낼 수밖에 없었다. 세상을 바꿀 수 있는 새로운 도(道), 그런 것이 있다면 대중들에게 얼마나 신선하게 받아들여졌겠는가.

진감선사는 이 땅의 그런 선각자적 지식인이었으니, 당나라에 가서 세계적인 안목을 갖추고 온 최치원이라 하더라도 어찌 그를 존경하지 않을 수 있었겠는가. 더구나 당시에는 유불선을 회통하는 사상이 세계적으로 널리 유행하고 있었으니, 조선 시대 주자학자들처럼 주자학이 아닌 것을 모두 이단시하는 시각과는 현저하게 다른 분위기였음을 우리는 이해하지 않으면 안 된다. 이러한 시대 분위기 속에서 최치원은 진감선사에 대해 또는 선불교에 대해 찬사를 보냈던 것이다.

최치원은 이런 안목을 가졌기에 "대개 도는 사람을 멀리하지 않고, 사람은 국토에 따라 다른 것이 아니다"[58]라고 하여, 모든 사람들이 다 인정하는 보편적인 도를 터득하는 것이 의미 있는 일임을 먼저 말하였다. 그래서 유교를 배우든 불교를 배우든 그 도를 얻게 되면, 사람들을 선으로 향하게 하고 인(仁)을 일으키게 한다. 그런데 그 도를 터득하지 못한 사람들은 자

•• 진감선사대공탑비 탁본(부분).

신이 믿는 사상만을 옳다고 한다. 최치원은 이런 미시적인 지식인에 대해 "그런데 배우는 자들이 혹 '불타와 공자의 가르침은 유파가 다르고 본체가 상이하다'고 하면서, 마치 둥근 구멍에 모난 자루를 끼우는 것처럼 상호 모순되게 여겨 각자 한쪽만을 지키고 있다"[59]라고 비판하면서 진정한 도는 다르지 않다

는 점을 거론하였다.

최치원은 진감선사를 '진정한 도를 얻은 사람'으로 보아 이를 중심에 두고 이 비문을 지었는데, 석가모니가 가섭에게 전한 불교의 심법(心法)을 바로 진정한 도로 보고, 그것을 터득한 사람을 전감선사로 보았다. 그리고 이러한 심법은 공자도 말한 것으로, 불교와 유교가 다르지 않다는 점을 강조하였다. 그것이 바로 비문에 "멀리서 현묘한 도를 얻어 와 우리나라에 널리 빛낸 이가 어찌 다른 사람이랴? 선사(禪師)가 바로 그분이시다"[60]라고 한 것이다.

최치원은 이 비문의 말미에서 "나는 성인의 도에 흠뻑 취해보지는 못했으니, 깊은 우물 안의 깨어진 벽돌 사이에서 뛰노는 개구리처럼 부끄럽다"[61]고 하면서, 진감선사를 진정한 도, 즉 심법을 터득한 분으로 보았다.

이 비문의 말미에 있는 명(銘) 가운데 아래 네 구는 최치원이 진감선사의 도의 경지를 가장 잘 표현한 것으로 생각된다.

무언의 산은 선사의 성품처럼 고요하고,

빈 골짜기는 선사의 범패에 호응하네.

외경(外境)에 부딪쳐 막힘이 없었으니,

기심(機心)을 없앤 것 이로써 증명되리.

山與性寂　谷與梵應

觸境無硋　息機是證

당대 최고의 유학자와 선승의 만남

조선 시대 유학자들은 쌍계사에 이르러 불교에 대해서는 큰 관심을 보이지 않는다. 대신 최치원이 지은 진감선사비에 대해서는 지대한 관심을 보이며, 대체로 한 차례 읽어본다. 물론 꼼꼼하게 다 읽지는 않았을 것이다.

조선 전기 남효온(南孝溫, 1454~1492)은 최치원이 직접 짓고 쓴 진감선사비를 어루만지며 마치 최치원을 만난 듯한 감회에 젖었다. 그리고 그 비문을 읽고 난 소감을 시로 읊었는데, 그 가운데 다음과 같은 내용이 있다.

> 열두 살에 책을 지고 당나라에 들어가서,
> 곤륜산 편옥이라던 극선(郤詵)의 뒤를 이었네.
> 황소(黃巢)에게 보낸 격문, 사람들이 암송하고,
> 한림학사의 높은 명성 온 천하에 진동했네.
>
> (…)
>
> 무엇 때문에 신라 국왕의 교지를 받들어,
> 인간 세상 평범한 노승의 사적을 기술했나.
> 축원하고 염불함은 어리석은 일이거늘,
> 은근히 찬탄하는 말 입에 넘쳐흘렀어라.
> 혜소의 사실과 행적은 내 보고 싶지 않으니,
> 용처럼 꿈틀대는 가느다란 글씨에 경탄할 뿐.
> 문장은 이백(李白)의 글처럼 다소 단련을 했고,
> 글씨는 백영(伯英)처럼 취중의 정취를 얻었네.

이 나라 문장이 공으로부터 비롯되었으니,

우리나라 학사 중에는 공이 으뜸일세.

十二負笈入大唐　崑山片玉郤侁後

黃巢一檄誦天下　翰林高名動九有

(…)

胡爲再奉鷄林敎　疏錄人間一作禪林庸叟

祝上念佛妄庸事　慇懃讚嘆不容口

慧昭事跡不欲觀　但驚細筋龍蛇走

文如李白差鍛鍊　書得伯英醉中趣

此邦文字自公始　靑丘學士公爲首[62]

　극선(郤詵)은 진(晉)나라 때 빼어난 대책문(對策文)을 지어 빈공과에 합격한 인물로, 자신의 글을 곤륜산의 편옥(片玉)에 비유하였다. 여기서는 최치원의 글이 극선의 글과 같았다는 말이다. 황소(黃巢)는 당나라 때 반란을 일으킨 인물로, 최치원이 고변(高騈)의 종사관으로 출정하여 황소를 토벌하는 「격황소서(檄黃巢書)」를 지어 천하에 명성을 떨치게 되었다. 황소는 최치원의 격문을 보고 깜짝 놀라 침대에서 굴러 떨어졌다고 한다.

　이백은 당나라 때 시인인데 시선(詩仙)으로 불린 인물이다. "다소 단련을 했다"는 말은 당나라 때 시인들처럼 형식적인 미를 돋보이기 위해 가다듬어 수식을 했다는 뜻이다. 백영(伯英)은 후한 때의 인물 장지(張芝)의 자(字)로 초서를 잘 써서 초성(草聖)으로 불렸다. 여기서는 최치원의 글씨가 빼어남을 비유한 것이다.

남효온은 최치원이 우리나라 문장의 시조에 해당하는 것으로 보면서 우리나라 학사 중에 문필로는 최치원이 으뜸이라고 추앙하였다. 그러나 진감선사비를 지은 것에 대해서는 노골적으로 못마땅한 심기를 드러냈었다. 그것은 조선 전기 사림파의 의식 속에서는 당연한 생각이기에 재론할 필요도 없다.

조선 시대 유학자들의 생각은 대체로 남효온과 비슷하였다. 조선 중기 진주 출신으로 문과에 급제한 남명학파의 하수일(河受一, 1553~1612)도 "불가의 설은 우리 유가의 일이 아님을 진작 알았으니, 단지 황소에게 보낸 한 통의 격문만이 마음에 들 뿐"[63]이라고 하였다.

그런데 17세기 초 최초로 본격적인 악부시집(樂府詩集)을 낸 심광세(沈光世, 1577~1624)는 이런 일반적인 유학자들과는 시각을 달리하여 진감선사비를 보고서 다음과 같이 노래했다.

이수(螭首)가 귀부(龜趺)를 누르고,
용과 뱀이 글자와 글자를 감싸고 있네.
고운은 이름난 학사이고,
진감선사는 성스런 승려.
도덕이 당시엔 이들에게 의지했는데,
문장이 후대에는 없어지고 말았구나.
어루만지며 한 차례 낭랑히 읊조리니,
가슴속이 밝고 신선해짐을 느끼네.
螭首壓龜趺　龍蛇字字紆
孤雲名學士　眞鑑聖浮屠

道德當時仗　文章後代無

摩挲一朗誦　胸次覺昭蘇[64]

　심광세는 조선 시대 성리학적 이념에서 벗어나 최치원이 살던 시대 속에서 최치원을 이해하려 한 것 같다. 그래서 그는 "도덕이 당시에는 이들에게 의지했다"고 말한 것이다. 최치원이 살던 신라 시대의 환경 속에서 보면 심광세의 이 말은 매우 타당하다. 심광세는 진감선사비를 한 차례 읽고서 가슴속이 밝고 신선해짐을 느꼈다고 했으니, 최치원의 문장과 글씨는 물론 그 내용에 대해 깊은 감명을 받은 듯하다.

　진감선사비를 꼼꼼하게 읽고 나면 최치원과 진감선사, 즉 당대 최고의 유학자와 선승의 만남이라는 생각이 든다. 이 두 사람은 실제로 만나지 못했다. 그러나 후배 최치원은 이 비문을 쓰면서 마음으로 진감선사를 만난 듯하다. 우리가 흔히 말하는 백아(伯牙)와 종자기(鍾子期)의 지기(知己)라는 고사를 통해 진정한 만남, 진정한 알아줌을 회고하듯이, 필자는 진감선사비를 읽고 나서 "진감선사를 진정으로 알아준 이는 최치원이었구나"라는 생각이 든다. 이런 아름다운 만남에 대해 사상과 이념을 떠나 쌍계사에 가서 한 번씩 느껴본다면 심광세처럼 가슴속이 밝고 신선해질 것이다.

　유학자 외에 불교계 승려로 진감선사비문을 지은 최치원에 대해 호의적인 생각으로 노래한 이가 서산대사이다. 그가 노래한 시는 다음과 같다.

　동천에 구름 흩어지니 산악은 고요한데,

　꽃잎 져서 물에 떨어져 유유히 떠가네.

삼한 출신 팔 척 나그네가 온 중국에,

그 명성이 진동할 줄을 누가 알았으랴.

雲散洞天山嶽靜　落花流水去悠悠

誰知八尺三韓客　聲動中華四百州[65]

　서산대사의 시는 물이 흘러가듯이 자연스럽다. 산수와 하나가 된 경지에서
절로 흘러나온다.

최치원 회고

최치원 영당(影堂)

최치원은 쌍계사에 머물렀을 뿐만 아니라, 쌍계사를 창건한 진감선사의 비를 지음으로써 쌍계사와 불가분의 관계에 있었다. 그리고 여러 기록을 보면 쌍계사에는 최치원이 머물던 공간인 학사당(學士堂)이라는 독립된 건물이 존재했다. 이 학사당에 최치원의 영정을 모셔 놓아, 그 또한 유람객들에게는 좋은 구경거리였다.

1680년 쌍계사를 찾은 송광연(宋光淵, 1638~1695)은 최치원의 초상을 영자당(影子堂)에서 보았다고 기록해 놓았는데, 영자당이라는 별도의 건물이 있었던 것은 아닌 듯하고, 학사당을 그렇게 칭한 듯하다. 송광연은 최치원의 영정에 대해 "이른바 영자당(影子堂)에는 최고운의 초상이 있었는데, 신비로운 채색이 아직도 사람의 마음을 움직였다"66라고 하여, 감동받은 소회를 기술해 놓았다.

그런데 최치원의 초상이 어디에 있었는지에 대해서는 유람객마다 다르게 기록해 놓아 시대에 따라 여러 차례 변화된 것을 짐작할 수 있다. 1708년 쌍계사를 찾은 김창흡(金昌翕)은 "봉래각(蓬萊閣)에서 조금 왼쪽으로 비낀 벽에는 신감선사와 최고운의 화상(畵像)이 있다"[67]라고 하였으니, 구 영역의 건물 벽에 걸려 있었던 것이다.

한편 1720년 쌍계사를 유람한 신명구(申命耉)는 "불전 서편 한 작은 누각에 문창후의 화상을 봉안하고 있었다"[68]라고 하였으며, 1727년 쌍계사를 찾은 김도수(金道洙, ?~1742)는 "대웅전의 오른쪽에 있는 향로전(香爐殿)에는 고운의 영정이 걸려 있었다"[69]라고 하였으며, 1743년 쌍계사를 찾은 정식(鄭栻)은 "절 뒤에 오래된 법당이 있는데 고운이 독서하던 곳이다. 그곳에 고운의 화상이 있는데 살아 있는 것처럼 늠름하였다"[70]라고 하였으며, 1748년 쌍계사를 유람한 이주대(李柱大)는 "이중벽 속에 보관되어 있던 고운의 영정이 작은 건물 안에 걸려 있었다. 1천여 년이나 지난 오랜 유물이 보는 이로 하여금 감고(感古)의 소회에 빠지게 하였다"[71]라고 하였다. 그리고 1840년 쌍계사를 찾은 노광무(盧光楙, 1808~1894)는 "대웅전 동남쪽 벽 위에 고운 선생의 유상(遺像)이 있었다"[72]라고 하였다.

이런 기록을 종합해 보면, 1700년대 이후로 최치원의 영정이 여러 곳에 옮겨 안치되었음을 알 수 있다. 그것은 이 시기 쌍계사를 중수하지 못해 절이 매우 퇴락했기 때문일 것으로 추정된다. 그래서 규모가 비교적 작은 구 영역의 법당에 주로 걸려 있었던 듯하다.

한편 신명구는 최치원의 초상을 보고서 공손하게 손을 모으고 머리를 숙여 배알을 했는데, 마치 1천 년 전 신선의 풍채와 도인의 궤범을 보는 것 같다

「고운선생영정(孤雲先生影幀)」, 미상, 비단 바탕에 채색, 108×77.5㎝, 부산박물관 위탁 보관 중.

고 하였다.[73]

최치원의 영정에 대해 최근 새로운 사실이 밝혀졌다. 2009년 국립진주박물관에서 특별전을 하면서 경상남도 유형문화재 187호인 고운선생영정(부산박물관 소장)을 X선 투과 및 적외선 촬영을 했더니, 화면 아래쪽에서 "1793년 하동 쌍계사에서 그렸다"는 기록이 확인됐다. 또 문방구를 그려 넣은 화면 왼쪽 중간 부분과 오른쪽 아래에서 동자승으로 추정되는 인물이 발견되었다. 이를 두고 박물관 측에서는 "원래 동자승이 등장하는 신선도의 풍으로 그리려 했을 것이다"라고 추정하였다. 그리고 1825년 이 영정을 쌍계사 밖의 사당과 서원으로 옮기는 과정에서 동자승의 흔적을 없애고, 그 자리에 문방구류를 덧칠해 유학자의 풍으로 바꾸려 한 것 같다고 하였다.

불우한 지식인의 초상

최치원의 영정을 보고 노래한 시도 몇 편 있다. 서산대사는 최치원의 영정을
보고 다음과 같이 노래했다.

> 때때로 병 속 같은 그림 속에서 나와,
> 사람들을 향해 자신의 백발을 슬퍼하네.
> 성품은 산을 따라서 산처럼 고요하고,
> 몸은 학과 함께 선계에서 노니는구나.
> 時自壺中出　向人悲白頭
> 性隨山共寂　身與鶴同遊[74]

서산대사는 화개동 내은적암에 머물렀으니, 쌍계사에 자주 발걸음하였을
것이다. 서산대사는 최치원의 영정을 보면서 대화를 한 듯하다. 그래서 그림
속의 주인공이 현실 세계로 걸어 나와 함께 이야기를 나누는 듯한 감정을 느
낀 것이리라. 제2구는 최치원이 진감선사의 비명(碑銘)을 지으면서 "무언의 산
은 선사의 성품처럼 고요하고, 빈 골짜기는 선사의 범패에 호응하네[山與性
寂 谷與梵應]"라고 한 것을 묘하게 변용하여 최치원이 속진에서 벗어나 신선
이 되었음을 노래했다.

18세기 전반에 활동한 이유(李瀷, 1669~1742)는 쌍계사에서 최치원의 초상을 보
고 다음과 같이 노래했다.

> 천년이나 전해 오는 풍류 남아 최학사,
> 명산에 처소 없어 이름도 남기지 않았네.

어찌하여 자취를 불가에 의탁하였는지,

화상이 옛 모습 같아 홀로 감정이 뭉클.

千載風流崔學士　名山無處不留名

如何託迹叢林裏　遺像依然獨感情[75]

　풍류(風流)를 '멋'으로 해석하는 사람도 있으나, 풍류란 세속적 가치를 벗어 던지고 흉금을 깨끗이 하여 자연과 벗하는 것을 말하니, 요즘 우리가 '멋'이라고 말하는 것과는 상당한 거리가 있다. 최치원은 불우한 지식인이었다. 그는 자신을 알아주는 사람을 만나지 못해 산속으로 들어갔고, 자연스럽게 승려들과 어울려 살았다. 그러나 그의 정체성은 학사(學士)였다. 한 시대에 빼어난 재주를 가지고서도 뜻을 펴지 못한 불우한 지식인의 초상은 후인들로 하여금 자기 시대를 돌아보게 하였다.

　조선 후기 진주에 살던 하익범(河益範, 1767~1813)은 최치원의 영정을 보고서 이렇게 노래했다.

삼신산의 빼어난 경치는 우리나라서 으뜸이니,

신령스런 경계 참으로 속인이 노닐 곳 아니네.

흘러가는 개울물 소리 속에 봄날은 길기만 하고,

푸른 산의 깊숙한 곳에 학의 둥지 그윽하구나.

남명 선생 세 차례나 오시어 강산이 은혜를 입고,

고운 선생의 지팡이와 신발 천년이나 머무는 곳.

오늘은 강한(江漢)의 생각을 감당하기 힘들구나,

• •쌍계사에서 불일폭포로 오르는 길에 있는 최치원이 학을 불러 타고 갔다는 환학대.

승려들도 오히려 춘추로 제사 지낼 줄 안다네.

三神形勝擅靑丘　靈境誠非俗子遊

流水聲中春日永　碧山深處鶴巢幽

冥翁三到江山幸　雲老千年杖舃留

是日難堪江漢思　緇徒猶解享春秋[76]

　　강한(江漢)은 중국의 양자강과 한수(漢水)를 가리키는 말로, 공자의 제자 증자(曾子)가 공자의 덕을 비유하여 "양자강과 한수의 맑은 물로 세탁을 하고 가을 볕에 말린 것과 같아서 희고 희어 더할 나위가 없다"라고 한 것을 가리킨다. 여기서는 공자의 덕을 말한 것이 아니고, 최치원이 세속적 가치를 깨끗이 씻고 청정하게 산 것을 지칭한다.

이처럼 유람객들은 최치원의 영정을 보면서 불우한 지식인의 삶을 슬퍼하거나, 세속적 가치를 벗어던지고 깨끗한 삶을 택한 점을 칭송하였다. 이런 생각을 하는 것이 바로 순례다.

신선 최치원과 비결서

한편 조선 후기 실학적 사유에 의해 여러 편의 변증설(辨證說)을 지은 이규경(李圭景, 1788~?)은 「청학동변증설(靑鶴洞辨證說)」에 다음과 같이 기록했다.

> 세상에 전하기를 "고운이 도를 얻어 지금까지 가야산과 지리산을 오간다"고 한다. 또 전하는 말에 "청학동 안에는 석벽에 석문이 있는데, 쇠로 만든 큰 자물쇠로 잠가 놓았다"고 한다. 사람들이 말하기를 "그 안에 고운의 비결서가 있는데 누군가 그 자물쇠를 건드리면 온 산이 울며 움직이고, 천둥이 치고 비가 내리는 기이한 일이 일어난다. 그러므로 아무도 감히 그 석벽을 건드리지 않는다. 그 석벽 아래는 만 길이나 되는 절벽이다"라고 한다. 야사(野史)에 청학동과 관련된 고사가 많이 실려 있지만, 다 기록할 수 없어 뒷날을 기다린다.[77]

절벽에 최치원의 비결서가 숨겨져 있다는 설화이다. 비결서는 세상이 혼란스러울 때, 특히 새로운 세상을 열망하는 사람들 사이에서 많이 회자되던 이

•• 1614년(광해군 6)에 이수광이 20권 10책으로 편찬한 일종의 백과사전인 『지봉유설』

야기 속에 등장한다. 고운의 비결서가 무슨 내용인지는 아무도 알 수 없지만, 만약 그런 것이 있다면 불우한 지식인으로서 새로운 세상에 대한 염원을 담고 있지 않을까?

또 한편 조선 중기 이수광(李睟光, 1563~1628)의 『지봉유설(芝峯類說)』에는 아래와 같은 기이한 설화가 수록되어 있다.

지리산에 사는 한 늙은 중이 산의 석굴 속에서 기이한 책 여러 질을 얻었는데, 그 가운데 최치원이 쓴 시 1첩(帖) 16수가 있었다. 지금 그중에 절반은 잃어버렸다. 구례(求禮) 수령 민대륜(閔大倫)이 그것을 얻어 나에게 주었다. 내가 그 필적을 살펴보니 참으로 최치원의 필적이었으며, 시 또한 기이하

"봄이 오면 꽃이 대지에 가득, 가을 가면 낙엽이 하늘에 나네."

고 예스러웠다. 최치원이 지은 것을 의심할 나위가 없으니, 매우 진귀한 것
이라 하겠다[78]

　이수광은 1628년에 별세하였고, 민대륜은 1623년 김제군수로 있다가 파직
되었으니, 이 일은 1600년대 초에 있었던 일일 것이다. 이수광은 그 책을 최치
원이 직접 짓고 쓴 것이라 하였는데, 지금은 전해지지 않아 그 진위를 알 수
없다. 이수광은 위와 같이 기록한 뒤 오언절구 8수를 그 밑에 기록해 놓았는
데, 그중 제1수와 제4수를 감상해 보자.

　　우리나라의 화개동,

　　이 세상의 별천지.

　　선인이 옥 베개를 건네주니,

　　신세가 천년을 훌쩍 뛰어넘네.

　　東國花開洞　壺中別有天

　　仙人推玉枕　身世欻千年

　　봄이 오면 꽃이 대지에 가득,

　　가을 가면 낙엽이 하늘에 나네.

　　지극한 도는 문자를 떠난 것,

　　원래의 모습 눈앞에 있도다.

　　春來花滿地　秋去葉飛天

　　至道離文字　元來在目前[79]

이 8수의 시에는 '망아(忘我)'·'망귀(忘歸)'·'원래(元來)' 등의 시어가 등장하는데, 이를 보면 최치원이 본원과 하나가 되는 진인(眞人)의 세계를 추구한 것을 알 수 있다. 또 이 8수는 속기가 전혀 없는 선취(仙趣)를 노래한 점에서, 최치원이 지리산에 들어와 신선 세계에 의탁한 심경을 노래한 것으로 추정할 수 있다.

이규경의 「지리산변증설」에는, 쌍계사 계곡 석벽에 '고운(孤雲)'이라는 큰 각자가 있으며, 선조(宣祖) 때 한 승려가 석벽 틈에서 세상에 전하는 최치원의 필체와 동일한 필체로 쓴 위 시의 첫째 수가 쓰인 종이를 발견했다는 말을 기록해 놓고 있다.[80] 위의 시가 최치원이 화개동에서 지은 것이라면, 최치원은 화개동을 신선 세계로 인식하고 있고, 또 그곳에 사는 신선의 도움으로 그 자신도 신선이 되었음을 알 수 있다.

이규경의 「청학동변증설」에는, 최치원의 시 뒤에 아래와 같은 박지화(朴枝華, 1513~1592)의 「청학동」이라는 시를 인용해 놓았다.

> 고운은 당에서 급제한 진사,
> 애초 신선을 배우지 않았네.
> 당시는 삼한이 각축하던 때,
> 온 세상엔 풍진이 가득했네.
> 영웅의 마음 어찌 헤아릴 수 있으리,
> 진결(眞訣)은 본디 전함이 없는 것.
> 한 번 명산에 들어간 뒤로,
> 오백 년 동안 청풍이 이어지네.
> 孤雲唐進士　初不學神仙

蠻觸三韓日　風塵四海天

英雄那可測　眞訣本无傳

一入名山去　淸風五百年[81]

『해동전도록(海東傳道錄)』에 의하면, 박지화는 승려 대주(大珠)에게서 선도(仙道)를 전해 받은 인물이다. 위의 시를 보면, 최치원은 애초 선도를 배우지 않았는데 세상이 어지러워지자 지리산에 들어가 선도를 배운 것으로 보인다.

이를 종합해 보면, 최치원이 선도를 배워 신선이 되었다는 것은 별개의 문제로 보더라도, 그가 지리산을 속세와 떨어진 별천지로 인식함으로써 사람들이 지리산을 신선이 사는 산으로 인식하는 데 결정적 역할을 하였다고 하겠다.

금당 이야기

금당(金堂)은 쌍계사 최초의 건물로 진감선사 때 육조 혜능선사의 초상을 걸어두었던 곳이다. 진감선사가 혜능선사의 초상을 걸어둔 것은 자신의 법맥이 혜능에서 나왔음을 의미하는 것이고, 그가 추종하는 새로운 불교인 선불교를 상징하는 것이다. 요컨대 혜능의 선불교를 자신의 종지(宗旨)로 삼은 것이다. 이는 쌍계사가 우리나라에서 문을 연 선불교의 산실이었음을 의미한다.

그런데 1862년 쌍계사의 주지 용담(龍潭)이 쌍계사의 말사였던 목압사(木鴨寺)의 석탑을 옮겨다 육조의 초상이 걸려 있던 금당에 안치함으로써 초상 대신 탑이 중심이 되었고, 마침내 그 석탑을 육조정상탑이라 부르게 되었다. 이전에는 금당을 육조영당(六祖影堂)이라고 칭한 데에서 확인할 수 있듯이, 육조 혜능선사의 영정을 모셔 놓은 불당이었는데, 1862년 이후로 육조정상탑으로 탈바꿈한 것이다.

그래서 1862년 이전에 쌍계사를 유람한 사람들이 육조정상탑에 대해 언급

··금당(좌)과 내부에 있는 육조정상탑(우).

한 것은 전혀 없고, 그 후에 유람한 사람들에게서만 육조정상탑에 대한 기록
이 보인다. 예컨대 1879년 쌍계사를 찾은 송병선(宋秉璿)은 "서쪽 요사채에 그
의 초상이 보관되어 있었는데, 순수하고 깨끗한 모습이 참으로 세속의 사람
같지 않았다. 오른편으로 10여 걸음 올라가자 육조사정상탑(六祖師頂上塔)이 있
었다"[82]라고 하였다.

또 1902년에 쌍계사를 찾은 김회석(金會錫, 1856~1934)은 "조금 북쪽에는 작은
암자가 있는데, 암자 안에는 층층의 석탑이 있었다. 육조선사의 머리를 묻은
탑이라고 한다"[83]라고 하였으며, 1903년에 유람한 안익제(安益濟)는 "팔상전 뒤
에 육조정상탑(六祖頂相塔)이 있는데, 탑이 건물 안에 있었다. 대개 먼저 탑을 세

우고서 나중에 건물을 지은 것이다. 건물의 장단과 고하가 탑과 서로 가지런 하였다. 불교 설화에 의하면, 육조대사가 신묘한 경지에 통달해 하루는 향기 와 빛이 방안에 가득하고 상서로운 기운이 하늘로 올라가더니, 대사가 갑자 기 사라지고 염주만 탁상 위에 놓여 있었다. 그러므로 절에서 염주를 탑에 보 관하고 건물을 지었다고 한다"[34]라고 기록하였다.

쌍계사의 감회

팔영루를 노래하다

사찰을 찾았을 때 유람객이 휴식할 수 있는 최적의 장소는 누각이다. 쌍계사에는 청학루와 팔영루가 있는데, 청학루는 구 영역에 있는 작은 누각이고, 팔영루는 신 영역의 대웅전 앞에 있는 큰 누각이다.

팔영루를 최초로 노래한 사람은 15세기 진주권에서 시로 이름을 떨친 어득강(魚得江, 1470~1550)이다. 그는 쌍계사의 여덟 경관을 가려 칠언절구 8수의 「쌍계사 팔영루시(雙磎寺八詠樓詩)」를 지었다. 그 가운데 제3수를 감상해 보자.

최 문창후가 누런 비단에 쓴 글을 읽어보니,

머리에 관을 쓰고 당에서 벼슬하던 때 지은 글.

문장으로 천하에 이름을 떨쳤을 뿐만 아니라,

• • 대웅전 앞에 있는 큰 누각 팔영루.

"느린 걸음에 종소리 풍경소리 아련히 들리더니.
숲 속에 쌍계사 팔영루의 환한 모습 문득 보이네."

그 필적이 지금도 오히려 이 비석에 남아 있네.

試讀崔侯黃絹詞　街頭曾是仕唐時

文章不獨鳴天下　筆蹟今猶有此碑[85]

이 시는 진감선사비를 두고 노래한 것이다. 이후로 권문해(權文海), 성여신(成汝信), 신즙(申楫) 등이 어득강의 시에 차운하여 시를 지었다.

팔영루는 시인들에게 시를 짓기에 더없이 좋은 장소였다. 구한말 진주 출신의 학자 하겸진(河謙鎭, 1870~1946)은 팔영루에서 이렇게 읊었다.

느린 걸음에 종소리 풍경소리 아련히 들리더니,

숲 속에 쌍계사 팔영루의 환한 모습 문득 보이네.

한 쌍의 학이 떠나간 뒤 외로운 봉우리만 솟았고,

무수한 매미들은 석양녘에 맑은 소리로 울어대네.

골짜기에 접어드니 속진의 일이 적어짐을 알겠고,

구름 보니 나그네 회포가 일어남을 문득 느끼네.

문창후가 남긴 발자취를 묻는 사람은 별로 없으니,

바위 사이 나무와 가을꽃에 단지 정감이 느껴지네.

緩步遙聞鍾磬聲　林間忽見寺樓明

一雙鶴去孤峯出　無數蟬啼落日淸

入谷已知塵事少　望雲旋覺客懷生

文昌往跡無人問　巖樹秋花獨有情[86]

아마도 작자는 초가을 어느 날 해가 저물 때 쌍계사를 찾은 듯하다. 일주문, 금강문, 사천왕문이 구비되지 않았을 적에는 단청을 한 팔영루가 숲 속에서 화려한 모습으로 나타날 수 있을 것이다. 또한 유학자들에게 쌍계사 유람은 최치원의 유적을 탐방하는 것이 제일 큰 구경거리였을 텐데, 진감선사비를 보고서도 최치원에 대해 회고하는 사람이 없는 현실에서 작자는 자연에 눈을 돌리고 있다. 그래서 시인의 마음은 마냥 즐겁지만 않고 외로운 봉우리처럼 고독하다.

청학이 사는 신선 세계

예전 사람들이 쌍계사를 찾은 이유는 신선이 산다고 하는 청학동을 향한 마음 때문이었다. 즉, 속세의 티끌이 전혀 없는 신선 세계를 그리워하는 바람이 그들의 발걸음을 그곳으로 향하게 하였다. 그래서 이들은 쌍계사에 이르면 그 너머 어디쯤에 청학동이 있을 것이라고 생각하였다. 그런 생각들이 청학동을 여러 곳으로 상상하게 하였다.

그러나 조선 전기 쌍계사를 유람한 사람들의 머릿속에는 쌍계사 뒤편 불일폭포 근처를 청학동이라고 생각하였다. 이는 여러 사람들의 유람 시문에 나타난다. 그런데 조선 후기로 내려오면 그 범위가 넓어지고 다양해져서 청학동이라고 하는 곳이 여러 군데 등장한다. 거기에 한몫 더해 누군가는 청학동 그림을 그려 비결서처럼 신비감을 더하기도 하였다.

그런데 사람의 시선이 아닌, 청학의 입장으로 보면 그가 내려앉거나 깃들어 사는 곳은 모두 청학동이 될 수 있다. 예컨대 불일폭포 위의 산등성이를 넘어가면 지금의 청학동이 나오니, 그곳도 청학동이 될 수 있다. 따라서 인간의 시선으로 어느 곳이 진짜 청학동이라고 우기는 것은 소경이 코끼리를 만져 보고 절구통처럼 생겼다, 평상처럼 생겼다, 항아리처럼 생겼다고 말하는 것이나 다름없다.

적어도 조선 시대 대부분의 사람들은 쌍계사 위쪽 불일폭포 근처를 청학동이라고 생각했다. 그래서 그들은 쌍계사에 이르러 그곳에 가보는 것이 소원이었다. 예컨대 16세기 삼당시인(三唐詩人)의 한 사람인 이달(李達, 1539~1612)은 쌍계사에서 다음과 같이 노래했다.

> 동네 안에는 쌍계사가 있고,
> 두 줄기 시내는 석문을 마주했네.
> 절이 들어선 것 신라 시대이고,
> 저 물은 무릉도원과 닿아 있네.
> 청학이 튼 둥지 옛날과 다름없고,
> 단사는 우물물과 아직 섞이지 않았네.
> 고운의 비석 아직 그대로 남아 있어,
> 다 읽고 나니 한 차례 정신을 맑게 하네.
>
> 洞裏雙溪寺　雙溪對石門
> 山開赫居世　水接武陵源
> 靑鶴巢猶古　丹砂井未渾

孤雲碑尚在　讀罷一銷魂[87]

　　이 시를 보면, 시인은 쌍계사에서 청학의 둥지가 예전과 다름이 없다고 하였고, 신선들이 단약을 만드는 재료인 단사(丹沙)가 우물물과 섞이지 않은 원재료 상태라고 하였으니, 이곳이 바로 청학이 사는 신선 세계라고 느낀 것이다. 게다가 우리나라 최초의 신선 최치원이 지은 비석이 있어 더욱 신선 세계의 이미지를 더하였으니, 이러한 사실을 아는 지식인들에게 이곳은 더할 나위 없는 신선의 세계가 아니었을까.

　　이달(李達)·백광훈(白光勳)과 함께 삼당시인으로 일컬어진 최경창(崔慶昌, 1539~1583)도 예전에 쌍계사 일대를 유람한 기억을 떠올리면서 "그윽한 흥취는 매번 청학을 따라갔고, 멀어진 마음 공연히 백운과 더불어 남아 있네"[88]라고 하여, 청학이 사는 쌍계사를 떠올리고 있다.

　　쌍계사와 청학을 연관 지은 상상력은 구한말의 문장가 김택영(金澤榮, 1850~1927)에게서도 나타난다. 김택영은 쌍계사에 와서 다음과 같이 노래했다.

　　　　남쪽 산이 이처럼 웅장하구나,
　　　　열두 고을에 연이어 있을 정도로.
　　　　놀라운 강은 천 계곡이 합한 것,
　　　　그늘진 동네는 사계절 가을인 듯.
　　　　절은 오래되어 그 위용이 성대하고,
　　　　비석은 낡았지만 사적은 그윽하네.
　　　　등 뒤로 푸른 색깔의 학이 날아가,

그 때문에 내 잠시 고개를 돌렸네.

南岳雄如此　株連十二州

鷲江千潤合　陰洞四時秋

寺古威儀盛　碑殘事蹟幽

背飛靑色鶴　爲我少回頭[89]

시인은 쌍계사에서 청학이 등 뒤로 날아가는 듯한 모습을 연상하고 있다. 16세기 서산대사가 쌍계사에서 읊은 시는 그 자체로서 신선 세계의 정경을 한눈에 보여주는 듯하다.

흰 구름은 고갯마루를 넘나들고,

밝은 달은 시내를 동서로 비추네.

승려는 좌선하고 꽃잎은 뚝뚝 떨어지며,

나그네는 꾸벅꾸벅 졸고 산새는 울어대네.

白雲前後嶺　明月東西溪

僧坐落花雨　客眠山鳥啼[90]

앞에서도 언급했듯이, 서산대사의 시는 담박하면서도 선정(禪定)의 경지가 고스란히 묻어난다. 흰 구름과 밝은 달의 조화는 이곳이 신선 세계임을 암시한다. 그리고 그 속에 승려와 나그네, 꽃과 산새가 하나가 되어 있다. 순수, 그 자체로서의 자연이자 생명이다. 그들은 각자 주어진 대로 좌선을 하거나 졸고, 꽃잎이 되어 떨어지거나 울어댄다. 타고난 삶을 충실히 따르는 목소리

「고사은거도(高士隱居圖)」, 심사정(沈師正), 18세기, 종이에 담채,
102.7×60.4cm, 간송미술관 소장.

••북송 때의 은자인 임포의 고사를 다룬 그림이다. 임포는 매화를 아내로
학을 자식으로 삼아 서호의 고산에 은거했다.

이고 모습이다. 어디 하나 거짓이라곤 없다. 손톱만큼의 인위적 조작이 느껴지지 않는 그야말로 자연 그대로의 삶이다. 쌍계사가 그런 곳이다. 사람의 눈에 따라 다르겠지만. 서산대사가 느낀 그 경지를 느끼면 곧 신선이 아닐까?

쌍계사와 청학동을 찾아 이런 신선 놀이를 한 사람들이 실제로 있었으니, 그들이 바로 성여신(成汝信)과 그의 벗들이다. 성여신은 조식(曺植)의 문인이다. 그는 1616년 불화가 극대화되자 불화를 해소하기 위해 쌍계사로 신선 유람을 떠났는데, 이때 동행한 사람은 정대순(鄭大淳)·강민효(姜敏孝)·이중훈(李重訓)·박민(朴敏)·문홍운(文弘運) 및 맏아들 성박(成鑮)과 넷째 아들 성순(成鐓)이었다. 이들은 팔선(八仙)이라 자칭하였는데, 성여신은 부사소선(浮査少仙), 정대순은 옥봉취선(玉峯醉仙), 강민효는 봉대비선(鳳臺飛仙), 이중훈은 동정적선(同庭謫仙), 박민은 능허보선(凌虛步仙), 문홍운은 매촌낭선(梅村浪仙), 성박은 죽림주선(竹林酒仙), 성순은 적벽시선(赤壁詩仙)이라 불렀다. 성여신은 이 유람을 상세히 기록하여 「방장산선유일기(方丈山仙遊日記)」라는 유산기를 남겼다.

당시 성여신의 넷째 아들 성순은 청학동 향로봉에서 느낀 감회를 「향로봉고령대(古靈臺)에 이르자 승려 신섬(信暹)이 대추차 한 단지를 가지고 와서 각각 한 사발씩 주어 갈증이 절로 해갈되었다. 표연히 낭풍산(閬風山) 꼭대기에 올라 상제가 사는 곳에 가까이 다가가고, 공동산(崆峒山)에 올라 광성자(廣成子)를 만난 듯하였다. 도로 쌍계사로 내려왔다. 요학루(邀鶴樓) 단청 칠한 벽 위에 우리 여덟 신선의 이름을 부사소선, 옥봉취선, 봉대비선, 능허보선, 동정적선, 죽림주선, 매촌낭선, 적벽시선이라 쓰고서, 학동(鶴洞)에 모여 받들어 화답했다」라는 긴 제목의 시로 표현했는데, 그 시는 다음과 같다.

신선의 세계를 아직 보지 못해서,

오늘 방장산에 찾아와 보려 하네.

붉은 노을이 동천 골짜기를 가리고,

단사와 계수나무 봉우리에 둘러 있네.

물외의 세상에 별천지가 따로 있으니,

별천지의 세월마냥 한가롭기만 하네.

최고운 선생은 어느 곳에 계시는지,

청학봉 까마득해 오르기가 어렵구나.

不見神仙窟　今來方丈山

紫霞迷洞壑　丹桂擁峯巒

物外乾坤別　壺中日月閒

孤雲何處在　靑鶴杳難攀[91]

청학동을 찾아서

청학동은 어디일까?

고려 시대 이인로(李仁老)는 청학동을 찾아 신흥사에 이르렀다가 청학동을 찾지 못하는 안타까운 심경만 시로 한 수 남겼다.

1472년 지리산을 유람한 김종직(金宗直)은 천왕봉에 올라 주능선을 타고 영신사(靈神寺)까지 갔다가 함양으로 내려갔기 때문에 쌍계사를 유람하지 못했다. 그러나 그는 영신봉에서 남쪽으로 쌍계사 방면을 바라보며 청학동을 떠올렸다. 그를 수행한 승려 해공(解空)은 악양현의 북쪽 지역 청학사(靑鶴寺)가 있는 곳을 청학동이라고 하였는데, 김종직은 그의 말을 액면 그대로 믿지 않고 호사가들이 그렇게 부르는 것이 아닐까 의심하였다.[92]

한편 1487년에 쌍계사를 유람한 남효온(南孝溫)은 다음과 같은 기록을 남겼다.

내가 승려에게 "어디가 청학동(靑鶴洞)입니까?"라고 묻자, 승려 의문(義文)
이 답하기를 "석문 밖 3~4리쯤 못 가서 동쪽에 큰 동네가 있는데 그 동
네 안에 청학암(靑鶴庵)이 있습니다. 아마도 그곳이 옛날의 청학동인 듯합니
다"라고 하였다. 내 생각으로는, 이인로(李仁老)의 시에 "지팡이 짚고 청학동
을 찾으려 하는데, 숲 속에선 원숭이 울음소리 부질없이 들리네. 누대에선
삼신산이 아득히 멀게만 보이고, 이끼 낀 바위에는 네 글자가 희미하네"라
고 하였으니, 그는 성문 안 쌍계사 앞쪽을 청학동이라고 여긴 것이 아닐
까? 쌍계사 위 불일암(佛日庵) 아래에도 청학연(靑鶴淵)이란 곳이 있으니, 이
곳이 청학동인 것은 의심할 나위가 없다.[93]

이 기록이 아마도 공식적으로 전하는 가장 이른 시기 청학동에 대한 설이
다. 승려 의문은 쌍계석문 밖의 동네를 청학동이라 하였고, 남효온은 쌍계석
문 안 쌍계사 앞의 지역이거나 불일폭포 아래 청학연이 있는 곳을 청학동이
라고 생각하였다. 그러니까 당시에도 전하는 설이나 지명을 통해 청학동을
추정한 것에 불과하다.

그런데 1489년 정여창과 함께 쌍계사를 유람한 김일손(金馹孫)은 청학동에
대해 아래와 같이 명확하게 기록해 놓았다.

28일(병진). 쌍계사의 동쪽 골짜기를 따라 다시 지팡이를 짚고 길을 떠났
다. 돌층계를 오르기도 하고 위태로운 잔도(棧道)를 기어오르기도 하면서
몇 리를 가자, 꽤 넓고 평평하여 농사짓고 살 만한 곳이 나왔다. 여기가 세
상에서 청학동(靑鶴洞)이라고 하는 곳이다. 그리고 생각해 봤다. 우리들은
이곳에 올 수 있었는데, 이미수(李眉叟, 李仁老)는 어찌하여 오지 못했던가?

하동군청 제공.

"동쪽과 서쪽에 있는 향로봉은 마주보고 있다.
폭포 아래에는 용추와 학연이 있는데 그 깊이를 헤아릴 수 없었다."

어쩌면 미수가 여기까지 왔었는데 느슨한 마음으로 자세히 살피지 못한 것은 아닐까? 아니면 청학동이란 정말 없는데 세상에서 그 소문만 계속 전해 오는 것인가? 앞으로 수십 보를 가자, 가파른 골짜기가 나타났다. 잔도를 타고 올라 한 암자에 이르렀는데, 불일암(佛日菴)이라 하였다. 암자가 절벽 위에 있어 앞은 낭떠러지였고, 사방의 산은 기이하고 빼어나 이를 데 없이 상쾌하였다. 동쪽과 서쪽에 향로봉(香爐峯)이 있는데, 좌우로 마주 보고 있었다. 아래에는 용추(龍湫)와 학연(鶴淵)이 있는데, 그 깊이를 헤아릴 수 없었다. 이 암자의 승려가 말하기를 "매년 늦여름이 되면 푸른 몸에 붉은 정수리와 긴 다리를 가진 새가 향로봉 소나무에 모이는데, 용추로 날아 내려와 물을 마시고 곧 떠나갑니다. 이 암자에 사는 승려들은 여러 번 보았는데, 이 새를 '청학(青鶴)'이라 합니다"라고 하였다. 어찌하면 청학을 내 곁으로 오게 하여, 거문고를 뜯으며 그와 벗할 수 있을까? 암자의 동쪽에는 눈이 내리듯 하얗게 떨어지는 폭포가 있는데, 천 길 벼랑으로 떨어져 학연으로 들어간다. 이곳은 지극히 아름다운 절경이었다.[94]

김일손의 이 기록은 지리산 청학동에 대해 최초로 그 장소를 명확히 언급한 것이 된다. 이후 대부분의 사람들은 불일폭포 근처를 청학동으로 생각했다. 그것은 1558년 쌍계사를 유람한 조식(曺植)의 「유두류록」을 통해 다시 확인된다.

조선 후기 이규경(李圭景)은 각종 변증설을 써서 민간에서 전승되는 설을 객관적으로 고증하려고 하였는데, 그 가운데 하나가 「청학동변증설(青鶴洞辨證說)」이다. 그는 "대저 청학동은 고려 시대부터 이름이 있었지만, 끝내 그곳에 가 본 사람은 없었다. 우리 조정에 이르러 비로소 닫혀 있던 산이 드러나게 되

• •불임암에서 본 겨울 지리산의 청정한 세계.

어 온 세상에 알려져 모르는 사람이 없게 되었고, 가 보지 않은 사람이 없게 되었다. 점필재 김종직의 「유두류록(遊頭流錄)」에는 '악양현의 북쪽을 청학사동(靑鶴寺洞)이라 하고, 동쪽을 쌍계사동(雙溪寺洞)이라 한다'라고 되어 있다"[95]라고 하여, 김종직의 「유두류록」에서 언급한 곳을 청학동에 대한 최초의 기록으로 보았다. 그리고 지리지(地理誌)의 내용을 인용한 뒤, 청학동에 대한 여러 전설을 기록해 놓았다.

> 쌍계사에는 신라 시대 최고운의 유적이 많으며, 고운의 영정도 있다. 세상에 전하기를 "고운이 도를 얻어 지금까지 가야산과 지리산을 오간다"고 한다. 또 전하는 말에 "청학동 안에는 석벽에 석문이 있는데, 쇠로 만든 큰 자물쇠로 잠가 놓았다"고 한다. 사람들이 말하기를 "그 안에 고운의 비결서가 있는데 누군가 그 자물쇠를 건드리면 온 산이 울며 움직이고, 천둥이 치고 비가 내리는 기이한 일이 일어난다. 그러므로 아무도 감히 그 석벽을 건드리지 않는다. 그 석벽 아래는 만 길이나 되는 절벽이다"라고 한다. 야사(野史)에 청학동과 관련된 고사가 많이 실려 있지만, 다 기록할 수 없어 뒷날을 기다린다.
>
> 이수광(李睟光)의 『지봉유설(芝峯類說)』에는 "지리산 청학동은 예전에 청학이 깃들어 살았기 때문에 청학동이라 이름하였다. 고려 시대 이인로는 신흥사(神興寺)에 이르러 청학동을 찾다가 찾지 못하고, '지팡이 짚고 청학동을 찾으려 하는데, 숲 속에서 원숭이 울음소리 부질없이 들리네'라는 시구를 남겼다. 이를 보면 청학동이란 이름이 붙은 것은 아마도 오래전의 일인가 보다. 이곳에 사는 승려가 나를 위해 말하기를 '여느 때 짓궂은 한 젊은이가 돌을 던져 학의 날개를 부러뜨렸습니다. 이로부터 청학이 다시

는 날아오지 않았습니다. 그리고 오래지 않아 임진왜란이 일어났습니다'라고 하였다. 아마도 청학이 기미를 보고 떠나간 듯하다"[96]라고 되어 있다.

남진학(南趁學)은 일찍이 연단술을 수련하고, 과거에 합격하여 벼슬길에 나아갔다. 기묘사화 때 곡성(谷城)으로 유배되었다가 그대로 눌러앉았다. 노비를 시켜 편지를 가지고 지리산 청학동으로 들어가게 하였다. 노비가 청학동에 들어가 보니, 집들이 깔끔하고 화려하였다. 두 사람이 바둑을 두고 있었다. 한 사람은 흰 관에 붉은 옷을 입고 있었는데 옥 같은 얼굴이 단아했으며, 한 사람은 노승으로 매우 예스럽고 건강해 보였다. 노비가 하루 저녁 묵은 뒤 답장을 받아 가지고 돌아왔다. 2월에 산으로 들어갔는데, 나와 보니 9월이었다. 상락군(上洛君) 권청(權淸)이 미친 척하고 중이 되어 이 산으로 들어갔는데, 고운과 마찬가지로 자유자재로 나타나기도 하고 숨기도 하였다.[97]

이규경은 이런 설을 수집하여 기록한 뒤 어느 곳이 청학동인지에 대해서는 판단을 유보하고 독자들의 상상력에 맡겼다. 그리고 우리나라 청학동이 중국에까지 알려진 사실을 기록하면서 변증설을 마무리하였다.

청학동 신선과의 조우

앞에서 살펴보았듯이 조선 시대 사람들은 불일폭포 주위를 청학동으로 생각하였다. 그리고 청학동에는 학이 살고 있고, 신선이 있다고 생각했다. 그런데 그 신선이 바로 유선(儒仙)으로 불리는 최치원이다. 그리하여 이곳을 찾은 사람들은 신선 세계에 이르렀다는 청정함을 느낌은 물론, 신선이 된 최치원을 만나 참된 비결을 얻어듣고 싶어 했다.

예컨대 성여신(成汝信)은 쌍계사에 이르러 "선원(仙源)으로 가고픈데 어느 곳일까, 향로봉 위에서 고운을 부르리라"[98]라고 노래하여 청학동을 찾아 최치원을 만나고 싶어 했으며, 조선 후기 악부시를 본격적으로 쓴 심광세(沈光世)도 "이곳은 최고운 선생이 은거한 곳, 흰옷에 녹색 두건이 우뚝하네. 나도 선생을 따라 노닐며, 천년 된 사슴을 함께 타고 싶네"[99]라고 하였다.

16세기 전라도 출신 기대승(奇大升, 1527~1572)은 청학동에 들어가 최치원을 만나고 싶어 하며 이렇게 노래했다.

최고운 선생은 천 년 전에 사시던 분,
신선술을 단련해 학을 타고 떠나셨네.
쌍계사엔 부질없이 옛 자취 남아있는데,
흰 구름이 덮어 골짜기를 찾기가 어렵네.
미미한 후생이 선생의 높은 풍도 우러르니,
선생을 향하는 마음이 물밀듯이 밀려오네.
선생이 남기신 시〔流水詩〕를 낭랑히 읊조리니,
빼어난 기상이 조조 부자〔橫槊〕보다 낫구나.
어찌하면 시끄러운 세상사를 등지고,
선생과 함께 푸른 하늘에서 노닐 수 있을까.
孤雲千載人　鍊形已騎鶴

「조선팔도지도(朝鮮八道地圖)」 경상도 부분, 1790년, 서울대학교 규장각 소장.
· · 지도에는 지리산과 청학동이 표기되어 있다.

雙溪空舊蹟　白雲迷洞壑

微生仰高風　響往意數數

朗詠流水詩　逸氣壓橫槊

安得謝紛囂　共君遊碧落[100]

'유수(流水)'는 최치원이 지은 「제가야산독서당(題伽倻山讀書堂)」이란 시의 마지
막 구인 "짐짓 시냇물로 산을 모두 둘러막았네[故敎流水盡籠山]"의 '유수'를

가리킨다. '횡삭(橫槊)'은 말을 타고 창을 들고서 시를 짓는다는 말로, 조조(曹操)와 조비(曹丕) 부자의 고사를 말한 것이다. 이 시를 보면, 스승 이황과 사단칠정에 대해 치열하게 논쟁하던 기대승의 모습이 아니라, 세상사를 등진 최치원의 고풍을 흠모하는 또 다른 기대승의 모습을 만날 수 있다.

이처럼 청학동은 조선팔도에서 공식화된 신선 세계일 뿐만 아니라, 우리나라 최초의 신선인 최치원을 만나는 장소이기도 했다. 따라서 청학동의 공간적 이미지는 어디나 있을 법한 신선 세계가 아니라, 우리나라 정신사에서 속세의 티끌을 떨쳐버리고 청풍을 지키며 사는 청정한 세계라는 점에서 그 의미를 새롭게 찾을 필요가 있다.

이런 정신적 지향은 서경덕의 문하에서 수학한 박지화(朴枝華, 1513~1592)가 청학동을 읊은 시에서 "영웅의 마음 본래 헤아릴 수 없고, 참된 비결은 본래 전함이 없는 것. 선생이 한 차례 명산으로 들어간 뒤, 청풍이 오백 년 동안이나 전해 오네"[101]라고 한 데서 다시 확인할 수 있다.

한편 청학동을 노래한 「청학동가(靑鶴洞歌)」도 등장한다. 서산대사의 제자인 소요화상(逍遙和尙)의 문하에서 수행한 17세기 윤현변(尹懸辯)이 지은 「청학동가」에는 "지리산 청학동을 예전에 듣고 이제 보니, 최고운 종적이 곳곳에 완연하다"라고 하여, 청학동을 최치원의 발자취가 곳곳에 완연한 공간으로 묘사하였다.

청학동을 노래한 시편 가운데 16세기 조식이 지은 아래의 시는 심성을 수양하여 한 점 티끌도 없이 살고자 한 그의 성리학적 정신세계를 잘 보여주고 있다.

한 마리 학은 구름을 뚫고 하늘로 올라갔고,

한 줄기 시내는 옥구슬 굴리며 속세로 흐르네.

누(累) 없는 것이 도리어 누 되는 줄 알았으니,

마음속 산하는 보지 않았다고 말해야겠네.

獨鶴穿雲歸上界　一溪流玉走人間

從知無累翻爲累　心地山河語不看[102]

조식은 청학동에서 한 점의 티끌도 없이 깨끗한 물이 속세로 흘러가는 것을 보면서, 누(累)가 없어도 누가 되는 세상에서 자신의 청정함마저 숨기려 하고 있다.

5 장

승려들의 수도처

삼신동천

「월하탄금도(月下彈琴圖)」, (전)이경윤(李慶胤), 16세기 후반경,
비단에 수묵, 31.2×24.9cm, 고려대학교 박물관 소장.

•• 운치와 풍류의 상징인 달과 거문고를 소재로 그렸다. 그런
데 줄이 없는 무현금이다. 도연명도 무현금을 두어 거문고
의 흥취만 알 뿐이었다. 이규보는 "옛말에 이르기를 거문고
는 악(樂)의 으뜸이라. 군자가 항상 사용하여 몸에서 떠나
지 않는다 하였다"고 했다.

삼신동

삼신동의 유래

경남 하동군 화개면 범왕리와 대성리, 즉 화개동 상류의 범왕천과 화개천이
합류하는 지점에 '삼신동(三神洞)'이라는 글자가 새겨진 바위가 있는데, 이곳을
기점으로 두 물줄기의 상류를 모두 삼신동이라 한다. 1651년 삼신동을 유람
한 오두인(吳斗寅, 1624~1689)은 삼신동의 지리적 특징을 다음과 같이 언급하였다.

> 다리 주변 바위에 '삼신동(三神洞)'이란 각자가 새겨져 있었다. 신흥사(神興
> 寺)·의신사(義神寺)·영신사(靈神寺) 이 세 절이 모두 이 시내의 상류에 있다고
> 한다. 시내 한 줄기는 서쪽 골짜기에서, 다른 한 줄기는 동쪽 골짜기에서
> 나오니, 서쪽은 칠불암(七佛菴)이 있는 골짜기 입구이며, 동쪽은 신흥사가
> 있는 곳이다.

••세 절이 있는 골짜기 혹은 삼신산의 골짜기라는 뜻의 삼신동 풍경.

삼신동이라는 명칭에 대해서는, 1611년 이곳을 유람한 유몽인(柳夢寅)의 유람록에 "동네 이름이 삼신동인데, 이는 이 고을에 영신사(靈神寺)·의신사(義神寺)·신흥사(神興寺) 세 사찰이 있기 때문이다"라고 하여, 세 사찰의 이름에 모두 '신(神)' 자가 있어서 삼신동이라 부르게 되었다고 하였다. 이 설이 대체로 전하는 설이다.

그런데 1680년 삼신동을 유람한 송광연(宋光淵, 1638~1695)은 유몽인의 설과는 달리 "시냇가에 바위 하나가 절벽처럼 서 있는데, 그 바위에 '삼신동(三神洞)'이라는 세 자가 큰 글씨로 새겨져 있었다. 누구의 글씨인지 모르겠다. 승려들은 이것도 최고운의 친필이라고 한다. 이는 필시 일 꾸미기를 좋아하는 자들이 삼신산(三神山)의 뜻을 취해 여기에 세 글자를 새겨 넣은 것이리라"라고 하여, 삼신동이라는 명칭은 삼신산에서 취한 것으로 보았다. 그것은 신흥사를 신흥사(新興寺)라고도 표기하여 '신(神)' 자를 쓰지 않는 경우도 있기 때문에 유몽인의 설을 취하지 않고 다르게 생각한 것이다.

이렇게 보면, 삼신동이라는 명칭은 두 가지 설이 있다. 하나는 신(神) 자 들어가는 영신사·의신사·신흥사 세 절이 있는 골짜기라는 뜻이고, 하나는 지리산이 삼신산의 하나이기 때문에 삼신산의 골짜기라는 뜻이다.

삼신동 각자

'삼신동(三神洞)'의 각자를 쓴 사람이 최치원인가, 아니면 호사가(好事家)인가에 대해서도 의견이 갈린다. 위에서 인용한 유몽인의 설처럼 승려들은 대부분 이 글씨를 최치원의 친필이라고 말하지만, 송광연은 누구의 글씨인지 모르겠다는 입장을 취하였다. 그러나 이곳을 유람한 대부분의 사람들은 전해 오는 설에 따라 최치원의 필적이라고 생각했다. 1752년에 삼신동을 유람한 박래오(朴來吾, 1713~1785)는 이 글씨를 최치원의 친필로 여기면서 다음과 같이 감격스러운 마음을 기록해 놓았다.

• • 최치원의 글씨로 알려져 있는 신흥사의 '삼신동' 바위 글씨와 필자.

4~5리를 가서 시냇가의 나무다리를 건넜으며, 굽이굽이 돌아 신흥사 동구에 이르렀다. 길가에 한 길 남짓한 바위가 서 있었다. 석면에 '삼신동(三神洞)'이라는 글자가 새겨져 있었는데, 곧 최고운의 필적이었다. 일행이 어루만지며 탄식하기를 "세월이 흘러간 것이 몇천 년이건만, 선옹(仙翁, 최치원)이 새긴 세 글자가 바람에 갈리지 않고 비에 씻기지 않아 오늘날 우리가 볼 수 있게 하는구나. 혹 우리를 기다려 준 것일까?"라고 하였다. 이에 절구를 지어 그리운 마음을 시에 담았다.[4]

19세기 초에 지리산을 유람한 정석귀(丁錫龜)는 화개동에 최치원의 유적이 많이 있는데, 쌍계사의 '쌍계석문(雙磎石門)'과 진감선사비, 신흥사의 '삼신동(三神洞)'과 '세이암(洗耳巖)', 불일암의 '환학대(喚鶴臺)'와 '완폭대(翫瀑臺)' 등은 모두 최치원의 친필로 전해 온다고 하였다.[5] 1879년 삼신동을 찾은 송병순(宋秉珣)도 '삼신동'이라는 각자를 최치원의 필적이라고 기록해 놓았다.[6] 이를 보면 조선 후기까지 대다수의 사람들은 최치원의 필적으로 인식하고 있었음을 알 수 있다.

지리산에서 가장 빼어난 신흥사

지리산 최고의 명승

신흥사는 지금의 하동군 화개면 범왕리 화개초등학교 왕성분교 자리에 있던 사찰이다. 신흥사는 한자로 신흥사(神興寺), 신응사(神凝寺), 신흥사(新興寺)로 표기했는데, 조선 후기로 내려오면 주로 신흥사(新興寺)로 표기되었다. 그리고 신흥사가 있던 곳을 신흥동(新興洞)이라고 불렀다.

이곳은 조선 시대 지리산에서 경관이 제일 아름다운 곳으로 알려졌다. 신흥사가 이곳의 자연과 조화를 이루고 있을 뿐만 아니라, 삼신동 입구에 시내를 가로지른 홍류교(紅流橋)가 있고, 그 아래에 능파각(凌波閣)이라는 아름다운 누각이 있어서 유람객들에게는 그야말로 시흥을 절로 불러일으키는 곳이었다. 그런데 지금은 예전의 이런 아름다운 건축물의 흔적을 찾아볼 수 없는데다 도로를 내면서 경관을 훼손하여 예전의 아름다운 모습을 볼 수 없다.

1651년 삼신동을 찾은 오두인(吳斗寅)은 쌍계석문을 나와 시냇가를 따라 신홍동으로 들어갔는데, "이른 새벽에 쌍계석문을 나섰다. 다시 거석교를 건너서 시내를 거슬러 올라갔는데, 이것이 신흥동(神興洞)에서 흘러오는 쌍계의 오른쪽 물줄기이다. 산길은 이리저리 구불구불하고 아래로는 맑은 시내가 흘렀다. 혹 물이 모여 못이 되기도 하고, 빠르게 흘러 폭포가 되기도 하였다. 이곳은 화개동보다 10배나 맑고 기이하였다. 15리쯤 가서 홍류교(紅流橋)에 이르렀다"[7]라고 기록해 놓았다.

오두인의 이 기록은 쌍계사 앞에서 신흥동 입구까지의 경관을 표현한 것인데, 화개동보다 열 배나 맑고 기이하다는 말이 새롭게 느껴진다. 우리는 대부분 차를 타고 이 길을 지나기 때문에 오두인처럼 아름다움을 느끼지 못한다. 맑은 물과 기이한 수석이 어우러진 이 계곡은 그야말로 무릉도원을 연상시키는 곳이니, 속세의 티끌이 범접할 수 없는 청정구역이다.

신흥동의 빼어난 자연경관에 대해 몇 사람의 기록을 통해 상상해보기로 한다. 1618년 신흥사를 찾은 조위한(趙緯韓)은 그 경관을 다음과 같이 그려 놓았다.

> 이른 아침에 출발하여 무릉교(武陵橋)를 건너 신흥동(神興洞)으로 들어가려 하였다. 골짜기가 깊어 별천지 같았으니, 옥빛 땅과 금빛 모래는 걸음걸음 볼 만했고, 옥색 못과 비취빛 물은 곳곳이 명승이었다. 금강산 만폭동(萬瀑洞)과 닮았지만, 웅장하고 화려한 모습은 더 나았다. 말에서 내려 바위에 앉아 마음껏 감상하였다.[8]

양경우는 신흥동을 별천지라고 하면서, 옥빛 땅과 금빛 모래, 옥색 못과

"흰색 바위들이 즐비하고, 맑은 시냇물이 평평하며, 나지막한 산이 병풍처럼
드리우고, 산자락 위로 하늘이 뚫려 있는 곳이 신흥동이다."

비취빛 물을 아름다운 점으로 거론하였다. 그러면서 그는 금강산 만폭동보다 더 낫다고 하였다. 양경우는 주로 시냇가의 기이한 수석과 맑은 물에 시선을 두고 있는데, 이곳을 찾은 유람객들의 시선 역시 마찬가지였다.

1724년 이곳을 찾은 정식(鄭栻)은 그 경관을 다음과 같이 표현하였다.

> 기이한 바위와 둥근 돌이 좌우에 평평하게 널려 있으며, 눈처럼 흰 물결과 은빛 폭포가 명경지수(明鏡止水) 속으로 다투어 흐르니, 남명(南冥)이 이른바 "희뿌옇게 가로지른 은하수에 별들이 떨어지는 듯하고, 손님을 맞아 잔치를 벌인 요지(瑤池)에 비단 방석이 어지러이 널려 있는 듯하다"라고 한 것이다. 그중에 움푹하게 들어가 저절로 항아리처럼 된 것이 있는데 또한 기이한 볼거리였다.[9]

뒤로는 큰 산 밑에 고찰이 자리하고, 앞으로는 시내가 가로질러 흐르는데 기이하게 생긴 흰색 바위들이 즐비하고, 그 사이로 하얀 물방울을 튀기며 흘러내리는 맑은 시냇물이 평평하며, 그 앞에는 나지막한 산이 병풍처럼 드리워 계절마다 다른 색을 펼치고 그 산자락 위로 하늘이 빠끔히 뚫려 있는 곳이 신흥동이다.

이곳은 화개동 제일 안쪽으로 속진이 미치지 않아 한 점의 티끌도 없는 곳인데, 그것을 상징적으로 보여주기라도 하듯이 기이한 하얀 바위가 널려 있고, 옥구슬 같은 하얀 시내가 넓게 펼쳐져 흐르니, 그 누군들 상쾌한 기분을 느끼지 않았겠는가.

1744년 이곳을 찾은 황도익(黃道翼)은 이런 아름다운 경관을 이렇게 형상하였다.

"옥빛 땅과 금빛 모래. 옥색 못과 비취빛 물의 아름다움이
금강산 만폭동보다 더 낫다고 하더라"

흰 바위가 가지런히 줄지어 온 골짜기를 가득 메우고 있었는데, 백설이 평평하게 덮여 있고 흰 양탄자가 겹겹이 쌓여 있는 듯하여 한 점의 티끌도 없었다. 푸른 물이 그 사이로 흘러 굽이굽이 쏟아져 내리며 구슬 같은 물방울이 흩어지고 백옥 같은 물보라가 뿌려지며 맑은 소리가 울리고 있으니, 기이한 장관을 말로 형언할 수 없었다.[10]

이러한 경관에서는 아무리 문필이 빼어난 시인이나 문장가라 하더라도 그 진면목을 그려낼 수 없어 탄식할 수밖에 없을 것이다.

1902년 신흥동을 찾은 송병순(宋秉珣)은 "병목처럼 생긴 동구로 들어서자, 층층의 봉우리와 벼랑이 좌우에 둘러 있고, 시내가 그 사이로 흘러내렸다. 밤나무가 울창하게 우거져 있고, 산속의 복숭아꽃이 뒤덮여 있는데 간간이 물에 그 빛이 비추었다. 최고운의 시에 '우리나라 화개동은, 항아리 속의 별천지[東國花開洞 壺中別有天]'라고 한 시구가 참으로 이 동천을 두고 노래한 것이 아니겠는가"[11]라고 하여, 산수가 어우러지고 화목(花木)에 뒤덮인 모습을 최치원의 시를 빌어 형용하였다.

이처럼 화개동에서도 신흥동이 지리산 최고의 명승으로, 꽃이 천지에 가득하고 항아리 속의 별천지처럼 여겨졌다. 그러니 이곳은 무릉도원과 다름없는 곳이었다. 그런 흔적은 다리 이름을 무릉교라고 한 데서도 발견된다.

신흥사에 대한 최초의 기록은 고려 무신 집권기에 활동한 이인로(李仁老)의 『파한집』에 보인다. 이인로는 신흥사에 대해 이렇게 묘사해 놓았다.

> 마침내 화엄사에서 출발하여 화개현에 이르러 신흥사에서 묵었다. 지나는
> 곳마다 선경 아닌 데가 없었다. 천만 봉우리와 골짜기가 다투듯 빼어나고
> 다투듯 흘러내리며, 대나무 울타리를 한 초가집이 복사꽃과 살구꽃에 보
> 일 듯 말 듯하니, 자못 인간 세상이 아니었다. 그러나 이른바 청학동은 어
> 딘지 끝내 찾을 수 없었다. 그래서 나는 시를 지어 바위에 새겨 놓았다.[12]

이인로는 청학동을 찾아 나선 발걸음이었는데, 신흥동에 이르러 인간 세상이 아니라고 말하고 있다. 마치 무릉도원처럼 여겼던 듯하다.

신흥사는 삼신동의 입구에서 멀지 않은 곳에 있었는데, 한때는 쌍계사에 버금갈 정도로 큰 사찰이었다. 범왕천이 화개천과 합류하는 지점에 있던 홍류교(紅流橋)를 건너면 곧 신흥사의 경내였다. 이곳에는 본디 다리가 없어 통나무를 걸쳐 놓고 왕래하였다. 그래서 그 다리를 독목교(獨木橋)라고 불렀다.

홍류교라는 이름에 대해, 선가(仙家)의 서적에서 나온 것이라고 전해져 왔는데, 1680년 이곳을 찾은 송광연(宋光淵)은 반신반의하면서 사영운(謝靈運)의 시에서 나온 듯하다고 추정하였다. 그러면서 그는 가을철 단풍이 붉게 물들어 단풍잎이 다리 밑으로 떠내려가기 때문에 이름에 걸맞다고 하였다.[13]

홍류교는 1561년에 비로소 건축되었다. 그리고 다리 위에 다섯 칸의 누각을 지어 능파각(凌波閣)이라 하였다. 이 다리와 누각이 창건됨으로써 이 건축물

은 신흥사에서 가장 아름다운 곳이 되었다. 서산대사는 그 사실을 다음과 같이 기록해 놓았다.

가정(嘉靖) 신유년(1561) 여름 지리산의 덕사(德土)인 옥륜(玉輪)이 도반 조연(助演)에게 부탁하여 시냇가 협곡에 누워 있는 소처럼 생긴 바위와 양처럼 생긴 바위를 옮겨 기둥으로 삼아서 한 층의 긴 다리를 놓았다. 다리 위에는 다섯 칸의 높은 누각을 짓고 붉은 빛으로 채색을 하였다. 그리고서 다리의 이름을 홍류교(紅流橋)라 하고, 누각의 이름을 능파각(凌波閣)이라 하였다. 그 형상이 밑에는 누런 용이 물속에 누워 있고, 위로는 붉은 봉황이 하늘을 나는 것과 같았다.[14]

능파각은 다리 위에 지은 다섯 칸의 건축물로 화려한 단청까지 하여 그 모습이 매우 화려하였다. 서산대사는 이런 경관을 밑에는 황룡이 물속에 누워 있는 듯하고, 위에는 붉은 봉황이 하늘을 나는 것 같다고 하였다.

그런데 능파각은 다리 위에 세운 것이 아니고, 홍류교에서 화개천 쪽 아래로 내려가게 설계되어 있었던 듯하다. 진주 출신 하수일(河受一)은 홍류교를 이렇게 노래했다.

다리 끊어진 와룡동은 동문이 깊숙하고,
아래에는 맑은 시내 초석을 감돌아 흐르네.
누가 설계를 했는지 기이하고 교묘하네,
다리 위에서 높은 누각으로 내려가게 하다니.
斷橋龍臥洞門幽　下有淸溪繞礎流
心匠何人奇又巧　更敎橋上落高樓[15]

이렇게 아름다운 홍류교와 능파각은 임진왜란을 거치면서 파괴되었다. 조식의 문인 성여신(成汝信)은 1616년 신흥사를 유람하였는데, "옛날 능파각이 있었는데, 임진·계사의 변란 때 왜적들에 의해 소실되어 주춧돌만 남아 있다"라고 하였다.[16] 1618년 이곳을 찾은 양경우(梁慶遇)도 홍류교를 보지 못하고 대신 그 자리에 있는 외나무다리만 보았는데, 이렇게 기록해 놓았다.

··홍류교와 능파각 자리로 추정되는 곳으로 기둥을 세웠던 흔적이 남아 있다.

10여리를 가서 동구에 도착하였다. 입석이 있었는데, 바위면에 '삼신동(三神洞)'이라고 새겨져 있었다. (…) 골짜기 물이 삼신동에서 흘러 나와 신흥동의 물과 합류하였다. 시내 위에 외나무를 걸친 다리가 있었는데 각성(覺性)이 그 다리를 가리키며 홍류교(紅流橋)라 하였다. 내가 각성에게 묻기를 "내가 홍류교에 대해서 들은 지 오래되었네. 지금 다리가 없는데도 다리라고 하는 것은 어째서인가?"라고 하자, 각성이 자랑삼아 말하기를 "옛날 시내에 5칸의 뜬 누각이 걸쳐져 있었습니다. 금빛·푸른빛 단청이 휘황찬란하고, 좌우난간이 있어서 그림자가 물결 속에 잠겨 있었습니다. 유람

객과 승려들이 빈번히 왕래하였으니 참으로 기이한 명승지였습니다. 불행
하게도 병화에 타 버린 뒤 아직까지 중건하지 못하고 있습니다"라고 하였
다.[17]

이처럼 신흥사 입구에는 삼신동이라는 각자가 있고, 홍류교가 범왕천 위
로 놓여 있었으며, 그 위에 다섯 칸의 화려한 능파각이 있어서 화개천에 비추
는 빼어난 명승이었다. 아마도 지금 범왕천을 가로질러 놓인 다리 조금 상류
쪽에 홍류교가 있고, 홍류교 중간쯤에서 화개천과 합류하는 지점으로 난간
을 설치하여 능파각을 세운 듯하다.

산승은 선정에 들고, 시인은 시를 짓고

앞에서 살펴보았듯이 능파각은 1561년 옥륜과 조연 두 선사가 지은 누각이
다. 이들은 능파각에 나와 수시로 노닐었는데, 서산대사는 그런 그들의 삶을
"옥륜과 조연 두 선사는 마음을 드넓은 우주에 붙이고 몸을 뜬 구름에 맡긴
채 지팡이를 짚고 수시로 나와 그 사이에서 한가로이 읊조리기도 하고, 그 사
이에서 차를 마시기도 하고, 그 사이에 기대 눕기도 하면서 늙음이 다가오는
줄도 모르고 산다"[18]라고 하여, 신선 같은 그들의 삶을 그려 놓았다.

서산대사는 능파각에 대해, 산승이 이 누각에 오르면 선정에 들고, 시인이
이곳에 이르면 시구를 고민하고, 도사는 이를 본받아 뼈를 바꾸지 않고서 곧

바로 가벼운 바람을 탈 수 있다고 극찬하였다.[19]

서산대사는 능파각에서의 정취에 대해 문학적 수사를 한껏 발휘하여 다음과 같이 서술하였다.

> 능파각에서는 몸이 백 척 위에 올라 별을 따는 정취가 있고, 눈이 천리 밖까지 툭 트여 하늘에 오르는 정취가 있으며, 한 마리 따오기가 지는 노을과 나란히 나는 풍경이 있어 등왕각의 정취가 있고, 하늘 밖에 세 산이 있어 봉황루의 정취가 있으며, 맑은 시내와 향기로운 풀이 있어 황학루의 정취가 있고, 떨어진 꽃잎이 시냇물에 떠내려가 무릉도원의 정취가 있으며, 가을에는 수놓은 비단처럼 화려한 단풍이 많아 적벽의 정취가 있고, 좋은 손님을 맞이하고 전송하여 호계(虎溪)의 정취가 있다.[20]

중국의 유명한 누각인 등왕각(滕王閣), 황학루(黃鶴樓), 봉황루(鳳凰樓)의 정취가 있을 뿐만 아니라, 적벽(赤壁)의 정취와 무릉도원(武陵桃源)의 정취와 호계(虎溪)의 정취도 있으며, 게다가 또 백 척 위로 올라 별을 따는 정취와 툭 트인 하늘로 오르는 듯한 정취까지 곁들였으니, 세상에 이보다 더 아름다운 누각은 없을 것이다.

등왕각은 중국 강서성 남창(南昌)에 있고, 황학루는 하북성 무한(武漢)에 있는데, 이 두 누각은 호남성 악양(岳陽)에 있는 악양루(岳陽樓)와 함께 삼대 명루로 일컬어진다. 적벽은 소동파(蘇東坡)의 「적벽부(赤壁賦)」로 유명한 곳이고, 무릉도원은 도연명(陶淵明)의 「도화원기(桃花源記)」에 나오는 이상향이며, 호계는 강서성 여산(廬山)에 있는 동림사(東林寺) 앞을 흐르는 시내이다.

호계는 진(晉)나라 때 승려 혜원(慧遠)이 호계삼소(虎溪三笑)라는 고사로 유명해졌다. 혜원은 동림사에서 결사(結社)를 하였는데, "손님을 전송하더라도 호계를 넘어가지 않을 것이다"라고 하여 절 밖으로 발걸음을 하지 않았다. 그런데 어느 날 인근에 살던 유학자 도연명과 도사 육수정(陸修靜)이 혜원을 찾아와 환담을 나누다가 그들을 전송하면서 이야기에 취해 자신도 모르게 호계를 넘어가 버렸다. 그래서 세 사람이 한 바탕 크게 웃었다고 한다.

봉황루는 남경에 있는 누각으로 이백(李白)이 이 누각에 올라 「등금릉봉황대(登金陵鳳凰臺)」라는 시를 지었는데, 그 시에 "세 산이 푸른 하늘가에 반쯤 솟았고[三山半落靑天外]"라는 구절이 있어서 서산대사가 봉황루에 비유한 것이다.

서산대사는 능파각의 아름다운 경관을 이와 같이 극찬하는 데서 그치지 않고, 이 누각이 모든 사람들이 즐거움을 느끼는 곳으로 거듭나기를 바라며 이렇게 말하였다.

> 또 짐을 지고 가는 사람, 이고 가는 사람, 밭을 가는 사람, 물고기를 낚는 사람, 빨래를 하는 사람, 목욕을 하는 사람, 바람을 쐬는 사람, 시를 읊조리는 사람, 심지어 물고기를 구경하고 달을 감상하는 사람에 이르기까지 모두 이 누각에 오르면 즐거움을 얻지 않음이 없다. 그들이 이 능파각에서 즐거워하니, 이 누각이 사람들을 돕는 것이 적지 않다. 그렇다면 누각 하나를 만듦으로써 온갖 즐거움이 갖추어진 것이니, 어찌 현자가 된 뒤에야 이를 즐길 수 있다고 할 수 있겠는가.[21]

서산대사는 모든 사람들이 능파각에 올라 즐거움을 맛볼 수 있다는 점에서 이 능파각이 갖는 의미가 결코 작지 않다고 생각했다. 민중들이 함께 즐거워할 수 있는 곳, 그런 곳이 세상이 있다면 얼마나 좋을까. 서산대사는 바로 그 점을 생각한 것이리라.

화려한 누각 물속에 영롱한데

능파각은 1561년에 창건되어 임진왜란 때 소실되었기 때문에 그 모습을 보고 노래한 사람은 매우 적다. 임진왜란이 일어나기 전에 능파각에 올라 시를 지은 사람은 이순인(李純仁)과 홍성민(洪聖民, 1536~1594)뿐이다. 이 가운데 홍성민의 시를 보기로 한다.

> 냇가에 선 화려한 누각 물속에 영롱한데,
> 난간에 기대서니 몸이 허공으로 떨어질 듯.
> 속세의 갓끈 씻고자 하나 감히 못하는 것은,
> 산신령의 엄한 소리 물속에서 들리기 때문.
> 臨波畵閣倒玲瓏　憑檻身疑便落空
> 欲濯塵纓還不敢　山靈威勒水聲中[22]

능파각은 파도를 능멸하는 누각이라는 뜻으로, 물 위에 떠 있는 누각을 의미한다. 그러니 물속에 누각이 비추어 더욱 아름다운 경관을 연출했을 것이다.

1618년 화개동을 유람한 조위한(趙緯韓, 1567~1649)은 황량하게 잡초가 무성한 능파각의 옛터를 보았는데, 아래와 같은 시를 남겼다.

> 남여 타고 온종일 산속을 돌아다니다,
> 행차가 신흥사에 이르러 비로소 끝났네.
> 조물주는 마음이 있어 이 경관 만들었겠지,
> 과아씨(夸娥氏) 솜씨로 기이한 공을 들였네.
> 기화요초가 무성히 핀 삼신동은 깊숙하고,
> 상서로운 운무 드리운 칠불대는 높다랗네.
> 내 몸에 허공을 날 날개 생길 필요 없이,
> 오히려 훌쩍 날아 장풍을 몰 수 있겠네.
> 藍輿盡日在山中　行到神興路始窮
> 造化有心陶異境　夸娥着手做奇功
> 三神洞邃琪花老　七佛臺高瑞霧籠
> 不必吾身生羽翰　冷然猶可御長風[23]

조위한은 홍류교와 능파각을 보지 못하였기 때문에 능파각의 경치에 대해서는 노래를 하지 못하였고, 대신 주변 경관의 아름다움에 대해 그려 놓았다.

달 속의 궁전에 있는 듯

신흥사는 신라 시대 충언선사(忠彦禪師)가 창건한 절로 알려져 있다.[24] 신흥사는 조선 시대 쌍계사와 함께 진주 땅에 속하여 진주 유생들이 독서처로 선호하던 곳이다. 예컨대 16세기 조식 같은 선비가 이곳에 와서 독서하였다.[25]

신흥사를 중수한 기록이 거의 없기 때문에 사찰의 연혁은 알 수 없다. 다만 이 절이 한창 번창할 적에는 수백 명의 승려들이 거주하며 불경을 강론하였다고 하니, 그 형세가 어떠했는지를 짐작할 수 있다.

임진왜란이 일어나기 전인 1558년 조식 일행은 신흥사에 이르러 며칠 묵었는데, 당시 신흥사의 건물에 대해서는 기록해 놓은 것이 거의 없다. 오직 사문루(沙門樓)에 앉아 호남에서 온 유생들과 불어난 시냇물을 구경하였다는 기록만 있다.[26] 이를 보면 당시 신흥사의 문루 이름이 사문루였음을 알 수 있고, 이 누각은 절 앞의 시내를 굽어볼 수 있는 위치에 있었음을 알 수 있다.

신흥사의 경내 분위기는 1618년 유람한 양경우(梁慶遇)의 유람록을 통해 짐작할 수 있다. 양경우는 이렇게 기록해 놓았다.

> 금빛 찬란한 도량의 아름다운 구조물이 영롱하게 빛나 사람으로 하여금 발을 들어 조심조심 걷게 하고, 감히 방자한 생각이 일어나지 못하게 하였다. 절 앞에 누각이 있어 각성(覺性)과 함께 올랐다. 산속 온갖 시내가 합해 한 줄기 물이 되어 누대 아래에 이르러 못이 되었는데, 깊은 곳은 검푸르고 얕은 곳은 맑고 투명했다. 물 건너 봉우리들이 모두 이 누대를 향하여 공손히 읍을 하고 있는 듯하였다.[27]

··봉우리들이 병풍처럼 둘러싸고 넓은 연못가에 있는 듯한 신흥사 계곡.

　아마도 이 누각이 사문루인 듯하다. 양경우와 같은 해에 신흥사를 찾은
조위한(趙緯韓)도 신흥사의 경관에 대해 다음과 같이 기록해 놓았다.

　절 앞에 있는 높은 대에 앉았는데, 배를 띄울 만한 넓은 연못가에 임해 있
　었으며, 깎아 세운 듯한 봉우리들이 병풍처럼 빙 둘러싸고 있었다. 신령스
　러운 바람이 불어 상쾌한 기운이 느껴졌다. 신선이 사는 옥으로 만든 누
　대와 달 속의 궁전에 있는 듯 황홀하여 나도 모르게 우화등선(羽化登仙)하
　는 듯했다. 각성이 차를 내온 뒤에 법당으로 맞이해 들였다. 법당은 금빛

과 비취빛으로 산뜻하여 용의 비늘처럼 찬란하게 빛났다.[28]

　조위한이 앉았던 절 앞의 누대 역시 사문루를 가리키는 듯하다. 조위한은 신선이 사는 옥으로 만든 누대에 있는 듯이 황홀한 심경을 맛본 듯하다. 또한 법당도 화려하게 단청을 하여 산뜻하고 찬란하였다고 하였으니, 임진왜란 이후 새로 중건한 것을 알 수 있다.

　그리고 조위한과 양경우가 신흥사를 찾은 1618년에는 각성(覺性)이라는 승려가 있었는데, 유자(儒者)들과 시를 수창할 정도로 유식했다. 또한 조위한은 "승려 가운데 나이가 젊고 얼굴이 깨끗한 자가 수백 명에 달했는데, 나한(羅漢)처럼 둘러앉아 있었으니, 모두 각성의 제자들이다"[29]라고 기록해 놓았으니, 각성이 어떤 인물이었는지를 짐작하게 한다. 각성은 부휴조사(浮休祖師)의 제자로서 1624년 팔도도총섭이 되어 남한산성을 축조하였으며, 병자호란 때에는 3천 명의 승병을 거느리고 한양으로 진격하기도 한 승려이다.

　이처럼 신흥사는 임진왜란 전까지 매우 화려하고 웅장한 사찰이었다. 임진왜란 때 소실되어 다시 지은 듯하며,[30] 양경우와 조위한이 구경한 뒤 또 오래지 않아 폐허가 되었다. 1651년 삼신동을 유람한 오두인(吳斗寅)은 이렇게 기록해 놓았다.

　　다리를 건너 1리쯤 가니 큰 절터가 있었는데, 섬돌만이 황량하게 남아 있고 오래된 나무들이 숲을 이루고 있었다. 한 승려가 "이곳은 신흥사 터인데 갑자년(1624)에 무너졌다"고 하였다.[31]

이후 신흥사는 중건을 하였지만 예전처럼 화려한 모습으로 복원하지 못하였다. 1720년 신흥사를 찾은 신명구(申命耉)는 다음과 같이 기록했다.

> 10여 리를 가서 삼신동(三神洞)으로 들어갔다. 암벽에 '삼신동'이란 세 글자가 새겨져 있었는데, 고운의 필적이었다. 홍류교(紅流橋)·능파각(凌波閣)의 옛 터가 남아 있었는데 경치가 매우 빼어났다. 저물녘에 신흥사(神興寺)로 들어갔다. 이 절은 신라의 충언선사(忠彦禪師)가 창건하였다. 중간에 무너져 새로 지은 것이 한두 번이 아니었다. 지금의 절은 중수한 지 겨우 20여 년 정도밖에 안 되었다. 절이 한 채의 불전밖에 없지만, 규모가 웅장하고 매우 아름다워 견줄 데 없었다. 그 앞에는 세진각(洗塵閣)이 있었다. 주위에는 푸르고 높은 봉우리가 빙 둘러 있어 마치 아름다운 병풍을 펼쳐 놓은 것 같았다. 푸른 시내를 굽어보니, 속세의 번뇌를 말끔히 씻어 주었다.[32]

신명구가 유람했을 때 20여 년 전에 중건하였다고 하였으니, 1700년 이전에 중수한 사실을 알 수 있다. 불전 한 채밖에 없었지만 규모가 웅장하고 매우 아름답다고 하였으며, 불전 앞에 세진각이라는 누각이 있었던 것을 알 수 있다. 전에 있던 사문루(沙門樓)가 세진각으로 바뀐 듯하다. 이러한 사실은 백암(栢庵) 성총(性聰)이 지은 「중건신흥권문(重建新興勸文)」[33]을 통해 확인할 수 있다.

그러나 1743년 정식(鄭栻)이 이곳을 찾았을 적에는 "신흥암(新興庵)에 들어갔다"고 하였으니,[34] 신흥사는 작은 암자로 퇴락한 듯하다. 1752년에 신흥사를 찾은 박래오(朴來吾)는 "조반을 먹은 뒤 극락전으로 가서 구경하고 절문 밖으로 나와 세이암을 향했다"[35]라고 하였으니, 당시 불전이 극락전이었음을 알 수 있다. 또 1799년에 유람한 유문룡(柳汶龍, 1753~1821)은 "세진루(洗塵樓)에 올라

소처사의 시에 차운하였다"[36]라고 하였으니, 당시까지 문루가 있었음을 알 수 있다.

그리고 1807년 신흥사를 유람한 하익범(河益範)은 화담(花潭) 석인(釋印)이라는 승려가 문밖까지 나와 맞이하였는데, 고승의 풍모가 있었으며 시를 잘 짓는다는 명성이 있었다고 하였다.[37] 또 1807년에 신흥사를 찾은 남주헌(南周憲)은 절문에 '삼신산 신흥사(三神山神興寺)'라는 여섯 글자가 쓰여 있었다고 하였다.[38] 이를 보면, 이때까지 신흥사는 그 명맥을 유지하고 있었음을 알 수 있다.

그러나 오래지 않아 신흥사는 폐허가 된 듯하다. 1840년 이곳을 찾은 노광무(盧光懋, 1808~1894)는 다음과 같이 기록을 남겼다.

> 다음 날 농산재(籠山齋)에 다다랐다. 이곳은 족인(族人) 노계량(盧季良) 씨가 만년에 세운 것이다. 주인과 함께 최고운의 유적인 세이암(洗耳巖)으로 가서 하루 종일 서성이다가, 돌아와 농산재에서 묵었다. 밤에 비가 내리더니 다음 날 개었다. 시내를 건너 신흥사(新興寺) 옛터를 두루 구경하고는, 곧장 동남쪽으로 길을 잡아 9리를 내려갔다. 다시 동북쪽으로 가서 나무다리 하나를 건너자 청계암(聽溪巖)이 있었다. 최고운 선생이 노닐던 곳이다.[39]

"신흥사 옛터를 두루 구경하였다"고 하였으니, 폐허가 되었음을 알 수 있다. 이후 신흥사는 복원되지 못하였다. 그리하여 1879년 이곳을 찾은 송병선(宋秉璿)의 유람록 및 1941년 이곳을 찾은 양회갑(梁會甲)의 유람록에 모두 '신흥사 옛터'라고 하였다. 19세기 초 권호명(權顥明, 1778~1849)은 신흥사 옛터에 이르러 이렇게 노래했다.

백 번 천 번 돌고 돌아 봉우리 둘러싼 곳,

항아리 속에 갇힌 듯한 별천지가 여기 있네.

최고운이 떠나간 뒤로 신선은 어디에 있는지,

비로소 알겠구나, 삼신산이 바로 이 산인 줄.

百轉千回繞作巒　壺中藏得別人間

孤雲去後仙何在　始覺三神卽此山[40]

　　신선이 사는 산이라고 느끼기에 충분한 곳. 그곳이 바로 신흥사였다. 아름다운 자연경관 속에 잘 어우러진 사찰이 있어 사람들의 마음을 기쁘고 편안하게 하였는데, 이제 그런 자취는 찾아볼 수 없다. 정적이 감도는 초등학교가 덩그러니 그 자리에 있고, 시멘트로 치장한 도로와 축대가 그 아름다운 경관을 망치고 있다.

인간 세상에 이런 곳이 있을까

신흥사의 경관이 빼어난 것에 대해 지리산을 유람한 사람들은 거의 이구동성으로 말하고 있다. 1489년 신흥사를 찾은 김일손(金馹孫)은 이렇게 표현하였다.

　　신흥사에 당도하였다. 절 앞에 맑은 못과 널찍한 바위가 있었는데 저녁
　　내내 놀 만하였다. 이 절은 시냇가에 세워져 여러 사찰 중에서 경치가 가장

"백 번 천 번 돌고 돌아 봉우리 둘러 싼 곳,
항아리 속에 갇힌 듯한 별천지가 여기 있네."

빼어나니, 유람 온 사람들로 하여금 돌아가기를 잊게 한다. 저물녘에 절 안으로 들어가니, 이 절은 불법을 닦는 도량이라 하였다. 종소리·북소리가 요란하고 사람들이 떠들썩하여 멍하니 정신을 잃을 뻔하였다.[41]

저녁예불을 드리는 광경이 귓전에 들리는 듯하다. 김일손은 요란하여 정신을 잃을 뻔했다고 하였으니, 얼마나 많은 대중이 살고 있었으며, 절의 규모가 얼마나 컸을지를 가늠케 한다.

1558년 초여름에 이곳을 찾은 조식(曺植)은 비가 내려 시냇물이 불어서 요란하게 흘러내리는 계곡물을 보면서 이렇게 그 경관을 스케치해 놓았다.

최근 내린 비에 불어난 시냇물이 돌에 부딪혀 솟구치다가 부서지니, 마치 만 섬 구슬을 다투어 내뿜는 듯하기도 하고, 번개가 번쩍이고 천둥이 으르렁거리는 듯하기도 하며, 희뿌옇게 가로지른 은하수에 별들이 떨어지는 듯하기도 하였다. 또한 손님을 맞아 잔치를 벌인 요지(瑤池)에 비단방석이 어지러이 널려 있는 듯하기도 하였다. 용과 뱀이 비늘을 숨긴 듯한 검푸른 못은 헤아릴 수 없이 깊었고, 소와 말의 모습을 한 우뚝 솟은 돌들이 셀 수 없이 널려 있었다. 구당협(瞿塘峽)의 입구 정도라야 그 신출귀몰한 변화를 비유할 수 있을 것이다. 참으로 조화옹의 노련한 솜씨를 숨김없이 마음껏 발휘한 곳이었다. 우리는 눈을 휘둥그렇게 뜨고 넋을 잃고서 바라보았다.[42]

요지는 신선이 사는 연못이고, 구당협은 양자강 중류의 물살이 급한 협곡이다. 이처럼 신흥사 앞의 시내는 경관이 수려하고 수석이 빼어나기도 하지만, 수량이 많을 때에는 물을 보는 것도 큰 구경거리였던 듯하다.

1720년에 신흥사를 유람한 신명구(申命耉)도 비가 내려 성대하게 흘러가는 냇물을 구경하면서 이렇게 기록해 놓았다.

> 10일. 새벽에 비가 내렸는데, 하루 종일 그치지 않았다. 시냇물은 크게 불어 온 골짜기가 천둥소리를 뿜어댔다. 어제 구경한 세이암(洗耳庵)과 연못한 가운데 있는 큰 바위가 모두 급류에 휩쓸렸다. 구슬 같은 물방울이 흩날렸다. 난간에 기대어 굽어보니 역시 하나의 기이한 장관이었다. 생각건대, 산신령이 나를 위해 비를 내려 신선 세상에 더 머물게 하면서 끝없이 맑은 경치를 실컷 즐기게 하려는 것이었나 보다. 저물녘에 내리던 비가 막 수그러들었다. 푸르스름한 산안개가 짙게 깔렸다. 이 연하동천(烟霞洞天)에 앉아 있으니, 인간 세상의 속된 생각이 말끔히 사라짐을 문득 느꼈다.[43]

이처럼 가만히 있어도 신선이 된 것 같은 기분을 느끼게 하던 곳이 바로 신흥사였다.

한편 임진왜란 직전에 화개동 내은적암에 살던 서산대사는 수석과 맑은 냇물이 하얀 포말을 일으키며 흘러내리는 계곡의 경관을 다음과 같이 그려놓았다.

> 골짜기에서 절의 문까지 가려면 남쪽으로 수십 보쯤 가야 되는데, 그곳에 동쪽과 서쪽의 두 시내가 합해 한 시내가 된다. 맑은 물이 흘러내리며 돌에 부딪히고 굽이치면서 소리를 내어 흐른다. 그러다 놀란 물결이 한 번 뒤치면 눈꽃 같은 하얀 물방울이 수없이 뛰어오르니, 참으로 기이한 구경거리이다. 시내 양쪽 협곡에는 수천 개의 소처럼 또는 양처럼 생긴 바위가

•• 눈꽃 같은 하얀 물방울이 튀어오르는 신흥사 앞 계곡.

있다. 이런 물건은 애초 하늘이 험한 자연을 만들면서 신령한 동천에 숨
겨둔 것이리라. 만약 겨울에 얼음이 얼고 여름에 비가 오면 사람들은 서로
왕래할 수 없어서 매우 병폐로 여긴다.[44]

범왕천과 화개천 양쪽 협곡에 있는 수석을 수천 개의 소와 양에 비유한 표
현이 재미있다.

1720년 이곳을 찾은 신명구(申命耈)도 수석의 아름다움에 취해 다음과 같이
기록해 놓았다.

아래위로 길쭉한 못의 중간쯤에는 흰 바위가 평평하게 깔려 있었다. 그래서 마음 내키는 대로 바위 위에 앉았다 누웠다 하다 보니, 석양이 지고 어둠이 몰려오는 줄도 몰랐다. 수석(水石)의 빼어난 경관은 거의 글이나 말로써 표현하기 어려울 것 같았다.[45]

1744년 이곳을 찾은 황도익(黃道翼)도 수석의 아름다움에 한껏 취해 다음과 같이 기록해 놓았다.

돌을 밟고 시내를 건너 세이암(洗耳巖)에 이르렀다. 맑은 시냇물이 쏟아져 나왔는데 티끌 한 점 없이 투명하였고, 여러 층의 너럭바위는 환히 빛났다. 둘러싼 온 골짜기의 모든 곳이 그러하였다. 불타는 듯한 단풍의 가을빛이 어우러져 서로 비쳐지니, 요지(瑤池)에 잔치가 벌어져 비단 자리는 영롱하게 빛나고 구름 걷힌 옥우(玉宇)에 많은 별들이 반짝거리는 듯 황홀하였다. 보는 곳마다 눈이 부셔 무하지경(無何之境)에 들어온 듯하니, 어찌 이처럼 아름다울 수 있는가? 인간 세상에 또다시 이런 곳이 있을까? 이 산속의 빼어난 경치는 여기에 이르러 극에 달한다.[46]

황도익은 이곳의 경관을 인간 세상에서 또다시 볼 수 없는 빼어난 경치라고 극찬했다.

신흥사 앞 시내의 수석 중에는 움푹하게 파여 마치 항아리 모양처럼 생긴 것이 있었는데, 18세기 이후 유람객들은 이런 바위에 큰 관심을 보이고 있다. 이 바위를 항아리처럼 생겼다고 하여 돌 항아리[石甕]라고 하였는데, 이는 화강암 지대에 나타나는 돌개구멍으로 포트홀이라고도 한다.

1720년 신흥사를 유람한 신명구는 "바위 위 곳곳에는 항아리처럼 움푹한 곳이 매우 많았는데, 절의 승려들이 그 안에 김치를 넣어두고 겨우내 꺼내 먹는다고 하니, 이 역시 특이했다"[47]라고 하여, 시내에 있는 돌개구멍에 김치를 저장해 두고 먹었다고 하였다. 1748년에 유람한 이주대(李柱大)는 이 이야기를 듣고 이 돌 항아리를 보려고 시냇가로 나갔으나 물이 불어 시내를 건너지 못해서 직접 눈으로 보지 못하였다.[48]

1752년 신흥사를 찾은 박래오(朴來吾)는 시내 너럭바위에 항아리처럼 생긴 깊이가 두서너 자쯤 됨직한 구멍이 두 개 있다고 하였으며, 김치를 해서 이 돌 항아리에 저장해 두면 그 맛이 매우 좋다는 말도 승려들에게 들었다.[49] 이와 같은 얘기는 1799년 이곳을 찾은 유문룡(柳汶龍)의 유람록에도 보인다.[50] 1807년 이곳을 찾은 하익범(河益範)은 다음과 같이 기록해 놓았다.

차를 마신 뒤에 승려 인(印)의 안내를 받아 여러 명승을 찾아 나섰다. 절문 밖 큰 시내의 반석에는 항아리처럼 생긴 구멍이 세 개 있었는데, 이른바 돌 항아리라는 것이었다. 지팡이로 구멍의 깊이를 재보니

• •항아리처럼 움푹한 세이암 돌구멍.

모두 한 길 남짓이나 되었다. 겨울이 되면 김치를 묻어두는데 그 맛이 매우 좋다고 한다.[51]

박래오는 두서너 자쯤 되는 돌 항아리가 2개라고 하였는데, 하익범은 한 길 남짓 되는 돌 항아리가 3개라고 하였다.

앞에서 살펴보았듯이, 신흥사의 아름다운 경관에 대해 일찍이 김일손이 "여러 사찰 중에서 경치가 가장 빼어나다"고 하고, 조식이 "만 섬의 구슬을 토해 내는 듯, 천둥번개가 치는 듯, 은하수에 별들이 떨어지는 듯, 비단방석이 어지러이 널려 있는 듯하다"고 한 품평이 조선 시대 유자들 사이에 전해지면서 그 명성을 잃지 않았는데, 조선 후기 폐사가 되면서 그 명성도 빛을 잃어 이제는 아는 사람이 없어지고 말았으니, 안타까움을 금할 수 없다.

세이암 세 글자

신흥사에 전해 오는 유적은 최치원이 썼다고 하는 세이암(洗耳嵒)이라는 각자가 제일 유명하다. 이 각자는 신흥사 앞 시내 한복판 너럭바위에 새겨져 있다. 세이암에 대한 기록은 1580년 신흥사를 유람한 변사정(邊士貞, 1529~1596)의 기록에 처음 나타난다. 변사정은 다음과 같이 기록해 놓았다.

초10일. 느지막한 아침나절에 신흥사 승려와 함께 골짜기 입구로 나오니 기이한 바위가 하나 있었다. 그 위에는 수십 명이 앉을 만했다. 그 옆에는 큰 글씨 세 자가 새겨져 있었는데, 푸른 이끼가 뒤덮여 자획이 분명하지 않았다. 승려에게 묻기를 "저것은 누구의 글씨입니까?"라고 하니, "소승이 그 실상을 정확히 알 수는 없습니다만, 예부터 고운(孤雲) 최치원(崔致遠)의 글씨라 전해지고 있습니다"라고 답하였다.[52]

신흥사 승려들 사이에 오랫동안 전해진 이야기가 최치원이 이 세 글자를 썼다는 것이다. 그런데 최치원의 글씨에 대해 조예가 깊었던 유몽인(柳夢寅)은 이 세이암 글씨에 대해 누구의 글씨인지 모르겠다고 하였다.[53] 최치원의 글씨를 못 알아볼 리가 없는 유몽인이 이렇게 말한 것을 보면, 최치원의 글씨가 아니라고 생각한 것이다.

한편 1655년 신흥사를 찾은 김지백(金之白, 1623~1670)은 세이암 글씨에 대해 "글씨체가 최치원 선생의 필적과 닮았는데 확실하진 않다"[54]라고 하여, 역시 의심하였다. 또 1618년 이곳을 찾은 조위한(趙緯韓)은 "시냇가에 '세이암(洗耳嵒)' 이라는 글자가 새겨져 있는데, 이 글자는 모두 최고운의 글씨가 아니다"[55]라고 단정하였다.

이 세이암이라는 각자에 대해 또 하나 전하는 이야기가 있으니, 최치원이 이곳에서 귀를 씻고서 세이암이라 새겼다는 것이다. 즉, 번거로운 세상사를 듣지 않고자 하여 귀를 씻고 깊이 은거하였다는 것을 상징적으로 말해준다. 최치원은 당대 최고의 지성인이었는데, 귀국하여 자신의 뜻을 펼 수 없자 산수에 의탁하여 신선처럼 살았다. 그래서 '최선(崔仙)' 또는 '유선(儒仙)'이라 일컬어졌다. 그러니 최치원이 귀를 씻었다는 이야기는 충분히 개연성이 있다.

•• 신흥사 앞 계곡 한복판 너럭바위에 새겨진 세이암 각자.

한편 최치원이 깊은 산속에 은거했기 때문에 옛날 중국 요(堯)임금 때 은자인 허유(許由)의 고사에 빗대어 이야기하기도 한다. 허유는 요임금이 천자의 자리를 물려주려 하자 기산(箕山)으로 들어가 숨었고, 다시 찾아와 부탁하자 자신의 귀가 더럽혀졌다고 여겨 강물에 귀를 씻었다고 하는 인물이다. 대체로 '귀를 씻는다'라는 이야기는 허유의 고사로부터 유래하는데, 최치원이 만년에 지리산에 은거하였기 때문에 이런 이야기가 만들어진 듯하며, 누군가가 '최치원이 속세의 비속한 말을 듣고서 귀를 씻은 곳'이라는 의미로 '세이암'이라는 글자를 바위에 새겨 넣은 듯하다.

그러나 조선 후기 안익제(安益濟, 1850~1909)는 전래되는 고사에 대해 의문을 품고 다음과 같이 생각하였다.

> 동문(洞門)에 물이 고인 곳이 있는데, 평평하게 누워 있는 바위에 '세이암(洗耳巖)'이라는 각자가 있다. 전하는 말에 "이곳은 최 문창후가 귀를 씻은 곳으로, 그가 직접 쓴 글씨이다"라고 한다. 내 생각으로는, 문창후가 세상을 떠나 은둔한 것은 소보(巢父)·허유(許由)와 같지 않으니, '귀를 씻었다'는 뜻은 근거한 바가 없다.[56]

최치원은 근본이 유학자이다. 그러니 세상을 피해 은거한 보소·허유와는 정신적 지향이 다르다. 따라서 최치원이 귀를 씻었다는 것은 최치원의 정체성과 맞지 않기 때문에 이 설은 누가 지어낸 것이라는 말이다. 안익제는 이런 생각으로 함께 유람한 경북 칠곡에 살던 장석신(張錫藎)과 논쟁을 벌이기도 하였다.

신흥사 터에는 지금도 아름드리 정자나무가 있다. 전하는 말에 이 나무는 최치원이 속세를 등지고 지리산에 들어올 적에 지팡이를 꽂아 놓은 것이라고 한다. 그리고 최치원은 이렇게 말했다고 전한다.

"이 나무가 살아 있으면 나도 살아 있을 것이고, 이 나무가 잎이 떨어져 죽으면 나도 죽을 것이다."[57]

아마도 이 설화가 전해지면서 최치원은 신선이 되어 죽지 않고 살아 있다는 이야기가 구전된 듯하다.

••최치원이 꽂은 지팡이에서 싹이 나 자랐다고 전해지는 범왕리 푸조나무.

또 신흥사에는 청동으로 만든 불상 2구가 있었다. 1651년 신흥사를 찾은 오두인은 절이 폐허가 되어 청동 불상이 버려져 있는 모습을 보고 이렇게 기록해 놓았다.

절 앞의 시내와 바위의 경관은 이 산속에서도 으뜸으로 치는데, 누각은 능파각(凌波閣)이라고 하고, 누대를 세이대(洗耳臺)라고 한다. 절의 섬돌 왼쪽에는 청동 불상 한 구가 가시덤불 속에 서 있었다. 그 왼쪽에 똑같은 불상이 하나 더 있었는데, 옛날에는 절의 좌우에 나란히 서 있었던 듯하다.[58]

오두인이 신흥사에 이르렀을 때는 이 절이 폐허가 되어 섬돌만이 있었을 때이다. 이 청동 불상은 1903년 안익제(安益濟)가 신흥사 유허지를 찾았을 때까지 세이암 근처 바위 구멍에 안치되어 있었던 듯하다. 안익제는 당시 눈으로 보고 느낀 것을 이렇게 기록해 놓았다.

세이암 곁에 큰 구멍이 있는데 철불(鐵佛) 2좌를 안치해 놓았다. 얼굴과 눈이 매우 컸으며 살아 있는 듯하였다. 대개 시냇가에 옛날 절이 있었는데, 폐사가 된 뒤 이곳에 부처를 안치했던 것이다. 지금은 불교가 점점 치성해져서 화려하게 단청을 칠한 법당이 곳곳에 영롱하게 서 있다. 그런데 유독 이곳의 부처는 적막한 물가에서 곤궁하게 굶주리고 있는데도 공양하는 사람이 없다. 부처의 곤궁과 현달도 인간 세상과 같단 말인가? 보는 사람들이 모두 상심하였다.[59]

19세기 초 신흥사는 폐허가 되었다. 그리고 다시는 중건되지 못하여 부처는 버려져 시냇가 바위굴에 안치되어 있었던 것이다. 부처가 굶주리고 있다는 작가의 생각이 당시 유람한 사람들의 쓸쓸한 마음을 대변해주고 있다.

세이암을 노래하다

16세기 이순인(李純仁, 1533~1592)은 세이암에 이르러 이렇게 노래했다.

석양으로 지는 해 오솔길에 비추고,

차가운 시냇물 소리 숲 속에서 들리네.

가을 산 모두가 한 색으로 물들었으니,

어느 곳에서 최고운 선생을 찾을 거나.

落日照行逕　寒泉隔葉聞

秋山共一色　何處覓孤雲[60]

예전에 세이암을 찾은 사람들은 누구나 최치원을 떠올리지 않는 사람이 없었다. 그 글씨가 최치원의 친필이냐 아니냐를 막론하고. 최치원에 대한 아련한 그리움 또는 안타까움을 표하였다. 이순인의 시에 바로 최치원을 그리워하는 마음이 묻어나고 있다.

18세기 경상좌도의 학자 김낙행(金樂行, 1708~1766)은 세이암에서 다음과 같이 노래했다.

항상 강호에 은거하는 말 좋아했는데,

이제 이곳 신흥사의 세이암에 왔다네.

혼란스러운 세간의 골치 아픈 세상사,

저 아래 찬 연못으로 산산이 떨어지네.

常愛枕流語　今來洗耳巖

紛紛世間事　散落下寒潭[61]

김낙행은 최치원이 세간의 저속한 말을 듣고 귀를 더럽혔다고 하여 귀를

씻었다는 고사를 떠올리며 이렇게 읊은 것이다. 이처럼 청정하고 고요한 곳에
이르면, 누구나 속진의 때를 씻고 싶을 것이며, 골치 아픈 세상사를 잊고 싶
을 것이다. 그러니 '귀를 씻는다'는 한마디 말은 세상사의 비속한 시비로부터
거리를 두는 것이다.

　19세기 초 이곳을 찾은 기호 지방의 학자 이재의(李載毅, 1772~1839)는 세이암에
서 이렇게 노래했다.

　　세이암 앞으로 흐르는 시냇물은,

　　소보(巢父)가 떠난 뒤에도 소리 내 흐르네.

고운 선생이 어찌 이런 의미를 취했으리,

이는 고명을 좋아하는 것이 아니로세.

洗耳巖前水　巢翁去後聲

孤雲奚取義　非是好高名[62]

　　이는 최치원이 귀를 씻었다는 전설을 부정하는 말이다. 허유(許由)가 요임금에게 못 들을 소리를 들었다고 귀를 씻자, 마침 소에게 물을 먹이러 나온 소보는 허유가 귀를 씻은 물을 소에게 먹일 수 없다고 하여 상류로 올라가 소에게 물을 먹였다고 한다. 허유나 소보는 모두 세상을 등진 사람으로 유학자들은 의미를 부여하지 않는다. 즉, 자신만을 깨끗하게 하기 위해 세상의 인륜을 저버렸다는 것이다. 이처럼 결신난륜(潔身亂倫)하는 무리는 공자의 도를 배운 사람이 아니다. 그러니 최치원 같은 유학자가 어찌 그런 행위를 하였겠는가라는 말이다.

신선 최치원이 이곳에서 노닐다

신흥사에는 최치원이 지팡이를 꽂았다는 정자나무가 있고, 최치원이 귀를 씻었다는 세이암이 있으며, 최치원이 썼다는 세이암(洗耳嵒)이라는 각자가 있다. 특히 정자나무에 얽힌 설화는 최치원이 죽지 않고 영원히 지리산에 살아 있다는 신비감을 더하였다. 그리하여 다음과 같은 이야기가 전래되었다.

세이암 각자.

·· 신흥사 계곡의 세이암 각자는 두 곳에 있다. 왼쪽 사진은 너럭바위에, 오른쪽 사진은 벼랑바위에 각각 새겨진 각자이다.

비결서에 또 "근년에 최고운이 푸른 당나귀를 타고 독목교(獨木橋)를 지나는데 날아가는 듯하였다. 강씨(姜氏) 집안의 젊은이가 그 고삐를 잡고 만류하였지만, 채찍을 휘둘러 돌아보지도 않고 가 버렸다"고 하였다. 또 "고운은 죽지 않고 지금도 청학동에서 노닐고 있다. 청학동의 승려가 하루에 세 번이나 고운을 보았다"라고 하였다. 이런 이야기는 믿을 수 없다. 그러나 가령 이 세상에 참다운 신선이 있다면, 고운이 신선이 되지 않았다고 어찌 장담할 수 있겠는가? 고운이 과연 신선이 되었다면 이곳을 버리고 어느 곳에서 노닐겠는가?

이는 1611년 3월 신흥사를 유람한 유몽인(柳夢寅)의 기록이다. 그런데 이보다 먼저 1489년 4월 신흥사에 이른 김일손(金馹孫)은 신흥사의 요장로(了長老)에게 다음과 같은 말을 듣고서 그대로 유람록에 기록해 놓았다.

> 근세에 퇴은(退隱) 스님이 신흥사에 살고 있었습니다. 어느 날 자신의 문도에게 말하기를 "손님이 오실 것이니 깨끗이 소제하고 기다려라"라고 하였습니다. 잠시 후 한 사람이 등나무 넝쿨을 엮어 가슴걸이와 고삐를 한 흰말을 타고 재빨리 건너오는데, 외나무다리를 마치 평지인 듯 밟으니 사람들이 모두 깜짝 놀랐습니다. 절에 도착하자 스님이 방으로 맞아들여 밤새 이야기를 나누었는데, 무슨 말인지 알아들을 수 없었다고 합니다. 다음 날 아침 작별하고 떠나려 하니, 절에서 공부하고 있던 강씨(姜氏) 성을 가진 젊은이가 그 기이한 손님을 신비롭게 여겨, 말의 재갈을 잡고 그를 따라가려 하였습니다. 그 사람이 채찍을 휘두르며 떠나는 바람에 소매에서 책 한 권이 떨어졌는데, 젊은이가 황급히 그 책을 주웠습니다. 그 사람이 말하기를 "내 잘못으로 속세의 하찮은 사람에게 넘겨주고 말았구나. 소중히 여겨 잘 감춰두고 세상 사람에 보이지 말라"고 하였습니다. 그리고 말이 끝나자 급히 떠나 다시 외나무다리를 지나가 버렸습니다. 강씨 젊은이는 지금 백발노인이지만 아직도 진양 땅에 살고 있습니다. 그 사실을 아는 사람들이 그 책을 보여 달라고 해도 절대로 보여주지 않는다고 합니다. 그 손님은 최고운인데, 죽지 않고 청학동에 살아 있다고 합니다.[64]

이처럼 최치원은 조선 전기와 중기까지 죽지 않고 신선이 되어 지리산에 살고 있다는 이야기기 계속 전해지고 있었다.

신흥사의 승려들

신흥사는 신라 시대 충언선사(忠彦禪師)가 창건한 절이다. 그로부터 여러 차례 흥망성쇠가 있었지만 전하는 기록이 없다.

1561년 홍류교와 능파각을 창건한 승려는 옥륜(玉輪)과 조연(助演)이다. 이 두 승려가 신흥사에 주석할 때 신흥사의 건축물과 경관이 가장 성대했던 듯하다. 신흥사는 임진왜란 때 소실되었다가 17세기 초 다시 중건을 하였는데, 당시 각성(覺性)이라는 승려가 주석하고 있었다. 1618년 신흥사를 유람한 조위한(趙緯韓)이 이 각성이라는 스님에 대해 다음과 같이 기록해 놓았다.

> 신흥사의 승려가 앞뒤로 나열해 앉아 있었다. 그 가운데 승복이 무척 깨끗하고 눈빛이 형형한 이가 있었으니, 법명을 각성(覺性)이라 하였다. 그는 불경에 통달한 유식한 승려로 대승법(大乘法)에 밝아 제자 200명을 이끌고 신흥사에서 도를 강론하고 있었다. 우리들이 이곳으로 온다는 말을 듣고 마중 나와 기다리고 있었다.[65]

당시 불교가 핍박을 받고 있던 터라, 관원이나 유자들이 절을 찾으면 승려들의 대접이 융숭하였다. 특히 험한 산길은 승려들이 남여를 메고 그들을 운송할 정도였다. 당시 신흥사에는 2백 여 명의 승려들이 있었으니, 당시 절의 규모를 짐작할 수 있다. 이들은 유람객이 오면 범왕천이 화개천과 합류하는 홍류교까지 나와 맞이하였다. 김일손은 각성을 불경에 통달한 승려이며 대승법에 밝다고 하였다. 이를 보면, 각성은 선승이라기보다는 학승이었던 듯하다.

조위한보다 조금 먼저인 1611년 이곳을 찾은 유몽인은 의신사(義神寺)에서 각성을 만났는데, 대승암(大乘菴)에 거주하는 승려로 시를 잘 짓는다고 하였으며, 또 필법이 왕희지의 필체를 본받아 법도가 있다고 하였다.[66] 그러니까 각성은 불경에 밝을 뿐만 아니라, 한시도 잘 짓고 글씨도 잘 쓰는 재능이 많은 유식한 승려였음을 알 수 있다.

1618년 신흥사를 찾은 양경우(梁慶遇)는 "각성과 하룻밤을 같이 지내면서 불법을 묻고 도를 논하고 싶었다"고 하면서, 그의 제자들에 대해 다음과 같이 묘사해 놓았다.

> 젊은 승려들은 고결한 풍채와 깨끗한 피부를 지니고, 눈썹과 눈은 그린 듯하였다. 수십 명의 승려가 각성을 호위하고 있었으며, 그 나머지는 법당 밑 뜰에서 수십 수백으로 무리를 이루고 있었는데, 모두 그의 문도들이었다. 서로 밀치면서 내가 앉은 자리 앞으로 다투어 나와 각자 경전을 들고 제목을 써 줄 것을 청했다. 내가 다 쓸 수 없다고 사양하고 몇 권에만 써주었다. 각성이 말하기를 "빈도는 공의 존함을 들었는데 지금 만나 뵙게 되었습니다. 시를 한 수 지어주신다면 훗날 징표로 삼겠습니다"라고 하였다.[67]

오숙(吳翽)은 1631년부터 1632년까지 경상도관찰사를 지냈는데, 그가 경내를 순시하다가 신흥사까지 발길이 이른 듯하다. 그는 신흥사에서 태능(太能)이라는 노선사에게 시를 한 수 지어주었는데, 그 시에 "진감선사가 의발을 전한 이 절, 최고운 선생이 떠난 지 몇 해이던가"[68]라고 하였다. 이를 보면, 신흥사

• •세이암과 맞은편 회란석(回瀾石)을 돌아 흘러가는 신흥사 앞 계곡 물줄기.

는 진감선사의 선맥을 이어받은 승려들이 법맥을 전한 사찰로 추정된다.

　1720년 신흥사를 유람한 신명구(申命耉)는 신흥사에서 하룻밤을 묵었는데, 보열(寶悅)이라는 승려가 문자를 알고 있어 이야기를 나눌 만하였다고 하였다. 그리고 그는 설암(雪巖) 추붕(秋鵬)과 명곡(明谷) 현안(玄眼)의 제자이며, 무위암(無爲庵)에 주석하고 있는 태휘선사(太暉禪師)와 동문이라고 하였다.[69] 이러한 기록 역시 신흥사의 법맥이 계속 전해진 것을 짐작하게 한다.

　1748년에 신흥사를 찾은 이주대(李柱大)는 쾌선사(快禪師)가 신흥암에 있다는 소식을 듣고 그를 만나보고 싶어 했지만 그는 하안거에 들어 만날 수 없었다고 하였다.[70] 이 역시 선불교의 맥이 신흥사에 쭉 전해지고 있었음을 짐작케 하는 대목이다.

의신조사가 도를 닦던 의신사

의신사의 풍경

의신사는 이 절에 주석한 의신조사(義神祖師)로 인해 붙여진 이름이다. 1487년 영신사에서 의신사로 내려온 남효온(南孝溫, 1454~1492)은 의신사 주변의 경관을 이렇게 기술해 놓았다.

> 2일(무진). 빈발암을 떠나 영신암을 지났다. 서쪽 산 정상을 거쳐 숲 속 30리 길을 걸어서 의신암(義神庵)에 이르렀다. 이 암자의 서쪽은 온통 대나무 숲이었다. 감나무가 대나무 숲 중간 중간에 섞여 있었는데, 햇빛이 홍시에 부서지고 있었다. 방앗간과 뒷간도 대숲 사이에 있었는데, 근래에 본 그 어떤 아름다운 풍경도 이에 비할 것이 없었다. 법당 안에는 금칠한 불상 한 구가 있었다. 서쪽 방에는 승려상 한 구가 있었다.[71]

대숲이 우거지고 중간 중간 감나무가 섞여 있는데 마침 붉게 익은 감에 햇

빛이 부서지는 풍경, 그야말로 무릉도원의 모습이다. 심지어 방앗간도 뒷간도 대숲 사이에 만들어져 있다. 그래서 남효온은 그 어느 곳에도 비할 데 없이 아름다운 풍경이라고 감탄하였다.

또 법당에는 금칠을 한 불상 한 구가 있었으며, 서쪽 방에는 승려상 1구가 안치되어 있던 자그마한 절이었음을 알 수 있다.

의신사의 전설

남효온은 의신사의 승려에게 방안에 모셔져 있는 승려상이 누구의 것이냐고 물었는데, 승려는 다음과 같은 이야기를 들려주었다.

> 이 분은 의신조사(義神祖師)인데, 이곳에 이르러 도를 닦았습니다. 도가 반쯤 닦여지자, 이 산의 천왕(天王)이 조사에게 다른 곳으로 옮겨 가길 권하였습니다. 그리고는 스스로 초료새[鷦鷯鳥]가 되어 길을 인도해, 선사가 그 새를 따라갔습니다. 큰 고개에 이르자 초료새가 수리새[鵰]로 변하였습니다. 그리하여 지금까지도 그 고개를 초료조재(鷦鷯鵰岾)라고 부릅니다. 수리새가 또 길을 인도하여 하무주(下無住)에 이르렀습니다. 선사가 말하기를 "이곳에서 며칠이면 도를 이루겠습니까?"라고 하니, 수리새가 말하기를 "21일이면 되리라"라고 하였습니다. 선사는 너무 더디다고 생각하였습니다. 선사는 다시 중무주(中無住)의 터에 이르렀습니다. 선사가 말하기를 "이곳에서 며칠이면 도를 이루겠습니까?"라고 하니, 수리새가 말하기를 "7

• • 서산대사가 명상한 곳으로 알려진 일명 '서산대사 바위'로 불리는 의신동 계곡의 고송암(孤松巖).

일이면 되리라"라고 하였습니다. 선사는 그것도 더디다고 생각하였습니다. 수리새는 또다시 상무주(上無住) 터에 인도하였으나 들어갈 수가 없었습니다. 수리새가 말하기를 "이곳에서는 하루면 도를 이룰 수 있으나, 여인이 들어와서는 안 된다"라고 하였습니다. 선사는 그곳으로 들어가 터를 잡아 집을 짓고 정성을 다하였습니다. 그리고 승명(僧名)을 바꾸어 무주조사(無住祖師)라고 하였습니다.[72]

초료새는 뱁새이다. 하무주(下無住) · 중무주(中無住) · 상무주(上無住)는 깨달음의

단계를 상징한 말인 듯하다. '무주(無住)'는『금강경(金剛經)』에 나오는 '응무소주 이생기심(應無所住而生其心)'에서 따온 말로, 마음에 걸림이 없다는 뜻이다.

이 설화는 의신조사가 상무주의 경지에 이르러 도를 얻었다는 내용이다. 남효온은 승려의 이야기는 허풍이 심하였다고 하였다. 그러나 의신조사는 어느 시대 승려인지 알 수 없지만 상무주의 경지에 이른 고승이었음을 짐작할 수 있다.

또한 의신사에서 북쪽 골짜기로 올라가 주능선에 있는 삼각봉을 넘어 북 사면으로 뻗은 능선에 상무주암이 있으니, 이 설화와 일정하게 관련이 있을 수 있다. 의신마을에서 계곡을 따라 오르면 토끼봉–명선봉–삼각봉–형제 봉–벽소령–덕평봉 등 주능선의 봉우리가 나온다. 그런데『조선왕조실록』에는 "취령(鷲嶺) 아래에 칠불암이 있다"[73]라고 하였으니, 이 중에 어느 봉우리를 예전에는 취령으로 부른 것을 알 수 있다. 취령은 우리말로 '수리고개'를 의미하니, 의신조사의 설화와 무관하지 않다. 또한 화개동 사람들은 이 취령을 뱁 새령이라 불렀다고 하니, 역시 의신조사의 설화에서 나온 것임을 알 수 있다.

한편 1489년 의신사를 찾은 김일손도 영신사에서 대성동 골짜기를 경유하여 의신사로 내려왔다. 그는 의신사에 승려 30명이 정진하고 있다 하였고, 주지 법해(法海)를 참다운 승려라고 하였으니,[74] 의신사는 결코 작은 절이 아니었고 수도승들이 정진하던 수도처였음을 알 수 있다.

1618년 지리산을 유람한 유몽인 역시 영신사에서 대성동 계곡으로 내려와 의신사에 도착하였다. 그는 의신사에 이르러 주지 옥정(玉井)과 대승암(大乘菴) 승려 각성(覺性)을 만나 시를 수창하면서 하룻밤을 유쾌하게 보냈다.[75]

이처럼 의신사는 17세기 초까지는 수도승들이 정진하던 도량이었는데, 그 후로는 유람객의 기록에 나타나지 않으니 폐허가 되었음을 짐작할 수 있다.

영험한 기운이 서린 영신사

영신사의 전경

영신사는 대성동 계곡의 발원지에 해당하는 영신봉 남쪽 경사면 아래에 있던 사찰이다. 예전 사람들의 기록을 통해 이 사찰의 경관을 살펴보자.

영신암에 대한 가장 이른 시기의 기록은 김종직의 유람록이다. 김종직은 1472년 8월에 지리산을 유람하였는데, 영신사에 대해 다음과 같이 기록해 놓았다.

> 영신사(靈神寺)에서 잤는데, 승려는 한 명뿐이었다. 절의 북쪽 절벽에 가섭(迦葉)의 석상(石像) 한 구가 있었다. 세조대왕 때에는 늘 환관을 보내 분향하게 하였다. (…) 법당 동쪽 섬돌 아래에는 영계(靈溪)가 있었고, 서쪽 섬돌 아래에는 옥천(玉泉)이 있었다. (…) 샘물의 서쪽에 무너진 절이 덩그렇게 있었는데, 이것이 옛 영신사(靈神寺)이다. 그 서북쪽 깎아지른 봉우리에 있는

작은 탑은 돌의 결이 가늘고 윤기가 났다. 이 탑도 왜구가 무너뜨렸다. 뒷
날 가운데 철심을 박고 다시 쌓았지만 유실되었다.[76]

또 1487년 9월에 유람한 남효온은 영신사의 전경을 다음과 같이 기록해
놓았다.

산길 30리 길을 걸어 빈발암(貧鉢庵)에 도착했다. 빈발암 아래에 영신암(靈神
庵)이 있었고, 영신암 뒤에 가섭전(伽葉殿)이 있었는데 세속에서 영험이 있다
고 말하는 곳이다. 나는 그곳을 상세히 살펴보았는데, 돌덩이가 하나가 놓
여 있을 뿐이었다. 나는 가섭전 뒤쪽에서 나뭇가지를 부여잡고 봉우리에
올랐는데, 좌고대(坐高臺)라 하였다. 이 좌고대는 상·중·하 3층으로 되어
있었다. 나는 중층까지 올라가서 멈추었는데, 정신이 아찔하고 가슴이 두
근거려 더 이상 오를 수 없었다. 좌고대 뒤에 우뚝 솟은 바위는 좌고대 보
다 더 높았다. 나는 그 바위에 올라 좌고대 주위를 내려다보았는데, 또한
기이한 구경거리였다.[77]

그리고 1489년 4월에 정여창과 함께 유람한 김일손은 영신사의 전경을 다
음과 같이 기술해 놓았다.

24일(임자). 영신사(靈神寺)에서 묵었다. 이 절 앞에는 창불대(唱佛臺)가 있고 뒤
에는 좌고대(坐高臺)가 있는데, 천 길이나 우뚝 솟아 있어 그 위에 올라가면
먼 곳까지 바라볼 수 있었다. 동쪽에는 영계(靈溪)가 있는데, 대나무 홈통
을 따라 물이 흘러들었다. 서쪽에는 옥청수(玉淸水)가 있는데, 매가 마시는
물이라고 승려가 말하였다. 북쪽에는 가섭(迦葉)의 석상이 있었다. 법당 안

에는 찬(贊)이 적힌 가섭의 초상화가 있는데, 비해당(匪懈堂)의 삼절(三絶)이었다.[78]

위의 세 자료를 바탕으로 영신사의 전경을 재구성하면 다음과 같다.

영신사의 법당 이름은 등장하지 않지만 석가모니불을 모신 대웅전이었을 것으로 추정된다. 김종직이 유람하였을 때에는 샘 서쪽에 옛날의 영신사 터가 있었다고 하였다.

법당 앞에는 창불대(唱佛臺)라는 바위 봉우리가 보이고, 법당 동쪽 섬돌 아래에는 영계(靈溪)라는 시내가 있고, 서쪽 섬돌 아래에는 옥천(玉泉)이라는 샘물이 있다. 이 옥천은 옥청수(玉淸水)라고도 한다. 이 옥천에 대해 1463년 이곳을 유람한 이륙(李陸, 1438~1488)은 "뜰 아래 작은 샘이 있는데, 물의 성질이 변치 않고, 물맛이 매우 좋아서 신천(神泉)이라 부른다. 아래로 흘러내려 화개천(花開川)이 된다"[79]라고 하였다.

그리고 법당 뒤에는 석가모니의 제자 가섭(迦葉)의 석상(石像)을 모신 가섭전이 있다. 가섭전 북쪽으로 우뚝 솟은 두 개의 석벽이 좌고대(坐高臺)이다. 그중에 한 바위는 위에 한 자 정도의 네모난 바위를 이고 있다. 좌고대는 상·중·하 삼층으로 되어 있다. 좌고대 뒤에 또 좌고대보다 더 높은 우뚝 솟은 바위가 있다. 1752년 이곳을 찾은 박래오(朴來吾, 1713~1785)는 좌고대의 높이가 10여 길쯤 된다고 하였다.[80]

김일손이 영신사를 유람한 뒤로부터 약 120여 년 뒤에 이곳을 찾은 유몽인은 영신사의 전경을 다음과 같이 기록해 놓았다.

•• 삼신동의 가을.

이어 만 길이나 되는 푸른 절벽을 내려가 영신암(靈神菴)에 이르렀다. 여러 봉우리가 안을 향해 빙 둘러섰는데, 마치 서로 마주보고 읍을 하는 형상이었다. 비로봉(毗盧峯)은 동쪽에 있고, 좌고대(坐高臺)는 북쪽에 우뚝 솟아 있고, 아리왕탑(阿里王塔)은 서쪽에 서 있고, 가섭대(迦葉臺)는 뒤에 있었다. (…) 암자에는 차솥·향로 등이 있었지만, 살고 있는 승려는 보이지 않았다.[81]

유몽인은 영신사의 사방 풍광을 여러 봉우리가 영신사를 향해 빙 둘러서 있어 마치 마주보고 읍을 하는 형국이라고 하였다. 실제로 영신사 터에 가 보면, 남서쪽으로 난 경사진 골짜기를 제외하고는 사방으로 산이 둘러 있다. 그

터는 움푹 꺼진 곳이고, 주위에 석벽이 많으며 샘이 있다. 위 인용문에 보이 듯, 영신사 동쪽에는 비로봉, 북쪽에는 가섭대와 좌고대, 서쪽에는 아리왕탑 이 있다.

유몽인이 영신사를 찾은 1611년경에는 이미 승려들이 이 절에 거주하지 않 았던 듯하다. 1680년 송광연(宋光淵, 1638~1695)이 영신사를 찾았을 적에 절은 이 미 폐허가 되어 있었고, 신당(神堂) 같은 자그마한 건물이 있었던 듯하다. 다행 히 그를 안내한 사람이 그곳을 설명해주어 다음과 같이 기록해 놓았다.

> 30리를 가서 냉정(冷井)에 도착했다. 두 수령은 먼저 도착해 잠시 쉬고 있었 다. 또 10리쯤 가서 영신당(靈神堂)에 도착했다. 이곳은 이른바 아홉 굽이를 돌며 올라야 한다는 비탈길로, 지리산에서 가장 험한 곳이다. 영신당은 바 로 영신사(靈神寺)의 옛터이다. 앞에는 창불대(唱佛臺)가 있고, 뒤에는 좌고대 (坐高臺)가 있으며, 동쪽에는 영계(靈溪)가 있고, 서쪽에는 옥청수(玉淸水)가 있다.[82]

그러나 1752년 박래오(朴來吾, 1713~1785)가 영신사를 찾았을 적에는 이미 아무 도 거주하는 사람이 없었다. 짐꾼이 겨우 좌고대를 알려주었을 뿐이다. 박래 오는 영신사를 보고 다음과 같이 기록해 놓았다.

> 4~5리를 더 가서 영신사(靈神寺)의 옛터에 이르렀다. 그 터에는 단지 무너진 주춧돌과 훼손된 우물만 있을 뿐 잡목만 우거져 황량하기 그지없었다. 그 뒤에 깎아지른 듯 서 있는 기이한 바위는 높이가 10여 장은 되어 보였 는데, 마치 상처럼 생긴 작은 돌이 그 위에 놓여 있었다. 일행이 괴이하게

여겨 물었더니, 짐꾼이 말하기를 "이것이 바로 좌고대(坐高臺)입니다. 대 위에
는 최고운(崔孤雲)의 필적도 있으니 어찌 가서 보지 않겠습니까?"라고 하
였다.[83]

법당의 주춧돌이 무너지고 잡목이 우거져 폐허가 된 모습을 보여주고 있다.

법당의 비해당 그림

김종직은 영신사 법당 안에 걸려 있던 안평대군의 그림을 보았다. 안평대군은
세종의 셋째 아들로 이름은 이용(李瑢)이며, 호는 비해당(匪懈堂)이다. 안평대군
은 시(詩)·서(書)·화(畵) 삼절로 이름이 났던 사람인데, 안평대군의 그림이 무슨
연유로 이 깊은 산속 암자에 걸려 있게 되었는지는 알 수 없다. 김종직은 그
그림이 중국 원나라 때 나옹화상(懶翁和尙)과 교유한 승려 몽산(蒙山)을 그린 그
림이라고 하였다. 그리고 안평대군이 쓴 찬(贊)까지도 유람록에 기록해 놓았
다.[84]

불도를 닦는 것이 제일이니,

이는 번뇌를 떨치기 위한 것.

밖으로는 속세를 멀리했고,

안으로는 찌든 때를 씻었네.

도를 얻은 것 먼저였고,

•• 영신봉 아래의 영신사지.

적멸에 든 것 뒤였네.

눈 덮인 계산(雞山),

천년토록 썩지 않으리.

頭陀第一　是爲抖擻

外已遠塵　內已離垢

得道居先　入滅於後

雪衣雞山　千秋不朽

　몽산은 「육도보설(六道普說)」, 「수심결(修心訣)」 등을 지었는데, 조선 세조 때 모두 언해(諺解)되었다. 이처럼 김종직은 안평대군의 그림을 몽산도(蒙山圖)라고 하면서 그 찬까지도 기록해 놓았다. 그런데 얼마 뒤에 영신사를 유람한 그의 문인 김일손은 그 그림을 안평대군이 그린 가섭 초상이라고 하였다.

　법당 안에는 찬(贊)이 적힌 가섭의 초상화가 있는데, 비해당(匪懈堂)의 삼절이었다. 연기에 그을리고 비에 젖은 흔적이 있으나, 이 진귀한 보물이 빈산에 버려진 것을 안타깝게 여겨 가져가려 하였다. 그러자 정백욱(鄭伯勗, 鄭汝昌)이 말하기를 "사가(私家)에 사사로이 소장하는 것이, 명산에 보관해 두고 안목이 높은 사람들로 하여금 감상토록 하는 것만 하겠습니까?"라고 하

여, 그만두었다.[85]

김일손은 가섭전에 걸려 있는 안평대군의 그림을 가섭의 초상화라고 하였다. 어찌된 일인가? 김일손이 잘못 본 것일까? 아니면 몽산도 외에 가섭의 초상화가 별도로 있었던 것일까? 알 수 없다. 어찌 되었건 이 그림은 연기에 그을리고 비에 젖은 흔적이 있었다고 하니, 지금은 아마도 이 세상에 없는 그림일 듯하다.

영신사의 가섭상

영신사 법당 뒤에는 가섭전이라는 별도의 건물이 있었고, 그곳에는 석가모니의 제자 가섭의 상이 있었다. 김종직은 이 가섭상을 보면서 세조 때 환관을 보내 제사를 지낸 사실을 기억하고 있었다.[86]

그런데 이 가섭의 석상은 오른쪽 어깨 부분에 불에 그슬린 흔적이 있었다고 한다. 이는 1463년에 유람한 이륙도 보았고, 1472년에 유람한 김종직도 보았다. 이에 대해 이륙은 세속에 전하는 말을 듣고서 "그슬린 자국이 다 타고 나면 인간 세상이 바뀌어서 곧 미륵불의 세상이 온다. 이 가섭상은 매우 영험이 있다"라고 기록해 놓았다.[87]

한편 김종직은 승려 해공(解空)으로부터 "이는 겁화(劫火)에 그슬린 것으로 조금 더 타면 미륵 세상이 된답니다"라는 말을 듣고서 "돌에 난 흔적이 본래 그러한 것인데, 황당하고 괴이한 말로 어리석은 백성을 속여 내세의 이익을 구하는 사람들로 하여금 다투어 돈을 보시하게 하니, 참으로 가증스럽다"라고 기록해 놓았다.[88]

겁화(劫火)는 이 세계가 파멸될 때 일어난다는 불이다. 이륙과 김종직이 들은 말은 유사하다. 즉, 머지않아 미륵세상이 온다는 것이다. 아마도 현세를 고통스런 세상으로 보고, 미륵 세상을 염원하는 사람들이 지어낸 말인 듯하다.

그런데 가섭의 석상에는 오른쪽 어깨가 불에 그슬린 자극 외에 또 목에 칼자국 같은 흠집이 있었다. 이에 대해 김종직은 다음과 같이 기록해 놓았다.

> 그 목에 난 흠집도 왜구가 낸 자국이라고 한다. 아! 왜구는 참으로 잔악한 도적이구나. 사람을 남김없이 살육하고 성모상(聖母像)과 가섭상의 머리에도 칼자국을 냈으니, 단단한 돌이지만 사람의 모습을 본떴기 때문에 화를 당한 것이 아닐까?[89]

성모상은 지리산 천왕봉에 모셔져 있던 석상으로 석가모니의 어머니 마야부인(摩倻夫人)이라는 설, 고려 태조의 부인 위숙왕후(威肅王后)라는 설, 선도성모(仙桃聖母)라는 설 등 여러 설이 있는데, 이 성모상에도 정수리에 칼자국이 나 있었다. 이에 대해『신증동국여지승람』에는 다음과 같이 기록해 놓았다.

> 성모사(聖母祠)는 지리산 천왕봉 꼭대기에 있다. 사당에 성모상(聖母像)이 있는데, 그 정수리에 칼자국이 나 있다. 속설에 "왜구가 우리 태조(太祖)에게

패하여 어려운 지경에 처하자, 천왕(天王)이 자기들을 도와주지 않는다고 여겼다. 그래서 분함을 참지 못하여 성모상에 칼질을 하고 물러갔다"라고 한다.[90]

이런 기록에 의하면, 대체로 공민왕 때 왜적이 쳐들어와 남원 운봉 황산에서 이성계가 적을 무찔렀는데, 그들이 퇴각하면서 지리산을 넘어갈 때 성모상과 가섭상에 분풀이를 한 것으로 보인다.

영신사의 영험

영신사 가섭전 뒤에 있는 석벽 좌고대는 사람들이 오르기 어려운 가파른 절벽이었다. 그래서 그곳에 올라 기도하면 깨달음을 얻는다는 속설이 전해져 왔다. 1463년 영신사를 찾은 이륙은 이렇게 기록해 놓았다.

절 뒤쪽 봉우리에는 돛대처럼 깎아지른 바위가 서 있는데, 북쪽으로 만길이나 솟아 있고, 상처럼 생긴 작은 바위가 그 위에 얹혀 있으며, 반야봉쪽으로 조금 뻗어 있다. 바위를 부여잡고 그 위에 올라, 사방을 향해 절하는 사람은 근성이 있다고 한다. 그러나 능히 그렇게 하는 자는 천 명이나 백 명 가운데 겨우 한두 명이 있을 뿐이다.[91]

좌고대에 올라 사방을 향해 절을 하는 사람은 부처가 될 근성이 있는 사

••영신사 뒤 주능선에 위치한 좌고대. 이영규 제공.

람이라는 설이다. 그런데 그렇게 하는 사람이 거의 없다는 것이다. 1472년 영신사를 찾은 김종직도 다음과 같이 기록해 놓았다.

> 가섭전의 북쪽 봉우리에 두 개의 바위가 우뚝 서 있는데 이른바 좌고대이다. 그중 하나는 아래가 반반하고 위는 뾰족하며 꼭대기에 네모난 돌을 이고 있는데, 그 넓이는 겨우 한 자 정도였다. 승려들의 말에, 그 위에 올라가 예불을 하면 깨달음을 얻을 수 있다고 한다.[92]

좌고대 위에서 예불을 하면 깨달음을 얻는다는 설이다. 이러한 설은 그만큼 오르기가 어렵기 때문에 만들어진 설일 것이다.

영신사의 최치원 유적

영신사에는 최치원 관련 설화도 있었다. 하나는 좌고대 위에 최치원의 글씨가 있다는 설이다. 1752년 이곳을 찾은 박래오는 짐꾼으로부터 다음과 같은 이야기를 들었는데, 그중에 좌고대 위에 최치원의 글씨가 있다는 말이 있다.

> 그 뒤에 깎아지른 듯 서 있는 기이한 바위는 높이가 10여 장은 되어 보였는데, 마치 상처럼 생긴 작은 돌이 그 위에 놓여 있었다. 일행이 괴이하게 여겨 물었더니, 짐꾼이 말하기를 "이것이 바로 좌고대입니다. 대 위에는 최고운의 필적도 있으니 어찌 가서 보지 않겠습니까?"라고 하였다.[93]

그러나 그곳은 올라가기 어려운 곳인지라 그 필적을 보았다는 사람은 없다.

또 하나는 1463년 이륙이 영신사를 유람하였을 적에 들은 말을 기록해 놓은 것으로, 최치원이 이 인근에 살아 있다는 설화이다. 이륙은 이렇게 기록해 놓았다.

> 동쪽에는 부도(浮屠)처럼 생긴 바위 봉우리가 있는데, 이 절의 승려가 말하기를 "구사(龜社)의 주인 최문창(崔文昌, 崔致遠)이 죽지 않고 이곳에 살아 있다"고 하였다.[94]

구사(龜社)가 무엇인지는 알 수가 없으나, 승려의 말은 영신사 동쪽의 부도탑처럼 생긴 바위에 최치원이 죽지 않고 살고 있다는 내용이다. 최치원이 죽지 않고 신선이 되어 지리산에 살고 있다는 전설은 여러 곳에서 전해지는데, 예전에는 영신사에도 그런 전설이 있었던 것이다.

영신사를 노래한 시

영신사를 노래한 시는 많지 않다. 그것은 이 절을 본 사람이 극히 적기 때문이다. 1545년 4월 벗들과 함께 함양에서 출발하여 천왕봉을 거쳐 영신사까지 유람한 영주 출신 황준량(黃俊良, 1517~1563)은 영신사에서 다음과 같이 노래했다. 황준량은 지리산을 유람하고 난 뒤 176운 352구 2516자의 최장편 지리산 유람시 「유두류산기행편(遊頭流山紀行篇)」을 남겼다. 그는 영신사 가섭대가 왜적의 칼날에 상처 입은 것을 보고 다음과 같이 노래했다.

천 길의 가섭대가 햇빛에 그림자를 드리웠는데,
흉악한 섬 오랑캐 놈들의 칼날에 상처를 입었구나.
백성들이 왜적에게 당한 피해 말할 것도 없다마는,
바위와 나무도 어찌 흉악한 적의 칼날을 만났던가.
하늘이 성스러운 임금을 내어 시대를 구하게 하자,
고름을 짜내듯이 한 번 지휘하여 말끔히 소탕하였네.
千尋迦葉日邊影　刃斫亦被島夷兇
民生血肉不堪說　石木胡然逢鞠訩

天生聖祖爲濟時　一揮蕩滌如決癰[95]

　　고려 공민왕 때 왜적들이 운봉 황산 전투에서 패해 달아나다 이곳에 이르러 칼을 휘둘러 상처를 남겼다고 한다. 황준량은 승려로부터 이런 이야기를 듣고 이 땅의 바위와 나무 들까지 왜적들의 피해를 입은 것에 대해 개탄하고 있다. 그리고 조선을 세운 이성계가 왜적을 소탕한 공을 찬양하고 있다.

　　황준량은 이처럼 역사적 장소에서 지난 일을 회고하기도 하였지만, 또 지리산에 은거한 역사적 인물로 유명한 한유한(韓惟漢)과 최치원(崔致遠)을 떠올리며 지난 역사를 회고하면서 그 인물을 생각하기도 하였다. 그는 영신사에서 남쪽을 바라보며, 그곳에 은거했던 최치원에 대해 다음과 같이 노래했다.

　　　비바람에 부식된 바위에는 각자가 반쯤 희미한데,
　　　소나무를 휘감은 푸른 칡넝쿨이 축 늘어져 있네.
　　　몇 리에 걸쳐 있는 좋은 밭 손바닥처럼 평평한데,
　　　낮은 곳은 벼를 심을 테고 높은 곳엔 밭벼 심겠지.
　　　최고운을 불러서 최근 소식을 물어보고 싶은데,
　　　선유를 하며 신령한 자취 어디쯤 날고 있는지.
　　　화란의 그물에서 몸을 빼 화려한 글 솜씨 떨쳤기에,
　　　맑고 아름다운 그 풍도와 명성을 후인들이 흠모하네.
　　　風磨石刻半微茫　松纏翠綌垂影+降鬆
　　　良田數里掌樣平　濕可秔稻高宜稑種
　　　欲喚孤雲訪消息　仙遊何許飛靈踪

抽身禍網振華藻　風聲沒世欽清芉[96]

　　첫 구는 쌍계사 입구에 있는 '쌍계석문(雙磎石門)'을 두고 읊은 것이다. 이 시에는 최치원의 맑고 아름다운 풍도를 흠모하는 마음이 드러나 있다. 황준량은 영신사에서의 감흥을 이렇게 별도의 시로 노래했다.

> 구름을 뚫고 날아갈 듯한 법당에는,
> 조율하기 어려운 풍금(風琴) 소리 들리네.
> 이끼를 긁어내니 비석의 글이 이어지고,
> 창문을 여니 대나무 소리 가까이 들리네.
> 산색은 우기를 잔뜩 머금어 어둑어둑한데,
> 샘물은 사람의 마음을 비출 듯 깨끗하네.
> 백족(白足)은 응당 나를 싫어하리라,
> 뜰 이끼에 나막신 자국 깊이 파였으니.
> 出雲飛寶閣　難律奏風琴
> 剔蘚連碑讀　開窓近竹吟
> 山昏藏雨氣　泉淨照人心
> 白足應嫌我　庭苔印屐深[97]

　　백족(白足)은 후진(後秦) 때 승려 구마라습(鳩摩羅什)의 제자 담시(曇始)이다. 그는 발이 얼굴보다 더 희었으며, 아무리 진흙탕 물을 건너도 더럽혀지지 않아 당시 사람들이 그를 백족화상(白足和尙)이라 불렀다고 한다. 황준량은 뜰의 이끼에 자신의 나막신 자국이 난 것을 보고 그렇게 노래한 것이다.

서산대사가 은거한 내은적암

서산대사는 지리산 단속사에도 있었고, 내은적암에도 있었다. 또한 화개동에 관해 여러 편의 시를 남기기도 하였다. 내은적암은 지금 그 터만 남아 있을 뿐이다. 서산대사는 내은적암에 대해 2편의 시를 남겼다.

두류산 속에 한 암자가 있는데,
암자의 이름은 내은적암이라네.
산 깊고 물도 또한 깊은 곳이라,
유람객도 자취를 찾기가 어렵네.
동쪽과 서쪽에 각기 대가 있어서,
골짜기는 좁아도 마음은 좁지 않네.
청허라는 한 주인이,
천지를 장막과 자리로 삼아,
여름날 솔바람을 쐬면서,

누워서 떠가는 구름을 보네.

頭流有一庵　庵名內隱寂

山深水亦深　遊客難尋迹

東西各有臺　物窄心不窄

淸虛一主人　天地爲幕席

夏日受松風　臥看雲靑白[98]

　내은적암이라는 암자의 이름에 걸맞은 시상이다. 아니 서산대사의 본래 마음이 그러하였기에 이 내은적암에 은거한 것인지도 모른다. 인적이 없는 한적한 산속에서 솔바람을 쐬며 떠가는 흰 구름을 보는 이, 그가 바로 서산대사이다.

　또 한 편의 시는 다음과 같다.

어떤 승려 대여섯 명이,

내 암자 앞에 집을 지었네.

새벽에 종을 치면 함께 일어나고,

저녁에 북을 치면 함께 잠자리에 드네.

달이 비춘 시냇물을 함께 길어다가,

차를 달이며 푸른 연기를 날리네.

날마다 무슨 일을 의논하는가,

염불을 하고 참선을 한다네.

有僧五六輩　築室吾庵前

••원통암 청허당의 서산대사 영정.

晨鐘卽同起　暮鼓卽同眠
共汲一澗月　煮茶分靑烟
日日論何事　念佛及參禪[99]

　　내은적암에 은거한 서산대사에게 도반이 생긴 듯하다. 그래서 그들과 함께 일상을 같이하고 있다. 서산은 그 모습을 일상의 삶으로 그려냈다. 즉, 종을 치면 일어나고 북을 치면 잠자리에 들며, 물을 길어다가 차를 달여 마시며, 염불을 하고 참선을 하는 일상이다. 이 시는 전체적으로 매우 역동적이고 회화적인데, 특히 제5구와 제6구의 표현은 선지(禪旨)가 묻어난다.

일곱 사람이 성불한 칠불사

칠불사의 유래

칠불사에는 사적기(事蹟記)가 전해져 오고 있었다. 이 사적기는 일찍이 1487년 남효온이 보았고, 1744년 황도익(黃道翼)이 보았고, 1752년 박래오(朴來吾)도 보았다. 이 사적기에는 대체로 선인(仙人) 옥보고(玉寶高)가 운상원(雲上院) 또는 상원암(上院菴)에 머물렀는데, 후에 일곱 사람이 성불하여 칠불암으로 이름을 바꾸었다는 내용이다. 칠불암은 일명 진금륜(眞金輪)이라 불리기도 하였다.[100]

　이러한 사실은 남효온의 「지리산일과(智異山日課)」, 송광연(宋光淵)의 「두류록(頭流錄)」, 황도익의 「두류산유행록(頭流山遊行錄)」, 박래오의 「유두류록(遊頭流錄)」, 응윤(應允)의 「칠불암기(七佛庵記)」 등에 전한다. 승려 유일(有一)은 칠불암을 중수할 적에 상량문을 지었는데, 이 상량문에도 그와 같은 내용이 수록되어 있다.

• • 여러 가지 창건설이 있는 칠불사 전경.

칠불암은 운상원(雲上院)의 옛터에 새로 짓고 지금의 이름인 칠불암이라고
한 절이다. 이곳은 지리산 온 산의 정맥을 간직한 곳이고, 온 골짜기의 영
기가 모인 곳이다. 옛날 신라 신문왕 때 두류산의 선인(仙人)이 있었으니,
이름은 옥부(玉浮)이다. 행적은 도인 부구자(浮丘子)와 유사하였고, 도는 비
야옹(毘耶翁)과 흡사하였다. 옥피리 일성을 불어 신라 궁궐의 일곱 왕자를
경동시키자, 그들은 밤중에 성궐을 넘어 왕자로서의 부귀영화를 버렸다.
그들이 지리산에 들어온 지 6년 만에 삼계의 몽환을 깨달았으니, 마치 실
달태자(悉達太子)처럼 문득 성불하였다. 그러니 봉황을 따라간 농옥공주(弄

玉公主)와 어찌 비교해 논하랴. 이에 한 칸의 암자를 세우고 칠불암이라 하였다.[101]

부구자는 중국 고대의 선인이다. 주나라 영왕의 아들 왕자교(王子喬)가 생황(笙簧)을 즐겨 불었는데, 부구공을 만나 숭산(嵩山)으로 들어가 신선이 되었다고 한다. 비야옹은 『유마경』을 지은 유마힐(維摩詰)로, 그가 비야리국(毘耶離國)의 장자(長子)였기 때문에 그렇게 칭한 것이다. 농옥공주는 춘추 시대 진 목공(秦穆公)의 딸로 피리를 불면 봉황이 날아왔다고 한다.

이 글을 지은 승려 유일은 18세기 인물인데, 칠불암이 본래 선인 옥보고가 살던 운상원의 터에 세운 암자라는 사실을 밝히고 있다. 그리고 칠불암이라고 칭하게 된 이유가 옥보고의 피리 소리에 신라의 일곱 왕자가 출가하여 성불했기 때문이라는 사실을 명기하였다. 아마도 이 설이 칠불사에 전래된 본래의 설화일 것이다.

칠불사의 창건설

칠불사가 언제 누구에 의해 창건되었는지에 대해서는 정확한 설이 없다. 15세기 남효온(南孝溫)은 형수좌(泂首坐)에게 들은 이야기를 기록해 놓았는데, 그 요지는 신라 진평왕(眞平王) 때 사찬(沙飡) 김공영(金恭永)의 아들 옥보고(玉寶高)가 지리산 운상원에 들어가 50여 년 동안 거문고를 타면서 마음을 닦았으며, 경덕왕 때 그 사실을 알고 그곳에 큰 사찰을 지었다는 것이다.[102] 1807년 경상도관찰사 남주헌(南周獻)이 들은 설도 이와 유사하다.

18세기 응윤(應允)은 「칠불암기(七佛庵記)」에 두 가지 설을 기록해 놓았다. 하나는 신문왕의 두 아들과 궁모(宮母) 5인이 이 암자에 들어와 성불했기 때문에 칠불암이라 한다는 설이고,[103] 하나는 『김해허씨족보』에 나오는 수로왕의 일곱 아들이 옥보선(玉寶仙)을 따라 가야산으로 들어가 도를 배워 신선이 되었기에 칠불암이라 부르게 되었다는 것이다.[104]

1724년 칠불사를 찾은 정식(鄭栻)은 이 절의 승려로부터 창건 설화를 들었는데, 그 대략은 다음과 같다. 칠불사는 동진(東晉) 때 창건된 절인데, 신라 경덕왕 때 일곱 왕자가 허공에서 들리는 옥피리 소리를 듣고 찾아가 보니, 암자의 대 위에 한 선인이 피리를 불고 있어 돌아가지 않았기 때문에 옥대라고 부르게 되었다는 것이다.[105]

1680년 칠불사를 유람한 송광연(宋光淵)이 들은 것은 다음과 같다. 경순왕의 일곱 아들이 이곳에서 수도해 성불했기 때문에 상원암(上院菴)을 칠불사로 개명하였다는 것이다. 그리고 칠불사 좌우에 있는 범왕촌(梵王村)·대비동(大妃洞)은 경순왕 부부가 일곱 아들을 따라와서 머물던 곳이므로 붙여진 이름이라는 설이다.[106]

이렇게 여러 사람들이 들은 이야기를 시대순으로 정리하면 다음과 같다.

① 가야 수로왕(首露王, 재위 42~199)의 일곱 아들이 성불하여 붙여졌다는 설. 이 설은 『김해허씨족보』에 보이는 설이다.
② 신라 진평왕(眞平王, 재위 579~632) 때 옥보고가 들어와 거문고를 타며 수양하던 곳으로 경덕왕 때 절을 짓고 칠불사라 했다는 설

③ 신라 신문왕(神文王, 재위 681~692) 때 두 왕자와 궁모가 와서 성불했기 때문에 붙여진 이름이라는 설

④ 동진(東晉, 381~420) 때 창건했는데, 신라 경덕왕(景德王, 재위 742~765)의 일곱 왕자가 이 절에 와서 성불하여 붙여졌다는 설

⑤ 신라 경순왕(敬順王, 재위 927~935)의 일곱 아들이 들어와서 성불했기 때문에 붙여진 이름이라는 설

이 가운데 ①은 18세기 응윤의 기록에 처음 등장하며 그 이후 18세기에 유람한 사람들의 기록에 주로 등장한다. 따라서 후대에 만들어진 설로 다른 설에 비해 신빙성이 떨어진다. 또 ⑤는 송광연이 칠불사를 유람한 1680년 이후 나타나는 설로 역시 그 이전에 보이지 않기 때문에 다른 설에 비해 신뢰성이 적다. 요컨대 ①과 ⑤는 후대에 나온 설이라는 점에서 누군가 지어낸 설이거나 와전된 설일 가능성이 높다.

그렇다면 ②·③·④의 설을 조금 더 믿을 수 있다. 그런데 문제는 옥보고가 어느 시대 사람인가에 따라 조금 더 범위를 좁힐 수 있다. 옥보고의 생몰연대는 알 수 없다. 그에 관한 최초의 기록은 『삼국사기』인데 다음과 같이 기록되어 있다.

신라인 사찬 공영(恭永)의 아들 옥보고가 지리산 운상원에 들어가 거문고를 50년 동안 배워 신곡 30곡을 만들어 속명득(續命得)에게 전했고, 속명득은 귀금선생(貴金先生)에게 전했다. 귀금선생도 지리산에 들어가 나오지 않자, 신라왕은 거문고의 도가 단절될 것을 염려하여 이찬 윤흥(允興)에게 이르기를 "어떤 방법으로든 그 음률을 전해 받아라"라고 하고서 드디어 그

를 남원공사(南原公事)로 임명하였다. 윤흥이 남원에 부임하여 총명한 소년 두 사람을 뽑으니, 안장(安長)과 청장(淸長)이었다. 그들로 하여금 지리산에 들어가 거문고를 전수받게 하였다.[107]

옥보고는 신라인으로 지리산 운상원에 들어가 거문고를 배워 30곡을 만들어 전한 사람인데, 그가 어느 시대 사람인지는 말하지 않았고, 윤흥을 남원공사로 보내 옥보고의 음률을 배우게 한 신라의 왕이 어떤 임금인지도 밝히지 않았기 때문에 옥보고가 어느 왕 때 사람인지 불분명하다. 다만 윤흥은 경문왕 6년(866) 10월에 동생 숙흥(叔興)·계흥(季興)과 함께 반역을 꾀하다가 발각되어 대산군(岱山郡, 전북 정읍)으로 달아났는데, 경문왕이 명을 내려 추격해 체포하여 목을 베고 일족을 멸하였다.[108]

이를 통해 보면, 옥보고는 ②의 설처럼 진평왕 때의 인물일 가능성이 있다. 또한 ②·③·④를 보면 모두 신라의 왕자가 성불해서 칠불사라 부르게 되었다고 하였으며, 그 시기를 ②·④에서는 경덕왕 때로 보았으니, ①과 ⑤는 아예 해당되지 않는다. 이렇게 보면 남효온이 형수좌에게 들은 ②의 설이 옥보고가 살던 시대와 가깝기 때문에 덜 와전되었을 가능성이 크다.

옥보고가 득음한 옥보대

칠불사의 본래 이름은 운상원(雲上院)이었다. 남효온은 이 절의 형수좌(泂首坐)로부터 "신라 진평왕 때 사찬(沙飡) 김공영(金恭永)의 아들 옥보고(玉寶高)라는 사람이 거문고를 메고 지리산 운상원에 들어가 50여 년 동안 거문고를 타며 마음을 닦았는데, 30곡을 작곡하여 매일 그 곡을 연주하였습니다"[109]라는 말을 들었으니, 본래 절이 아니라 음악원이었던 듯하다.

남효온은 또 형수좌로부터 다음과 같은 이야기를 들었다.

> 경덕왕이 길가의 정자에서 달을 감상하고 꽃을 구경하다가 문득 거문고 소리를 들었습니다. 왕이 악사 안장(安長, 일명 문복(聞福))과 청장(請長, 일명 견복(見福))에게 묻기를 "이 무슨 소리인가?"라고 하자, 두 사람이 아뢰기를 "이는 인간 세상에서 들리는 소리가 아닙니다. 바로 옥보선인(玉寶仙人)이 거문고를 타는 소리입니다"라고 하였습니다. 왕이 7일 동안 재계하고 그를 부르자, 그가 나아가 30곡을 연주하였습니다. 왕이 크게 기뻐하고, 안장과 청장으로 하여금 그것을 배워 악부(樂府)에 전하게 하였습니다. 그리고 그가 거처하던 절에 큰 가람을 세우니, 37국(國)이 모두 이 절을 으뜸으로 여겨 원당(願堂)으로 삼았습니다.[110]

또 칠불사의 온법주(溫法主)는 남효온에게 옥보고의 사적을 보여주었는데, 형수좌가 들려준 이야기와 같았다.[111]

옥보고가 거문고를 연주하던 곳을 옥보대(玉寶臺) 또는 옥대(玉臺)라고 불렀는데, 칠불사 뒤편에 있었다. 1708년 칠불사를 유람한 김창흡(金昌翕)은 "이 절

•• 칠불사의 원래 이름은 운상원이었다.

은 안온하고 움푹한 곳에 위치하면서도 높고 광활한 지취가 있었다. 뒤쪽의 평평한 대는 바로 옥보선인(玉寶仙人)이 거문고를 연주하던 곳이다. 옥보대 가에 있는 서너 그루의 소나무와 삼나무는 베어진 지 오래되었는데 다시 가지에서 새순이 돋아났으니, 매우 기괴한 일이다"[112]라고 기록해 놓았다.

또 1724년 칠불사를 찾은 정식(鄭栻)도 승려로부터 들은 이야기를 다음과 같이 기록해 놓았다.

> 승려가 말하기를 "이 암자를 창건한 것은 몇천 년이나 되었는지 모릅니다. 간혹 전해 오는 이야기로는, 동진(東晉) 때 창건됐다고 합니다. 또 법당 뒤에 옥대(玉臺)가 있습니다. 신라 경덕왕(景德王)은 여덟 왕자를 두었는데, 문득 허공에서 옥피리 소리가 나는 것을 듣고 그 소리를 찾아서 와 보니, 이 암자의 옥대 위에 과연 한 선인이 피리를 불고 있었습니다. 그래서 일곱

왕자들이 대를 쌓고 돌아가지 않았기에 옥대라고 한 것입니다. 또 옥대 위에는 밑동이 잘린 전나무가 있는데 줄기가 다시 나서 죽지 않았다고 하니, 또한 기이합니다"라고 하였다.[113]

이 두 자료를 보면 모두 옥보고를 선인(仙人)으로 칭하고 있다는 사실이다. 즉, 칠불사는 원래 선인 옥보고가 거문고를 공부하던 곳이라는 점이다. 다시 말하면 옥보대는 선인 옥보고가 득음한 곳이니, 우리나라 거문고의 성지라고 하겠다. 실제로 1727년 칠불사를 찾은 김도수(金道洙, ?~1742)의 유람록에는 이 절의 승려로부터 "옥보고는 신라 때 사람인데, 이 산에 들어와 득도하고 항상 이 대에서 노닐었기 때문에 그렇게 이름을 붙인 것입니다"라는 말을 들었다고 기록해 놓았다.[114]

일곱 사람이 성불한 절

앞에서 언급했듯이, 칠불사라는 이름이 일곱 사람이 이곳에서 성불하여 붙여진 이름이라는 설은 1680년 칠불사를 유람한 송광연(宋光淵)의 유람록에서 보이기 시작하여 1724년 유람한 정식(鄭栻)의 유람록과 18세기 응윤(應允)의 기록에 연이어 나타난다. 그런데 그 설도 각양각색이다.

송광연은 일곱 사람을 경순왕의 아들로 전해 듣고서 다음과 같이 기록해 놓았다.

이른바 칠불(七佛)이란 김부대왕(金富大王, 경순왕)의 일곱 아들로, 이곳에서 수도해 성불했다. 옛날에는 상원암(上院菴)이라 불렸는데, 후에 지금의 칠불사로 개명하였다. 칠불사 좌우에는 범왕촌(梵王村)·대비동(大妃洞)이 있다. 이는 곧 김부(金溥) 부부가 일곱 아들을 따라와서 머물던 곳이다. 이러한 말은 실로 상고할 길이 없으니, 또한 기이한 일을 기록해 놓은 글에 불과하다.[115]

경순왕은 신라의 마지막 왕으로, 그의 아들 마의태자(麻衣太子)가 금강산으로 들어가 베옷을 입고 풀뿌리를 캐 먹으며 살다가 생을 마쳤다는 얘기는 널리 알려진 설화이다. 이런 설화가 칠불사의 설화에 더해지고 각색되어 이런 설이 생기게 된 듯하다. 범왕촌과 대비동이라는 지명까지 거론해 입증한 것을 보면 상당히 그럴 듯하다.

1744년 칠불사를 찾은 황도익(黃道翼)은 법당에서 칠불암에 관해 기록한 사적을 읽어 보았는데, 왕자 칠형제가 이 절에서 독서하다가 머리를 깎고 승려가 되었다고 기록되어 있었다고 한다.[116] 또한 1799년 유람한 유문룡(柳汶龍)도 "칠불은 신라 왕자 일곱 사람이다"[117]라고만 기록해 놓았다. 이 두 사람의 기록에는 모두 어떤 왕의 아들인지 기록해 놓지 않았다는 것이다. 이런 기록을 바탕으로 추정해 보면, 이런 근원 설화를 가지고 누군가는 경순왕의 일곱 아들로 말하기도 하고, 누군가는 수로왕의 일곱 아들로 말하기도 하여 다양한 설화가 만들어진 듯하다.

18세기 지리산에 주석한 응윤은 성불한 이 일곱 사람이 신문왕의 두 왕자와 그들의 궁모 5인이거나, 수로왕의 아들 일곱 사람이라 전해 온다고 하였고, 1902년 유람한 송병순(宋秉珣)은 수로왕의 일곱 아들이라 전해 들었고,[118] 역시 1902년에 유람한 김회석(金會錫)도 수로왕의 일곱 아들이라 전해 들었다.[119] 또 1903년에 유람한 안익제(安益濟)도 이런 설을 들었고,[120] 1934년에 유람한 김택술(金澤述)도 이들과 유사한 말을 전해 들었고,[121] 1941년에 유람한 양회갑(梁會甲)도 유사한 이야기를 전해 들었다.[122]

한편 1807년에 유람한 하익범(河益範)은 경순왕의 아들 일곱 사람이라 전해 들었고,[123] 1899년에 유람한 하겸진(河謙鎭)도 이와 유사한 말을 들었다.[124]

반면 1905년에 칠불사를 찾은 양재경(梁在慶)은 "신라왕의 일곱 아들이 신선이 된 누대가 암자 뒤에 있었는데, 그 이름이 옥보대였다. 이로 인해 이 암자가 '칠불암'이 된 것이다"[125]라고 기록해 놓았다. 이는 신라 어느 왕의 아들인지를 밝히지 않고, 또 성불한 것이 아니라 신선이 되었다고 한 것이 다르다.

이러한 사실을 통해 볼 때, 일곱 사람이 누구인지에 대해서는 고증할 길이 없으며, 경순왕의 아들이라는 설과 수로왕의 아들이라는 설은 후대에 나온 것으로 신빙성이 매우 낮다. 또한 어느 설에는 신라 왕자 2인과 궁모 5인이 성불하여 칠불사라 부르게 되었다고 했으니, 왕자가 일곱 명이라는 설도 모두 믿을 수 없다. 왕자를 비롯한 일곱 사람이 이곳에 와서 성불하여 붙여진 이름이라는 점만 믿을 만하다.

사방 봉우리가 읍을 하는 명당자리

하동군 악양면에 있는 형제봉에서 칠불사를 바라보면 풍수가가 아니더라도 한눈에 명당자리라는 생각이 든다. 또 칠불사는 지리산 주능선 토끼봉 아래 해발고도 800미터 이상의 지점에 있기 때문에 시야가 확 트여 전망이 빼어나다. 이러한 점만으로도 칠불사는 경관이 빼어난 곳에 있는 사찰임을 알 수 있다.

예전 사람들은 이런 지형지세를 다 알 수 없었을 텐데 그들의 눈에도 칠불사는 지리산에서 가장 아름다운 경관으로 보였다. 1744년 칠불사를 찾은 황도익(黃道翼)은 "탑대(塔臺)에 올라 주위를 둘러보니, 절터가 산꼭대기에 자리하고 있어 매우 아름다웠다"[126]라고 표현했다. 탑대는 옥보대를 가리키는 듯한데, 칠불사 뒤쪽에 있기 때문에 전망이 더 좋다.

이처럼 칠불사의 경관이 빼어나다는 평은 여러 사람의 기록에서 발견할 수 있다. 1655년 칠불사를 찾은 김지백(金之白, 1623~1670)은 지리산 370개의 사찰 가운데 칠불사의 경관이 기이하고 아름답기로는 제일이라고 하였다.[127] 또한 1902년에 유람한 송병순(宋秉珣)도 절이 그윽하고 기이하여 쌍계사·국사암보다 초탈하고 빼어나다고 하였다.[128]

한편 1941년 칠불사를 찾은 양회갑(梁會甲)은 칠불사의 자연경관이 빼어난 점을 다음과 같이 근대적 사유로 설명하였다.

> 지세나 풍경은 쌍계사와 함께 백중지세지만 칠불사가 조금 나았다. 반야
> 봉의 한 지맥이 동쪽으로 1백 리를 흘러 천왕봉이 되고 서쪽에서 갈라져

"칠불사는 봉우리가 성곽처럼 에워싸고
그 중앙에 한 동천이 열려 있는 매우 신령스런 별천지다."

토끼봉이 되었는데, 그 중간에 봉우리가 높았다 낮았다 하다가 40리를 빙 둘러 감싸 안으며 절터를 이루었다. 사방이 읍을 하는 듯하고 백운산의 세 봉우리와 마주보고 있는 것이 그림 같았다.[129]

양회갑은 칠불사의 지세와 풍경이 쌍계사보다 나은 점을 거론하면서 지리산의 주능선 여러 봉우리가 빙 둘러 감싸 안은 터, 사방의 봉우리가 읍을 하는 듯한 형세, 그리고 멀리 광양의 백운산이 마주하고 있는 형세를 들어 이 절의 빼어난 경관을 설명하였다.

또한 1884년 칠불사를 유람한 전기주(全基柱, 1855~1917)는 칠불사의 지형이 상대(上臺)·중대(中臺)·하대(下臺) 삼대로 되어 있다고 하면서 구불구불한 길을 따라 상대에 올라보니 금잔디가 펼쳐져 있는데 넓이가 5리쯤 되었으며 백운산이 정면으로 보여 안산(案山)이 된다고 하였다.[130]

이러한 경관을 1902년에 유람한 송병순은 "봉우리가 성곽처럼 에워싸고 그 중앙에 한 동천이 열려 있는데 매우 신령스런 근원의 별천지다"[131]라고 하여 영원(靈源)으로 표현하였으며, 역시 1902년에 유람한 김회석(金會錫)은 "절은 그윽하고 확 트였으며 승려는 공손하고 부지런하니, 방장산 여러 절 가운데 으뜸이다"[132]라고 하였다.

칠불사의 경내 구도

1902년 칠불사를 찾은 송병순과 김회석(金會錫)은 칠불암이 도솔봉(兜率峯) 밑에 있다고 하였다.[133] 도솔봉이 어느 봉우리인지는 알 수 없지만, 토끼봉에서 남쪽으로 뻗은 산줄기의 한 봉우리가 아닐까 싶다.

지금의 칠불사는 한국전쟁으로 폐허가 된 것을 새로 중창한 것이다. 동국제일선원(東國第一禪院)이라는 현판이 붙은 보설루(普說樓)로 들어서면 정면에 대웅전(大雄殿)이 있고, 오른쪽에 문수전(文殊殿)이 있으며, 왼쪽에 아자방(亞字房)이 있다. 아자방 뒤쪽 서편으로 올라가면 운상선원(雲上禪院)이 있다. 운상선원이 바로 운상원의 터이다.

그런데 18세기 응윤(應允)이 지은「칠불암기」에는 칠불사 중앙 불전은 비로전(毘盧殿)이고, 동쪽에는 약사여래의 석불을 모셔 놓았고, 서쪽은 온돌 침상을 만든 고승당(高僧堂)이 있다고 하였다.[134] 약사여래불을 모신 것이 법당인지, 노천인지는 알 수가 없다. 고승당은 아자방(亞字房)인 듯하다. 그리고 암자 위에 옥보대(玉寶臺)가 있으며, 그 서북쪽 언덕에 부휴조사(浮休祖師)의 치아탑(齒牙塔)이 있고, 그 아래에 추월(秋月) 능선사(能禪師)의 부도(浮圖)가 있다고 하였다.[135]

1752년에 유람한 박래오(朴來吾)는 "법당과 영자전(影子殿)을 둘러본 뒤 옥보대의 유허지에 올랐으나 그다지 볼 만한 것이 없었다"라고 하였으며,[136] 1807년에 유람한 남주헌(南周獻)은 "이른바 영지(影池)와 아자방[亞堗]은 모두 칠불암의 고적이다"[137]라고 하였다. 여기서 주목할 만한 것이 영자전이라는 건물과 영지(影池)라는 못이 새로 등장한다는 것이다. 그전에는 없던 건축물 이름이다.

이는 앞에서 살펴본 바와 같이 1680년에 유람한 송광연(宋光淵)의 유람록에 처음으로 경순왕의 아들 일곱이 성불한 곳이어서 칠불사라 부르게 되었다는 설이 등장하여, 18세기에 칠불사를 유람한 사람들의 유람록에는 신라 왕자 일곱 명이 성불한 절이라는 설이 주류를 이루다가, 18세기 응윤(應允)의 기록에 신라 왕자 2명과 궁모 5명이 성불한 절이라는 설과 수로왕의 아들 일곱 명이 성불한 절이라는 설이 혼재되어 나타나고, 19세기 말 20세기 초에 유람한 사람들의 기록에는 대체로 수로왕의 일곱 아들이 성불한 절이라는 설이 주류를 이룬다.

이를 보면, 18세기 후반 박래오가 유람했을 적에는 신라 왕자가 성불했다는 설이 주류를 이루고 있을 때 성불한 왕자의 모습이 연못에 비추어 영지(影池)라는 못이 등장하고, 영자전(影子殿)이라는 건축물의 이름이 생겨난 듯하다. 요컨대 이곳이 왕자가 성불한 선원임을 드러내고, 그 신성성을 강조하기 위해 누군가가 지어낸 이야기로 볼 수 있다.

1941년에 유람한 양회갑(梁會甲)의 유람록에는 법당에 칠불상이 안치되어 있었다고 하니, 이 역시 위와 같은 설화에 의해 만들어진 것일 것이다.[138]

칠불사의 역사 속에서 명소는 옥보고가 거문고를 타던 옥보대(玉寶臺), 우리나라 제일의 선원으로 자리 잡은 '동국제일선원(東國第一禪院)'이라는 칭호, 승려들의 선방으로 독특한 양식의 온돌방인 아자방(亞字房), 성불한 일곱 왕자가 어머니에게 그림자를 보여준 영지(影池) 등을 들 수 있다.

옥보대 전설

옥보대에 관한 설은 1708년 칠불사를 유람한 김창흡(金昌翕)의 기록에서부터 등장한다. 김창흡은 "뒤쪽의 평평한 대는 바로 옥보선인(玉寶仙人)이 거문고를 연주하던 곳이다. 옥보대 가에 있는 서너 그루의 소나무와 삼나무는 베어진 지 오래되었는데 다시 가지에서 새순이 돋아났으니, 매우 기괴한 일이다"[139]라 고 기록해 놓았다. 이는 선인 옥보고가 거문고를 연주하던 곳이라는 의미로 붙인 이름이다.

그런데 1724년 유람한 정식(鄭栻)은 선인이 옥피리를 불던 곳이라는 의미로 이름을 지은 것이라 하여 옥대(玉臺)라고 기록해 놓았다.[140] 이는 옥보고라는 거문고 명인에 초점을 맞춘 것이 아니라, '옥피리를 불던 대'라는 점에 주안점 을 둔 것이다.

그런데 이런 근원 설화가 후대로 내려올수록 다양한 허구적인 이야기가 덧 붙여져서 이 대의 이름도 여러 가지로 등장한다. 물론 그 가운데서 가장 많이 전해진 설은 옥보대라는 설이다. 이를 보아도 옥보고가 거문고를 연주하던 대라는 설이 정설이라고 추정할 수 있다.

1744년에 유람한 황도익(黃道翼)은 이 대를 옥부대(玉府臺)라고 기록해 놓았는 데,[141] 그 의미는 자세하지 않다.

한편 1799년 유람한 유문룡(柳汶龍)은 "절 뒤에 부대(浮臺)가 있는데, 왕자가 성불한 곳이라 하였다"[142]라고 하였다. 이는 옥부대(玉浮臺)를 말하는 것이다. 옥부대는 "옥피리가 경주로부터 떠왔다"는 설에 의해 붙여진 이름인데, 그 내 용은 또 각기 다르다.

송병순과 김회석은 다 같이 1902년에 칠불사를 유람했는데, 송병순은 "승려가 또 말하기를 '일곱 부처가 절 뒤의 석대(石臺)에 올라 노닐었는데, 옥피리[玉笛]가 경주로부터 문득 떠왔다가 떠갔다고 합니다. 그러므로 그 석대를 옥부대(玉浮臺)라고 명명하였습니다'라고 하였다"[143]라고 기록해 놓은 반면, 김회석은 "절 옆에는 또한 옥부대(玉浮臺)가 있는데, 일곱 부처가 가락국에서 옥피리를 가지고 와 이곳에서 불며 노닐었다고 하여 '옥부대'라 이름한 것이다"[144]라고 하였다. 이를 보아도 구한말 사회가 혼란스러울 때 이런 설화가 다양하게 만들어져 유포된 듯하다.

옥피리와 관련하여 옥보대를 옥소대(玉簫臺)라고 칭한 설도 있다. 1899년 칠불사를 찾은 하겸진(河謙鎭, 1870~1946)은 "암자 뒤에 옥소대(玉簫臺)가 있다. 승려가 말하기를 '여기에서 신라 시기의 옥피리가 나왔는데, 신라가 망한 뒤로 옥피리에서 소리가 나지 않는다'고 하니 그 허망함을 알 만하다"[145]라고 하였다. 이 설은 '신라 시대에 옥피리가 나온 대'라는 의미인데, 전에 보이지 않는 또 다르게 지어낸 설이다.

또 옥포대(玉抱臺)라는 명칭이 있는데,[146] 이는 무슨 의미로 붙인 이름인지 자세하지 않다. 그러나 추측컨대 '옥피리를 안고 있던 대'라는 뜻이거나, '옥보고가 거문고를 안고 있던 대'라는 뜻이 아닐까 싶다.

옥보대라는 명칭에 대해서도 근원 설화처럼 옥보고가 거문고를 연주하던 대라는 의미가 아니라 다른 설이 있는데, '신라 왕의 일곱 아들이 신선이 된 대'라는 뜻에서 옥보대라 했다는 것이다.[147] 또 칠보대(七寶臺)라는 명칭이 있는데, 이 설은 '일곱 부처가 태어난 곳'이라는 의미로 붙여졌다는 것이다.[148] 이러한 설은 근원 설화에 비해 많이 변질된 것을 알 수 있다.

동국제일선원 칠불사

칠불사가 언제부터 참선하는 선원(禪院)으로 이름이 났는지는 알 수 없다. 그러나 18세기 이후의 유람록에는 '동국제일선원(東國第一禪院)'이라는 현판에 대한 기록이 자주 보인다. 응윤의 「칠불암기」에는 칠불암이 동국 제일의 선원으로 옛날에는 운상원(雲上院)이라는 편액이 걸려 있었다고 하였으니,[149] 18세기경에 '동국제일선원'이라고 현판을 바꾼 듯하다.

1752년에 칠불사를 찾은 박래오는 승려들이 참선하고 있는 모습을 다음과 같이 기록해 놓았다.

> 방 안에는 6~7명의 승려가 면벽을 하고서 앉아 있었는데, 가사(袈裟)를 몸
> 에 걸치고 마니(摩尼, 寶珠)로 만든 염주를 지니고 있었다. 하루 종일 묵묵히
> 앉아 마음을 지킴이 무상(無常)한 것이 탑 위의 불상처럼 의연하였다.[150]

이를 보면 불교가 한창 쇠미하던 시기에도 이곳에는 면벽참선을 하는 선
승들이 조선 불교의 선맥을 이어가고 있었음을 알 수 있다.

칠불사의 아자방

칠불사의 건축물로 제일 유명한 것은 단연 아자방일 것이다. 18세기 응윤의
「칠불암기」에는 아자방을 고승당(高僧堂)이라 하였는데, 1840년 칠불사를 찾은
노광무(盧光懋, 1808~1894)의 유람록에는 묵언각(黙言閣)이라 하였다. 1903년에 유람
한 안익제(安益濟)의 유람록에는 벽안당(碧眼堂)이라 하였다. 이 모두 이 건물이
선방(禪房)임을 말해준다. 노광무는 아자방에 대해 다음과 같은 흥미로운 이야
기를 기록해 놓았다.

> 서쪽에 있는 묵언각(黙言閣)은 그 방을 아(亞)자 모양으로 만들었다. 승려가
> 말하기를 "이 건물은 조물주가 만든 것으로, 신라 때 지어진 것입니다. 칠
> 불암이 여러 차례 병화를 겪었으나 이 건물은 지금까지 온전히 보전되어

· ·칠불사를 대표하는 건축물인 아자방.

한 번도 중수하지 않았습니다"라고 하였다.[151]

아자방이 신라 시대 건축물이라는 점과 당시까지 온전히 보존되어 중수를 한 번도 하지 않았다는 것이다. 이러한 이야기는 1799년에 유람한 유문룡의 유람록에도 "서쪽에는 아자방의 구자(口字) 온돌이 있었는데, 신라 시대부터 고려 시대를 거쳐 지금까지 고쳐지지 않았다고 하였다"[152]라고 하여 동일하게 나오는데, 과연 그러한지는 알 수가 없다.

아자방은 1744년 칠불사를 유람한 황도익(黃道翼)의 유람록에서부터 보이는데, 그는 아자방의 구조에 대해 "중앙은 낮고 사방의 가장자리는 높아 높낮이가 거의 2~3척 남짓이다. 한곳에 불을 지피면 아래위가 모두 따뜻해지니 또한 기이하다"[153]라고 하였다. 또 1752년 유람한 박래오는 "아자방을 지은 방법이 지극히 묘하고도 기이하여 위아래 층의 온돌이 데워지고 식는 것이 한결같았으니, 이 또한 그러한 까닭을 알 수가 없었다"[154]라고 하였다. 또 1934년에 유람한 김택술(金澤述)의 기록에도 구들의 높낮이를 달리하여 한 번 불을 지피면 높고 낮은 곳이 모두 따뜻하다고 하였다.[155]

그런데 1903년에 유람한 안익제의 유람록에는 아래와 같은 주목할 만한 내용이 있다.

> 벽안당(碧眼堂)의 온돌방은 아자형(亞字形)으로 온돌 위에 또 온돌을 놓았는데, 높이가 한 자 남짓 되었으며, 넓이는 몇 자나 되었다. 종이 널빤지를 깔고 무쇠와 주석을 입혔다. 5일에 한 번 불을 때는데, 높고 낮은 곳이 똑같이 따뜻하다. 이 또한 기이한 일이다.[156]

••아(亞) 자 모양으로 생긴 아자방 내부 모습.

아자방이 오래도록 온기를 유지하고 있는 것에 대해 안익제는 예리한 관찰을 한 것이다. 첫째는 아(亞) 자 모양이라는 점, 둘째는 온돌 위에 또 온돌을 놓았다는 점, 셋째는 종이 널빤지를 깔고 그 위에 무쇠와 주석을 입혔다는 점이다.

이처럼 근대적 사유를 한 유학자가 있는가 하면, 여전히 허구가 더해져 실제보다 과장된 허황된 이야기들이 승려들에게 전해 오고 있었다. 1937년 칠불사를 유람한 이보림(李普林, 1903~1974)의 유람록에는 "승려가 말하기를 '한 번 땔나무를 지고와 아궁이에 불을 때면 한 달 동안 온기가 식지 않습니다'라고 하였다"[157]라고 하였다. 신비감을 더하기 위해 이렇게 점점 더 실제적이지 않은 신기한 이야기가 만들어진 것이다.

이 아자방을 만든 인물에 대해서도 역시 허구가 가미되어 신비롭게 각색되었다. 1934년 유람한 김택술은 "이는 담공선사(曇空禪師)가 만든 것이다"[158]라고 하였는데, 1902년에 유람한 김회석은 "또 아자방이 있는데, 이 또한 일곱 부처가 만든 것이다"[159]라고 하였다. 일곱 부처가 만들었다는 설은 1902년에 유람한 송병순의 기록에도 동일하게 보인다.[160]

칠불사의 영지(影池)

칠불사 입구에 있는 영지(影池)는 칠불이 경순왕의 일곱 아들이라는 설과 무관하지 않다. 경순왕의 일곱 아들이 이 절에서 성불했다는 설화는 1680년 칠불사를 유람한 송광연의 유람록에 처음 보이는데, "이른바 칠불(七佛)이란 김부대왕(金富大王)의 일곱 아들로, 이곳에서 수도해 성불하였다. (…) 칠불사 좌우에는 범왕촌(梵王村)·대비동(大妃洞)이 있다. 이는 곧 김부(金溥) 부부가 일곱 아들을 따라와서 머물던 곳이다"[161] 라는 내용이 있다.

이 이야기도 세월이 흐를수록 각색되어 1744년에 유람한 황도익은 승려로부터 "칠불의 부인들이 와서 만나려고 하였지만 칠불이 허락하지 않고 누대 위에서 배회하였습니다. 그 그림자가 연못에 드리워졌으므로, 단지 그림자만 보고 갔다고 합니다"라는 말을 들었다.[162] 칠불의 어머니가 칠불의 부인으로 둔갑한 것이다.

한편 1752년에 유람한 박래오는 칠불사의 승려에게 다음과 같은 말을 들었다.

> 옛날 신라왕의 세자가 불교에 귀의하였는데, 이 절에서 여러 해를 지냈습니다. 신라왕은 그가 어디로 갔는지 갈피를 잡지 못하였습니다. 어느 날 밤 잠을 자는데 꿈속에서 세자가 홀연히 나타나 왕에게 고하기를 "저를 만나고 싶으시거든 지리산 칠불사로 오세요. 절 뒤에 옥보대가 있고 옥보대 아래에 연못이 있는데, 그 연못에서 저의 그림자를 보실 수 있을 것입니다"라고 하였답니다. 옛날부터 전해 온 말로 그 유래가 이미 오래되었으니, 연못을 '영지'라 이름한 것이 대개 근거한 바가 있습니다.[163]

이러한 설도 송광연이 들은 설을 각색한 것으로 보인다. 1799년 유람한 유문룡은 "절 앞에는 영지(影池)가 있는데, 신라 왕자가 일찍이 말하기를 '나의 진

••칠불사 입구의 영지.

"옥구슬 같은 물이 흘러 매우 맑고, 단청을 칠한 절간이 연못에 비춘다.
절의 문루는 물결 속에 거꾸로 서 있다."

상(眞像)이 영지에 비춰서 나타날 것이다'라고 하였다고 한다"[164]라고 하였다. 이 역시 같은 맥락에서 나온 것이다.

그런데 1903년에 유람한 안익제는 영지와 누각의 거리 및 방위를 따져 누각 위에서 사람의 그림자가 영지에 비치기에는 무리가 있다고 생각해 다음과 같이 기록해 놓았다.

> 절문 3백여 보 앞에 영지가 있는데, 옥구슬 같은 물이 흘러 매우 맑으며, 단청을 칠한 절간이 연못에 비춘다. 절의 문루가 물결 속에 거꾸로 서 있는데, 그 문설주에 '동국제일선원(東國第一禪院)' 여섯 자가 큰 글씨로 걸려 있다. 대개 절이 영지 위에 있으면 이치상 참으로 절의 문루가 비칠 것이다. 그런데 절의 문루가 영지의 왼쪽에 비껴 있고 멀어서 미칠 수 없으니, 그 또한 기이하다.[165]

안익제는 이 절에 전해 오는 이야기를 듣고 합리적인 사고로 위와 같이 의심한 것이다.

부휴와 추월

18세기 응윤은 「칠불암기」에서 옥보대 서북쪽 언덕에 부휴조사(浮休祖師)의 치아탑(齒牙塔)이 있고, 그 아래 추월(秋月) 능선사(能禪師)의 부도(浮圖)가 있다고 하였

다.[166]

부휴조사는 부휴(浮休) 선수(善修, 1543~1615)로 벽송(碧松) 지엄(智嚴, 1464~1535)의 법맥을 이어 서산대사와 함께 문중을 이룬 승려이다. 부휴조사는 1614년 칠불암에서 "칠십여 년을 환해(幻海)에서 노닐다가, 오늘 아침 껍질을 벗고 초원(初源)으로 돌아가네. 확연한 진성(眞性)은 원래 걸림이 없으니, 정각의 지혜에 생사의 근기가 어찌 있으리"[167]라는 시를 남기고 입적하였다.

한편 능선사는 호가 추월(秋月)로 벽송 지엄의 선맥을 이은 선사이다. 그는 평생 눕지 않고 정진하였으며, 칠불암에 주석할 적에는 밤중에 돌을 짊어지고 쌍계사 금당에 가서 육조 혜능의 초상에 참배하고 돌아왔다고 한다. 능선사에 대해 응윤은 다음과 같이 일화를 기록해 놓았다.

> 능선사는 벽송대사(碧松大師)의 심인(心印)을 이은 분으로, 정밀하고 부지런히 고행을 하였다. 매일 밤 돌을 등에 지고 도를 닦았는데, 호랑이를 만나면 바로 자신을 보시하려 하였다. 그러나 호랑이는 고개를 숙이고 먹으려 하지 않았으며, 항상 좌우에서 선사를 모시고 다녔다. 임종할 때의 유언에 "죽거든 인력과 재력을 허비하지 말고 단지 산에 있는 돌을 주워서 사리탑을 세우라"고 하였다. 뒤에 후인들이 석종(石鐘) 모양의 부도로 바꾸려 하였는데, 호랑이가 나타나서 저지하였다. 지금까지도 탑 주위는 매우 검소하여 사치라곤 없다. 만약 선사를 만난다면 자신도 모르게 무릎을 꿇고 손을 합장할 것이다.[168]

능선사의 고승다운 면모는 물론 이타행(利他行)을 실천한 참된 승려의 모습을 보여주고 있다.

설법을 듣는 새 조각과 달마상, 금대

칠불사에는 위에서 거론한 것 외에도 몇 가지 유물이 더 있었다. 그 가운데 하나가 아자방인 고승당(高僧堂)의 불전에 날아가는 모양의 새를 조각해 금색으로 칠해서 매달아 놓은 것이다. 조각품이 지금도 있는지는 모르겠다. 1724년 칠불사를 유람한 정식(鄭栻)은 이렇게 기록해 놓았다.

> 칠불암에는 '아(亞)' 자 모양으로 만든 온돌방이 있었으니, 이른바 고승당(高僧堂)이다. 그 안에 있는 불전(佛殿)은 열두 층의 탁자 위에 모셔 놓았는데, 나는 모양의 새를 조각해서 금색으로 칠해서 매달아 놓았다. 한 승려가 말하기를 "여러 새들이 설법 듣는 것을 형용한 것입니다"라고 했다.[169]

승려가 말한 것처럼 이 새는 설법 듣는 새를 형상한 조각품이라고 하니, 다른 절에서는 찾아볼 수 없는 특이한 물건임에 틀림없다.

또 1727년 칠불사를 찾은 김도수(金道洙)는 다음과 같이 기록해 놓았다.

> 남여에서 내려 벽안당(碧眼堂)에 들어갔다. 방구들의 좌우가 좌탑(座榻) 모양처럼 돌출되어 있었다. 방 가운데는 달마의 초상을 걸어 놓았다. 8~9명의 야윈 승려들이 면벽참선을 하고 있다가 내가 오는 것을 보자 내려와 절을 하며 맞이하였다.[170]

아자방 중앙에 달마의 초상을 걸어 놓았다는 것이다. 달마는 중국 선종의 비조(鼻祖)이니, 선방에 달마상을 걸어놓은 것은 조금도 이상할 것이 없다. 다만 아자방에 달마의 초상을 걸어놓은 것은 의도가 있었을 것이다. 아마도 이 곳이 동국제일선원임을 상징적으로 말해주는 의미가 있었을 듯하다. 그런데 정작 궁금한 것은 그 초상이 어떤 형태의 초상이었을까 하는 점이다. 기를 느 낀다고 하는 달마도가 비싼 값에 팔려나간다는 소식을 접한 적이 있기에 이 달마도에 대한 궁금증이 생긴다.

1748년 칠불사를 유람한 이주대(李柱大)는 칠불사 북쪽 10여 보쯤에 금대(金 臺)가 있는데, 최치원이 노닐며 완상하던 곳이라고 하였다. 그러면서 그 금대 에 가운데가 조금 불룩한 도마처럼 생긴 우뚝한 바위가 가로놓여 있었으며, 그 위에서는 광양의 백운산이 한눈에 들어온다고 하였다.[171] 대체로 칠불사에 는 최치원 관련 설화가 거의 없는데, 이처럼 최치원 관련 설화가 등장하고 있 다. 이 금대가 어디인지는 잘 모르겠다.

칠불사를 노래한 시

칠불사를 노래한 시는 생각보다 많지 않다. 1708년 칠불사를 유람한 김창흡 (金昌翕)은 「칠불사」라는 제목으로 칠언율시 2수를 지었는데, 그중에 한 수는 다음과 같다.

> 칠불사의 개산조는 누구인지 모르겠네,
> 지령으로 승보사찰에 신기함 온축됐네.

높고 낮은 구들의 불길 천년 된 온돌방,
하늘빛 반 이랑 영지에 보였다 사라졌다.
옥보선인 거문고 소리 멀리서 들려오는 듯,
부처 세계 선원에는 염불 소리가 더디구나.
불가에는 별도로 참된 봄이 있는 것일까,
소나무 삼나무 밑동서 푸른 가지 생겼네.
七佛開山問是誰　地靈僧寶蘊神奇
高低地火千年堗　隱現天光半畝池
玉寶僊徽流響遠　金輪禪梵轉音遲
祇園別有眞春在　斧後松杉復翠枝[172]

이 시의 마지막 2구는 작자가 옥보대 주변의 잘린 나무 밑동에서 새순이 돋아난 것을 보고서 이렇게 노래한 듯하다.

한편 조선 후기 이재의(李載毅)는 칠불사에서 본 것을 다음과 같이 노래했다.

누대가 맑은 연못에 거꾸로 비쳐 일렁이는,
우리나라 사찰 중에서 제일로 기이한 절.
하늘이 만든 땅을 피리 불며 누가 차지했나,
옥부대 아래에 사는 늙은 신선은 알겠지.
樓臺倒影漾淸池　東國伽藍第一奇
弄笛誰占天作地　玉浮山下老仙知[173]

이 시는 작자가 옥보대와 영지를 칠불사의 기이한 경관으로 포착해 노래한 것이다.

구한말의 강위(姜瑋, 1820~1884)는 칠불사를 이렇게 노래했다.

지리산 속에 있는 운상원으로,
신선이 한가로이 거문고 안고 왔지.
솔바람에 서른 곡을 연주하자,
빈산에 청학이 홀연히 날아왔네.
智異山中雲上院　仙翁閑得抱琴廻
彈出松風三十曲　空山靑鶴忽飛來[174]

강위는 일곱 사람이 성불한 절이라는 장소적 의미보다 신선이 거문고를 안고 와서 음악을 연주하던 신선의 이미지를 이 절에서 느끼고 있다.

1879년 칠불사를 유람한 송병선은 칠불사를 다음과 같이 노래했다.

젊어선 사마천처럼 천하주유 헛되이 자부했는데,
오십이 되어서야 훌쩍 떠나 지팡이 하나 짚고 왔네.
칠불암의 위용은 고목을 감춘 듯이 안온하고,
천왕봉의 형세는 나는 새를 탄 듯이 솟구쳤네.
무한한 이 세상은 삼천세계나 뚫렸고,
다함이 없는 바다는 만 길이나 깊네.
노나라를 작게 여긴 성인의 탄식 이제 깨닫고서,
세상사 물리치고 저녁나절 돌아가며 읊조리네.

「좌수도해도(坐睡渡海圖)」, 김홍도(金弘道), 18세기 말~19세기 초, 종이에 담채, 26.6×38.4cm, 간송미술관 소장.

• • 달마대사가 풍랑이 이는 바다를 나뭇잎에 앉아 졸면서 건너고 있다. 어떤 경계에서도 흔들림 없음을 표현한 그림이다.

當年虛負子長心　五十飄然一杖心

七佛庵容藏古木　天王峯勢駕飛禽

無多世界三千窄　不盡滄海萬丈深

小魯聖歎今始覺　八荒揮斥晚歸吟[175]

'노나라를 작게 여긴 성인의 탄식'은 『맹자』에 보이는 공자가 동산(東山)에 올라 노나라를 작게 여기고, 태산에 올라 천하를 작게 여겼다는 고사를 말한다. 즉, 보다 더 넓고 큰 정신 지향을 의미하는 말이다. 시인은 유학자답게 높고 툭 트인 전망이 있는 칠불사에서 공자처럼 드높은 정신세계를 상상한 것이다.

6
장

오래된 미래

화개동

「도원문진도(桃園問津圖)」, 안중식(安中植), 1913년, 비단에 채색, 164.4×70.4cm, 삼성미술관 리움 소장.

•• 안중식이 도연명(陶淵明)의 「도화원기」를 주제로 그린 대표적인 청록산수화이다. 「도화원기」의 주인공인 어부가 배를 타고 잔잔한 계류를 거슬러 복숭아꽃이 핀 동굴 입구로 향하고 있다.

한국인의 영원한 이상향

화개동에는 한국인의 영원한 이상향인 청학동이 있다. 청학동은 전국에 여러 곳이 있지만, 지리산 청학동은 온 나라 사람들이 가보고 싶었던 이상 세계였다. 이러한 청학동을 본격적으로 찾아 나선 이가 고려 중기 무신 집권기의 이인로(李仁老)이다. 이인로는 과거에 합격하였으나 벼슬을 얻지 못하여 자연을 벗 삼아 소요자적하였는데, 중국 진(晉)나라 때의 죽림칠현을 본떠 죽림고회(竹林高會)를 결성하여 무신정권시대 문인학자의 정신적 고뇌를 노래하기도 하였다.

이인로는 영원히 속세를 떠날 마음이 있어서 청학동을 찾기로 작정하고서, 살림살이를 담은 대고리짝을 두세 마리의 소에 싣고서 화개현에 이르러 신흥사에 들어가 묵었다. 그는 그곳의 경관을 이렇게 표현하였다.

지나는 곳마다 선경(仙境) 아닌 곳이 없었다. 천만 봉우리와 골짜기가 다투

"두류산은 아득하고 저녁 구름은 낮게 드리워,
천만 봉우리와 골짜기가 마치 회계산과 같구나."

듯 빼어나고 다투듯 흘러내리며, 대나무 울타리를 한 초가집이 복사꽃과 살구꽃에 보일 듯 말 듯하니, 자못 인간 세상이 아니었다. 그러나 이른바 청학동은 끝내 찾을 수 없었다.[1]

이인로는 신흥사에 들어가 묵으면서 청학동을 찾았으나 청학동을 찾지 못하여 다음과 같은 시를 남겼다.

두류산은 아득하고 저녁 구름은 낮게 드리워,
천만 봉우리와 골짜기가 마치 회계산과 같구나.
지팡이를 짚고서 청학동을 찾아가려고 하는데,
저편 숲 속에선 원숭이의 울음소리만이 들리네.
누대는 가물가물하고 삼신산은 멀리 있는데,
이끼 낀 바위에는 네 글자가 희미하게 보이네.
묻노니, 신선 세계의 근원 그곳은 어디인고,
꽃잎 떠내려오는 시내에서 길 잃고 헤매네.

頭留山迥暮雲低　萬壑千巖似會稽
策杖欲尋靑鶴洞　隔林空聽白猿啼
樓臺縹緲三山遠　苔蘚微茫四字題
試問仙源何處是　落花流水使人迷[2]

이인로는 도연명의 「도화원기」를 반복해 읽으면서 무릉도원과 같은 청학동을 현실 세계에서 찾고자 하였으나 찾을 수가 없었다. 그러나 이인로가 청학동을 찾은 이후 지리산 화개동은 청학동이 있는 곳으로 더욱 널리 알려지게 되었고, 현실 세계의 고달픔으로부터 벗어나 걱정 없이 편안하게 살 수 있는 이상 세계로 자리 잡았다. 그러니까 이를 계기로 최치원이 신선이 되어 이곳에서 살고 있다는 전설을 확인시켜주는 계기가 되었고, 청학동을 찾지 못함으로써 더욱 신비감을 더하게 되었다.

16세기 중반 호남의 학자 기대승(奇大升)은 지리산 화개동을 유람하면서 청학동에 들어가 최치원을 그리워하며 다음과 같이 노래했다.

> 최고운 선생은 천 년 전에 사시던 분,
> 신선술을 단련해 학을 타고 떠나셨네.
> 쌍계사엔 부질없이 옛 자취 남아 있는데,
> 흰 구름이 덮여 골짜기를 찾기가 어렵네.
> 미미한 후생이 선생의 높은 풍도 우러르니,
> 선생을 향하는 마음이 물밀 듯이 밀려오네.
> 선생이 남기신 시〔流水詩〕를 낭랑히 읊조리니,
> 빼어난 기상이 조조 부자〔橫槊〕보다 낫구나.
> 어쩌하면 시끄러운 세상을 등지고,
> 선생과 함께 푸른 하늘에서 노닐 수 있을까.
> 孤雲千載人　鍊形已騎鶴
> 雙溪空舊蹟　白雲迷洞壑
> 微生仰高風　響往意數數
> 朗詠流水詩　逸氣壓橫槊

安得謝紛囂　共君遊碧落[3]

　　기대승이 지리산을 유람할 적에는 대체로 불일폭포 주위를 청학동으로 인식했다. 그곳에도 최치원과 관련된 설화가 많이 있다. 그래서 기대승은 청학동에 들어가 최치원을 방문한 듯한 느낌으로 이 시를 지은 것이다. 그리고 최치원이 지은 「제가야산독서당(題伽倻山讀書堂)」을 읊조리며 최치원을 만난 듯한 기분에 젖어 속진을 떠나 선계에서 노닐고 싶은 상상을 하고 있다. 이 시는 청학동이 곧 신선 최치원이 사는 곳으로 인식한 점에서 새로운 의미를 부여한 것이다.

　　한편 1487년 화개동을 찾은 남효온은 최치원이 지은 쌍계사의 진감선사비를 읽고 다음과 같이 소회를 노래했다.

> 내리던 비 눈이 되어 텅 빈 산에 싸늘한데,
> 비석에 새겨진 최고운의 필적을 어루만지네.
> 고운 선생 떠나신 지 육백 년이 흘렀는데,
> 정묘하고 좋은 문장 귀신들이 지켜주었네.
> 열두 살에 책을 지고 당나라에 들어가서,
> 곤륜산 옥이라 자부한 극선의 뒤를 이었네.
> 황소에게 보낸 격문은 온 천하에 암송되고,
> 한림학사 높은 명성 중국 천지에 진동했네.
> (…)
> 혜소의 사실과 행적은 내 보고 싶지 않으니,

용처럼 꿈틀대는 가느다란 글씨에 경탄할 뿐.

문장은 이백의 글처럼 다소 단련을 했고,

글씨는 백영처럼 취중의 정취를 얻었네.

이 나라 문장이 공으로부터 비롯되었으니,

우리나라 학사 중에는 공이 으뜸일세.

凍雨成雪空山寒　摩挲石刻孤雲手

孤雲去後六百年　幼婦好辭鬼物守

十二負笈入大唐　崑山片玉郤侁後

黃巢一檄誦天下　翰林高名動九有

(…)

慧昭事跡不欲觀　但驚細筋龍蛇走

文如李白差鍛鍊　書得伯英醉中趣

此邦文字自公始　靑丘學士公爲首[3]

　　남효온은 최치원이 지은 진감선사비를 읽으면서 그 문장과 글씨에 대해 찬탄을 금치 못하였다. 그러면서 최치원은 우리나라 문학의 시조이며, 우리나라 학사 가운데 으뜸이라고 하였다. 이는 무슨 말인가? 최치원을 우리나라 문학, 우리나라 한문학의 시조로 본 것이다. 그렇다면 우리나라 문학의 시조인 최치원이 만년에 은거한 곳, 그리고 그가 지은 글과 그가 쓴 글씨가 남아 있는 곳, 그것도 1천 년이 훨씬 지난 지금도 그 유적이 있는 곳. 이런 엄청난 의미가 쌍계사에 있는 것이다. 이러한 사실은 이곳이 우리에게 얼마나 큰 의미가 있는지를 새삼 깨닫게 해 준다. 그런 가치를 5백여 년 전 남효온이 먼저

발견한 것이다.

　한편 1558년 화개동을 유람한 조식은 「유두류록」을 남겼는데, 그는 이 글에서 자신의 유람이 아름다운 산과 물을 보면서 즐거웠던 점이 많았지만, 그보다는 부춘동에서 한유한(韓惟漢)을 만나고, 덕은동에서 정여창(鄭汝昌)을 만나고, 옥종 정수역에서 조지서(趙之瑞)를 만난 것에 더 큰 의미를 두었다. 그러면서 그는 "나는 물을 보고 산을 보았으며, 그 산수 속에서 고인을 만났고, 그들이 살던 세상을 보았다"고 하였다.

　이것이 바로 예전 사람들이 화개동에서 보고 느낀 대표적인 내용이다. 그러니까 우리 선조들은 화개동을 유람하면서 속세에서 동떨어진 무릉도원과 같은 느낌, 부춘동과 덕은동에서 한유한의 절의(節義) 정신과 정여창이 은거하여 도덕을 함양한 정신, 쌍계동과 청학동에서 신선 세계의 청정함을 느끼면서 최치원의 높은 풍도를 그리워하는 마음을 느꼈던 것이다.

그리고 이런 문화가 더 발전해 내려오면서 칠불사는 선인 옥보고가 음악을 완성한 곳이면서 또 일곱 사람이 성불한 수도처로서의 이미지를 각인시켰다. 그리고 신흥사는 최치원이 귀를 씻고 속진을 멀리한 곳, 살아 있는 신선 최치원이 찾아온 곳, 또는 단정하고 법도 있는 승려들이 수백 명 모여 수도한 곳의 이미지를 남기게 되었다. 그리고 삼신동 안쪽의 의신사는 의신조사가 수도한 곳, 내은적암은 서산대사가 은거하여 수도한 곳으로 역시 수도처로서의 이미지를 갖게 하였다.

이렇게 보면, 화개동의 문화원형은 다음과 같이 몇 가지로 정리할 수 있다.

첫째, 부춘동과 덕은동에서 유학자들이 은거하여 지조를 지키거나 독서를 하며 수양한 곳으로서의 은거문화를 발견할 수 있다. 둘째, 화개동에서 속세와 떨어진 무릉도원의 이미지를 발견할 수 있다. 셋째, 쌍계동과 청학동에서 신선 세계의 청정한 이미지를 발견할 수 있다. 넷째, 삼신동에서 선인과 승려들이 수도를 하여 득도한 수도처로서의 이미지를 발견할 수 있다.

그리고 전체적으로 화개동은 항아리 속의 별천지로서 현실 세계의 영향을 받지 않고 자유롭고 평화롭게 살 수 있는 무릉도원의 이미지를 갖고 있다.

화개동의 오늘과 내일

오늘날 우리들에게 지리산 화개동은 어떤 이미지를 가장 많이 연상시킬까? 아마도 조영남 씨의 화개장터라는 노래가 떠오를 것이고, 십리벚꽃길이 떠오를 것이고, 쌍계사와 칠불사가 떠오를 것이고, 화개차가 떠오를 것이다. 또한 대부분 승용차나 버스를 타고 이곳을 찾기 때문에 예전 사람들처럼 무릉도원, 별천지, 이상 세계, 신선 세계 등의 이미지를 거의 느끼지 못할 것이다.

　이러한 현상은 화개동이 더 이상 무릉도원이나 별천지의 이미지를 갖지 못한 것이 된다. 그리고 앞에서 언급한 화개동의 문화원형은 현대인들의 시선에 들어오지 않고 있다. 그러면 어떻게 할 것인가? 필자가 언급한 문화원형을 복원해야 한다. 그리고 그 의미를 현대인들에게 알려야 한다. 화개동의 역사와 문화에 대한 변변한 책자조차 한 권 없으니, 현대인들이 어떻게 그 문화원형을 접할 수 있겠는가.

・・벚꽃이 만개한 화개동 십리벚꽃길.

우리가 후손에게 물려줄 화개동은 아주 오래된 문화와 역사를 고스란히 간직한 바탕 위에서 오늘날 우리들의 모습을 담아 먼 미래까지 전해지게 하는 것이어야 한다. 그래서 미래의 화개동은 오래된 화개동이어야 한다. 지금처럼 현대인들의 시야에 보이는 것만을 물려주어서는 안 된다. 그래서 필자는 미래의 화개동을 이렇게 만들어야 한다고 생각한다.

첫째, 화개동은 세속과 일정하게 떨어진 무릉도원과 같은 별천지로서 공간 이미지를 복원하고 보존해 나가야 한다. 그러기 위해서는 도화원 같은 평화롭고 고요한 분위기를 복원해야 하고, 순박하고 정겨운 옛날의 정취를 만들어야 한다. 차밭만 만들 것이 아니고, 도화원의 분위기를 연출할 수 있는 복숭아나무를 심어야 한다.

둘째, 화개동은 청학이 살고 신선이 사는 청정한 신선 세계로서의 공간 이미지를 만들어야 한다. 번잡한 도시문명으로부터 벗어나 몸과 마음을 깨끗하게 정화할 수 있는 공간으로 탈바꿈할 때 화개동은 영원한 미래의 청학동으로 남아 있을 것이다. 산과 물, 나무와 꽃, 바위와 돌, 바람과 허공, 이 모든 것을 오염되지 않은 청정한 상태로 복원해야 한다.

셋째, 최치원, 옥보고, 한유한, 정여창, 진감선사, 서산대사 등 이곳에 은거하여 수도한 분들의 정신 지향을 배울 수 있는 역사문화관을 만들고, 그분들의 유적지를 복원하여야 한다. 그리하여 그분들의 학문과 사상, 지조와 문예를 배울 수 있는 현장으로 조성해야 한다.

넷째, 우리나라 문학의 시조인 최치원의 학문과 사상을 배울 수 있는 최치원문학관을 별도로 만들어 우리나라 문학의 발원지라는 점을 널리 홍보해야 한다. 예컨대 최치원의 일생을 이해하고, 그가 지은 대표적인 문학작품에 대한 이해, 그가 지은 사산비명(四山碑銘)에 대한 이해, 그의 글씨에 대한 이해, 그에 관한 설화 수집, 그에 대한 후인들의 형상화 등 최치원에 대한 모든 것을 배우고 느낄 수 있는 공간을 만들어야 한다. 우리는 현대인들의 문학관은 수없이 만들면서 정작 우리나라 문학의 시조에 해당하는 최치원문학관은 만들지 않고 있다. 최근에 경북 의성군과 경남 함양군에 최치원문학관이 만들어지고 있다는 말을 들었는데, 최치원문학관의 최적지는 지리산 화개동이라고 확신한다.

다섯째, 영신사, 의신사, 신흥사, 내은적암 등을 복원하여 화개동 상류 지역이 승려 및 선인들의 수도처였음을 알려야 한다. 특히 신흥사의 복원은 지리산 최고의 명승을 복원하는 일일 뿐만 아니라, 우리나라 역사문화를 복원하는 일이 될 것이다. 홍류교, 능파각, 세진루 등을 두루 갖춘 신흥사가 복원되면 서산대사가 언급했듯이 중국의 누각보다 더 명소로 자리 잡아 신흥사가 최고의 관광지가 될 것이다.

여섯째, 칠불사의 설화를 정리하여 왜곡되거나 와전된 역사문화적 실체를 밝히고, 아울러 칠불사가 쌍계사와 함께 우리나라 음악의 발원지임을 알려야 한다. 이 역시 특별 공간을 만들 필요성이 있다. 우리나라 음악의 발상지, 거문고 음악의 발상지임을 전국적으로 알리는 일은 우리의 정체성을 세우는 일이다. 이 역시 기념관 또는 음악관을 만들 필요가 있다.

일곱째, 진감선사 이래 쌍계사는 물론 칠불사와 신흥사 등지가 우리나라 최고의 선불교 산실이었음을 알려야 한다. 쌍계사 금당의 혜능선사 초상, 칠

불사의 동국제일선원, 기타 여러 선사들의 행적 등을 발굴하여 선불교의 본
산임을 드러내야 한다. 그리고 이곳을 세계적인 참선수행센터, 또는 명상센터
로 만들어 나가야 할 것이다.

부록 / 화개동 사람들 · 주석

화개동 사람들

가

가섭(迦葉)

석가모니불의 십대 제자 중 한 사람이다. 세존이 꽃 한 송이를 들어 보이자 가섭만이 빙그레 웃었다고 하는 염화미소(拈花微笑)로 널리 알려져 있다. 석가모니불의 심법을 전해 받은 제자이다.

각성(覺性, 1575~1660)

자는 징원(澄圓), 호는 벽암(碧巖)이다. 선수(善修)의 제자가 되어 가야산 등지에서 수행하였으며, 지리산에 들어가 태능(太能) 등과 함께 수행하였다. 시에도 능해 빼어난 시게(詩揭)를 많이 남겼다. 1615년 지리산 칠불암으로 거처를 옮겼고, 1615년 지리산 신흥사에 주석하였다. 당시 대중들이 많이 몰려오자 태백산으로 들어갔다. 1624년 남한산성을 축조할 때 팔도도총섭으로 임명되어 승군을 이끌고 3년 만에 완성하였다. 1636년 병자호란 때 의병 3천 명을 이끌고 출정하였으며, 1646년 속리산 법주사에 은거하다가 입적하였다.

각훈(覺訓)

고려 무신 집권 초인 12세기 후반부터 13세기 전반까지 활동한 승려로 1230년경에 입적하였다. 저술로『해동고승전』이 있다.

강민효(姜敏孝, ?~?)
1616년 성여신과 함께 쌍계사 방면을 유람하였다.

강위(姜瑋, 1820~1884)
자는 중무(仲武), 호는 추금(秋琴), 본관은 진양이다. 민노행(閔魯行)의 문하에서 수학한 뒤, 제주도에 유배 중이던 김정희를 찾아가 사사하였다. 만년에는 방랑 생활을 하였으며, 시로 이름이 났다. 저술로『강위전집』이 있다.

강익(姜翼, 1523~1567)
자는 중보(仲輔), 호는 개암(介庵), 본관은 진양이다. 함양에 살았다. 정희보(鄭希輔)·조식에게 수학하였다. 저술로『개암집』이 있다.

계준(戒俊)
1644년 쌍계사 법당을 다시 건립한 승려이다.

계환(戒還)
1675년 쌍계사 법당을 다시 건립한 승려이다.

계흥(季興)
신라 시대 인물로 사찬을 지낸 윤흥(允興)의 아우이다. 경문왕 6년(866) 형제들이 모반을 꾀하다가 발각되어 처형되었다.

고변(高騈)
당나라 때 절도사로 황소의 난 때 토벌군을 거느렸던 장수이다.

고산(杲山, 1933~현재)
쌍계사의 조실로 고산은 법호이며, 법명은 혜원(慧元)이다. 동산선사(東山禪師)에게 출가하여 비구계를 받았으며, 쌍계사·국사암·칠불사를 중창하였다.

곽종석(郭鍾錫, 1846~1919)

자는 명원(鳴遠), 호는 면우(俛宇), 본관은 현풍이다. 지금의 경남 산청군 단성면 사월리에서 태어나 여러 곳을 옮겨다니며 살았다. 이진상에게 수학하였다. 저술로 『면우집』이 있다.

구마라습(鳩摩羅什)

중국 남북조 시대 승려로 불경을 한문으로 번역하였다.

굴원(屈原)

자는 원(原)이고, 이름은 평(平)이다. 중국 전국 시대 초나라 대부로 남방문학을 대표하는 『초사』를 지었다.

권기덕(權基德, 1856~1898)

자는 자후(子厚), 호는 삼산(三山), 본관은 안동이다. 지금의 경남 산청군 단성면에 살았다. 정재규에게 수학하였으며, 저술로 『삼산유고』가 있다.

권문해(權文海, 1534~1591)

자는 호원(灝元), 호는 초간(草澗), 본관은 예천이다. 이황의 문인으로 문과에 급제하여 관찰사 등을 지냈다. 저술로 『초간집』과 『대동운부군옥』이 있다.

권상정(權相政, 19세기 후반 출생)

자는 형오(衡五), 호는 학산(學山), 본관은 안동이다. 지금의 경남 산청군 신등면 단계에 살았다. 허유(許愈)·김인섭(金麟燮) 등에게 학문을 질정하였다. 장화식(蔣華植)·정규석(鄭珪錫) 등과 교유하였다. 저술로 『학산집』이 있다.

권청(權淸)

통일 신라 말기로부터 고려 초까지 살았던 인물로 단학설화(丹學說話)에 등장한다. 별칭을 진인(眞人), 상락군(上洛君), 또는 적상(赤裳)이라고도 한다. 홍만종의 『해동이적(海東異蹟)』등에 보인다.

권태정(權泰珽, 1879~1929)

자는 응선(應善), 호는 성재(性齋), 본관은 안동이다. 권상찬의 아들이며, 저술로 『성재유고』가 있다.

권호명(權顥明, 1778~1849)

자는 현지(見之), 호는 죽하(竹下), 본관은 안동이다. 조식의 문인인 권문임(權文任)의 후손이며, 저술로 『죽하유고』가 있다.

귀금선생(貴金先生)

신라 시대 거문고 명인으로 옥보고의 문인 속명득(續命得)에게 거문고 음악을 전수받았다.

극선(郤詵)

중국 진(晉)나라 때 빼어난 대책문(對策文)을 지어 빈공과에 합격한 인물로, 자신의 글을 곤륜산의 편옥(片玉)에 비유하였다.

기대승(奇大升, 1527~1572)

자는 명언(明彦), 호는 고봉(高峯), 본관은 행주이다. 이황의 문인으로 이황과 사단칠정에 대해 논쟁하였다. 저술로 『고봉집』이 있다.

길재(吉再, 1353~1419)

자는 재보(再父), 호는 야은(冶隱), 본관은 해평이다. 이색·정몽주 등에게 수학하였으며, 문하주서 등을 지냈다. 고려 왕조가 망할 것을 예감하고 고향 선산으로 내려가 금오산에 은거하였다. 저술로 『야은집』이 있다.

김공영(金恭永)

신라 시대 사찬(沙飡)을 지낸 인물로, 옥보고의 아버지이다.

김굉필(金宏弼, 1454~1504)

자는 대유(大猷), 호는 한훤당(寒暄堂), 본관은 서흥이다. 김종직의 문인으로 소학군자로 불렸다. 김종직 문하에서 정여창과 함께 도학으로 이름이 났으며, 문묘에 종사되었다. 저술로 『한훤당집』과 『경현록(景賢錄)』이 있다.

김극성(金克成, 1474~1540)
자는 성지(成之), 호는 우정(憂亭), 본관은 광산이다. 문과에 급제하여 경상도관찰사 등을 지냈다. 저술로 『우정집』이 있다.

김낙행(金樂行, 1708~1766)
자는 간부(艮夫), 호는 구사당(九思堂), 본관은 의성이다. 이재(李栽)의 문인으로 제문을 잘 지었다. 저술로 『구사당집』이 있다.

김대비(金大悲)
신라 시대 인물로 삼법화상과 함께 중국에서 육조 혜능선사의 정상(頂相)을 훔쳐 가지고 온 사람이라 전한다.

김도수(金道洙, ?~1742)
호는 춘주(春洲), 본관은 청풍이다. 음보(蔭補)로 지례현감 등을 지냈다. 저술로 『춘주유고』와 『창선감의록』이 있다.

김부(金溥, ?~979)
신라 마지막 임금인 경순왕으로 927년부터 935년까지 재위하였다. 이름을 부(傅) 또는 부(富)로도 쓴다.

김숙자(金叔滋, 1389~1456)
자는 자배(子培), 호는 강호산인(江湖散人), 본관은 선산이다. 길재에게 배워 아들 김종직(金宗直)에 도통을 전수하였다.

김인섭(金麟燮, 1827~1903)
자는 성부(聖夫), 호는 단계(端磎), 본관은 상산이다. 지금의 경남 산청군 신등면 법평에 살았다. 유치명·허전에게 수학하였다. 저술로 『단계집』이 있다.

김일손(金馹孫, 1464~1498)

자는 계운(季雲), 호는 탁영(濯纓), 본관은 김해이다. 김종직의 문인으로 문과에 급제하여 춘추관 기사관 등을 역임하였다. 1498년 무오사화 때 능지처참을 당하였다. 저술로『탁영집』이 있다.

김종직(金宗直, 1431~1492)

자는 계온(季昷), 호는 점필재(佔畢齋), 본관은 선산이다. 김숙자의 아들로 정몽주–길재로 이어진 도통을 계승하였으며, 사림파의 종장으로 문하에 많은 제자들이 배출되었다. 문과에 급제하여 홍문관 제학 등을 지냈다. 1498년 무오사화 때 부관참시되었다.

김지백(金之白, 1623~1670)

자는 자성(子成), 호는 담허재(澹虛齋), 본관은 부안이다. 김집(金集)의 문인이며, 저술로『담허재집』이 있다.

김창흡(金昌翕, 1653~1722)

자는 자익(子益), 호는 삼연(三淵), 본관은 안동이다. 김상헌의 증손자이며, 김창협의 동생이다. 벼슬에 관심을 두지 않고 자연을 벗 삼아 살았다. 저술로『삼연집』이 있다.

김택술(金澤述, 1884~1954)

자는 종현(鍾賢), 후창(後滄)이며, 본관은 부안이다. 전우(田愚)의 문인이며, 저술로『후창집』이 있다.

김택영(金澤榮, 1850~1927)

자는 우림(于霖), 호는 창강(滄江), 본관은 화개이다. 개성 출신으로 구한말의 문장가이다. 1905년 중국 남통(南通)으로 망명하여 출판사를 경영하면서 우리나라 정신문화를 지키려고 노력하였다. 저술로『소호당집(韶濩堂集)』등이 있다.

김현옥(金顯玉, 1844~1910)

자는 풍오(豊五), 호는 산석(山石), 본관은 김해이다. 경남 산청 출신으로 기정진의 문인이며, 저술로『산석집』이 있다.

김회석(金會錫, 1856~1934)

자는 봉언(奉彦), 호는 우천(愚川), 본관은 선산이다. 경남 거창에 살았다. 송병선(宋秉璿)에게 수학하였으며, 저술로『우천집』이 있다.

나

나옹화상(懶翁和尙, 1320~1376)

법명은 혜근(慧勤)이다. 고려 말 보우(普愚)와 함께 조선 불교의 초석을 놓은 고승이다. 저술로『나옹화상어록』이 있다.

남악(南嶽, 677~744)

중국 당나라 때 선사인 회양(懷讓)의 법호이다.

남주헌(南周憲, 1769~1821)

자는 문보(文甫), 호는 의재(宜齋)이며, 본관은 의령이다. 문과에 급제하여 함양군수 등을 지냈다. 저술로『의재집』이 있다.

남진학(南趁學)

과거에 합격하여 벼슬을 하다가 1591년 기묘사화 때 전라도 곡성에 유배되어 그곳에 정착한 사람으로, 연단술(煉丹術)을 익혔다고 전한다.

남효온(南孝溫, 1454~1492)

자는 백공(伯恭), 호는 추강(秋江), 본관은 의령이다. 김종직의 문인으로 생육신의 한 사람이다. 저술로『추강집』이 있다.

노계량(盧季良)

19세기 노광무(盧光懋)의 족인(族人)으로 지리산 화개동에 농산재(籠山齋)를 짓고 살던 사람이다.

노광무(盧光懋, 1808~1894)

자는 순가(舜嘉), 호는 구암(懼菴), 본관은 풍천이다. 경남 함양군 지곡면 개평(介坪) 마을에서 태어났으며, 노광리(盧光履)에게 수학하였다. 저술로『구암집』이 있다.

노진(盧禛, 1518~1578)

자는 자응(子膺), 호는 옥계(玉溪), 본관은 풍천이다. 경남 함양 출신으로 문과에 급제하여 이조 판서 등을 지냈다. 저술로『옥계집』이 있다.

농옥공주(弄玉公主)

춘추 시대 진 목공(秦穆公)의 딸로 피리를 불면 화산(華山)의 봉황이 날아왔다고 한다.

능선사(能禪師, 1506~1544)

조능선사(祖能禪師)라고도 하며, 호는 추월(秋月)이다. 벽송(碧松) 지엄(智嚴)의 심인(心印)을 이었으며, 평생 눕지 않고 정진하였다고 한다. 또 칠불암에 주석할 때 밤에 돌을 짊어지고 쌍계사 금당에 가서 참배하고 돌아오는 수행을 하였다고 하며, 호랑이를 만나 몸을 보시하고자 하였는데 호랑이가 머리를 숙이고 곁에서 호위하였다고 한다.

다

담공선사(曇空禪師)

신라 효공왕 때 승려로 칠불사 아자방을 처음 만들었다고 한다.

담시(曇始)

후진(後秦) 때 승려인 구마라습(鳩摩羅什)의 제자이다. 발이 얼굴보다 더 희었으며, 아무리 진흙탕 물을 건너도 더럽혀지지 않아 당시 사람들이 그를 백족화상(白足和尙)이라 불렀다고 한다.

대균(大均)
1675년 쌍계사 법당을 재건한 승려이다.

도연명(陶淵明, 365~427)
진(晉)나라 때 문인학자인 도잠(陶潛)을 말함. 연명은 그의 자이다. 「귀거래사」 등 유명한 시문을 지었다.

도의선사(道義禪師)
통일 신라 시대 승려로, 780년 당나라에 가서 지장(智藏)에게 불법을 전해 받고, 821년 귀국하여 남종선을 전하였다. 구산선문 중 가지산파(迦智山派)의 개조이다.

도잠(道岑)
1675년 쌍계사 법당을 재건한 승려이다.

도정(道淨)
1674년 쌍계사 현당(玄堂)과 승당(僧堂)을 재건한 승려이다.

마

마야부인(摩倻夫人)
석가모니의 어머니이다.

마의태자(麻衣太子)
신라 마지막 임금인 경순왕의 태자이다.

몽산(蒙山)
중국 원나라 때 승려로 나옹화상과 교유하였다. 저술로 「육도보설(六道普說)」·「수심결(修心訣)」 등이 있다.

묘담(妙湛)

1625년 쌍계사의 현당(玄堂)을 지은 승려이다.

무주조사(無住祖師)

지리산 화개동 의신사에 주석한 승려로 상무주(上無住)의 경지에 이른 뒤 무주조사라 하였다.

문진호(文晉鎬, 1860~1901)

자는 국지(國之), 호는 석전(石田), 본관은 강성이다. 저술로『석전유고』가 있다.

문홍운(文弘運, 1577~1640)

자는 여간(汝幹), 호는 매촌(梅村), 본관은 남평이다. 경남 진주에 살았으며, 성여신 등을 종유하였다.

민대륜(閔大倫)

17세기 인물로 구례현감과 김제군수 등을 지냈다.

바

박규호(朴圭浩, 1850~1930)

자는 찬여(瓚汝), 호는 사촌(沙村), 본관은 밀양이다. 지금의 경남 산청군 단성면 사월리에 살았다. 이진상에게 수학하였다. 저술로『사촌집』이 있다.

박래오(朴來吾, 1713~1785)

자는 복초(復初), 호는 니계(尼溪), 본관은 밀양이다. 지금의 경남 산청군 단성면 사월리에 살았다. 저술로『니계집』이 있다.

박민(朴敏, 1566~1630)

자는 행원(行遠), 호는 능허(凌虛), 본관은 태안이다. 경남 진주 출신으로 정구에게 수학하였으며, 성여신 등을 종유하였다. 저술로 『능허집』이 있다.

박제가(朴齊家, 1750~1805)

자는 차수(次修), 호는 초정(楚亭), 본관은 밀양이다. 조선 후기 북학파의 한 사람으로 박지원 등을 종유하였다. 저술로 『초정집』이 있다.

박제익(朴濟翊)

19세기 말의 인물로 김현옥(金顯玉)과 함께 정여창이 독서하던 악양정에서 『소학』을 강독하는 강회를 한 인물이다.

박지원(朴趾源, 1737~1805)

자는 미중(美仲), 호는 연암(燕巖), 본관은 반남이다. 조선 후기 이용후생학파의 종장으로 홍대용·박제가 등과 교유하였다. 음보(蔭補)로 안의현감 등을 지냈으며, 저술로 『연암집』등이 있다.

박지화(朴枝華, 1513~1592)

자는 군실(君實), 호는 수암(守庵), 본관은 정선이다. 서경덕의 문인으로 유교·불교·도교에 두루 통하였다. 저술로 『수암유고』가 있다.

백광훈(白光勳, 1537~1582)

자는 창경(彰卿), 호는 옥봉(玉峯), 본관은 해미이다. 삼당시인의 한 사람이며, 저술로 『옥봉집』이 있다.

백아(伯牙)

중국 춘추 시대 거문고의 명인으로, 벗 종자기(鍾子期)가 그의 거문고 소리를 잘 알아들어 지음(知音)이라는 고사가 생겨났다.

백이(伯夷)·숙제(叔齊)

중국 은나라 말기 고죽국(孤竹國)의 왕자로 주나라 무왕이 은나라 주왕(紂王)을 무력으로 정벌하려 하자 말고삐를 붙잡고 간언을 하였는데 받아들여지지 않자, 수양산에 들어가 주나라의 곡식을 먹지 않고 고사리를 캐 먹고 살며 청렴을 지킨 인물이다. 맹자가 이들을 재평가하여 성인 중에서 청자(淸者)라 하였다.

벽송대사(碧松大師, 1464~1534)

법명은 지엄(智嚴)이다. 1520년 지리산 벽송사를 중창하였다.

벽암화상(碧巖和尙, 1575~1660) → 각성(覺性)

변사정(邊士貞, 1529~1596)

자는 중간(仲幹), 호는 도탄(桃灘), 본관은 장연(長淵)이다. 노진(盧禛)과 이항(李恒) 문하에서 수학하였으며, 전북 남원 운봉에 은거하였다. 저술로『도탄집』이 있다.

보열(寶悅)

1720년 지리산 신흥사에 주석한 승려이다.

부구자(浮丘子)

중국 주(周)나라 영왕(靈王) 때의 선인이다.

부휴조사(浮休祖師, 1543~1615)

법명은 선수(善修)이며, 벽암 각성의 스승이다.

사

사영운(謝靈運, 385~433)

중국 진(晉)나라 때의 시인으로 강락공(康樂公)이라 한다.

삼법화상(三法和尙)

중국에 가서 육조 혜능선사의 정상(頂相)을 가지고 와서 지리산 옥천사(玉泉寺)에 봉안한 승려라고 전한다.

석규(碩圭)

1674년 쌍계사 현당(玄堂)과 승당(僧堂)을 재건한 승려이다.

선도성모(仙桃聖母)

중국 황실의 딸로 일찍이 신선술을 배워 해동에 와서 머물렀다고 하는 선인이다.

설매대사(雪梅大師)

1646년 쌍계사 팔영루를 중건한 승려이다.

성박(成鑮, 1571~1618)

자는 이선(而善), 호는 매죽헌(梅竹軒), 본관은 창녕이다. 성여신의 아들로 정인홍에게 배웠다.

성순(成錞, 1590~1659)

자는 이진(而振), 호는 천재(川齋), 본관은 창녕이다. 성여신의 아들이며, 저술로『천재집』이 있다.

성여신(成汝信, 1546~1632)

자는 공실(公實), 호는 부사(浮査), 본관은 창녕이다. 조식의 문인이며, 저술로『부사집』등이 있다.

성연(性演)

1674년 쌍계사의 현당(玄堂)과 승당(僧堂)을 다시 지은 승려이다.

성총(性聰, 1631~1700)

법호는 백암(栢庵)이다. 지리산에 들어가 수초(守初) 밑에서 불경을 공부하여 그 법맥을 이었다. 송광사와 쌍계사 등지에서 학승들을 지도하였다. 불법홍통종사(不法弘通宗師)로 추앙을 받았으며, 지리산 신흥사에서 입적하였다.

소동파(蘇東坡, 1037~1101)

소식(蘇軾)을 말함. 자는 자첨(子瞻), 동파(東坡)는 호이다. 북송 시대 사천성 출신으로 당송팔대가의 한 사람이다. 시문과 서화에 모두 능하였다.

소보(巢父)

중국 요임금 때 은사이다.

속명득(續命得)

지리산 운상원에서 옥보고에게 거문고를 전수받은 인물이다.

송광연(宋光淵, 1638~1695)

자는 도심(道深), 호는 범허정(泛虛亭), 본관은 여산(礪山)이다. 문과에 급제하여 진주목사 등을 지냈다. 저술로 『범허정집』이 있다.

송병선(宋秉璿, 1836~1905)

자는 화옥(華玉), 호는 연재(淵齋), 본관은 은진이다. 송시열의 9세손으로 대전시 회덕에 살았다. 을사늑약 이후 자결하였다. 저술로 『연재집』이 있다.

송병순(宋秉珣, 1839~1912)

자는 동옥(東玉), 호는 심석재(心石齋), 본관은 은진이다. 송시열의 9세손이며 송병선의 아우로, 대전시 회덕 출신이다. 저술로 『심석재집』이 있다.

숙흥(叔興)

신라 시대 인물로 남원공사를 지낸 윤흥(允興)의 아우이다. 경문왕 6년(866) 형제들이 모반을 꾀하다가 발각되어 처형되었다.

신감대사(神鑑大師)

중국 당나라 때 승려로, 진감선사가 804년 당나라에 가서 신감선사에게 계를 받았다.

신명구(申命着, 1666~1742)

자는 국수(國叟), 호는 남계(南溪), 본관은 평산이다. 지금의 경북 칠곡군 약목면에 살았는데, 한동안 지리산 덕산에 우거하였다. 저술로 『남계집』이 있다.

신즙(申楫, 1580~1639)

자는 여섭(汝涉), 호는 하음(河陰), 본관은 영해이다. 정경세의 문인으로 문과에 급제하여 사복시 정(正, 정3품) 등을 지냈으며, 병자호란 때에는 의병을 일으켰다.

심광세(沈光世, 1577~1624)

자는 덕현(德顯), 호는 휴옹(休翁), 본관은 청송이다. 심의겸의 손자로 문과에 급제하여 홍문관 교리 등을 지냈다. 경상도 고성에 유배되었을 때 『해동악부』를 지었다. 저술로 『휴옹집』이 있다.

심약(沈約)

중국 남북조 시대 남조 양(梁)나라의 문학가이다. 시가의 성률을 중시하여 후대 율시의 형성과 변려문의 발전에 영향을 끼쳤다.

심저량(沈諸梁)

중국 춘추 시대 초(楚)나라 섭현(葉縣)의 수령을 지낸 인물이다. 그는 용을 매우 좋아하여 자기 주변의 곳곳에 용을 새겨 놓았는데, 하늘의 용이 그 소문을 듣고 내려와 창문에 머리를 내밀고 마루에 꼬리를 걸치자, 기겁을 하여 달아났다고 한다.

아

안덕문(安德文, 1747~1811)
자는 장중(章仲), 호는 의암(宜庵), 본관은 탐진이다. 경남 의령에 살았다. 저술로『의암집』이 있다.

안유(安裕, 1243~1306)
안향(安珦)을 말함. 조선 문종의 이름이 향(珦)인지라 그의 이름을 안유로 바꾸어 불렀다. 호는 회헌(晦軒)이다. 원나라에 가서『주자전서』를 필사하여 돌아와 주자학을 보급하였다.

안익제(安益濟, 1850~1909)
자는 의겸(義謙), 호는 서강(西岡), 본관은 탐진이다. 안덕문(安德文)의 현손으로 경남 의령에 살았다. 저술로『서강유고』가 있다.

안장(安長)
지금의 전북 남원 출신으로 신라 때 지리산 운상원에 들어가 옥보고가 전한 거문고 음악을 전수받았다.

안정복(安鼎福, 1712~1791)
자는 백순(百順), 호는 순암(順菴), 본관은 광주(廣州)이다. 이익의 문인이며, 저술로『동사강목』·『순암집』등이 있다.

안진경(顔眞卿, 709~785)
중국 당나라 때 명필가이다.

양경우(梁慶遇, 1568~1629)
자는 자점(子漸), 호는 제호(霽湖), 본관은 남원이다. 임진왜란 때 부친 양대박을 따라 의병을 일으켰으며, 부친의 명으로 고경명(高敬命)의 막하에 나아가서 서기가 되었다. 문과에 급제하여 홍문관 교리 등을 지냈다. 저술로『제호집』등이 있다.

양대박(梁大樸, 1543~1592)

자는 사진(士眞), 호는 청계도인(靑溪道人), 본관은 남원이다. 목사를 지낸 양의(梁艤)의 아들이자, 양경우의 아버지이다. 남원 출신으로 임진왜란 때 의병을 일으켰으며, 저술로 『청계유고』가 있다.

양재경(梁在慶, 1859~1918)

자는 여정(汝正), 호는 희암(希庵)이며, 본관은 제주이다. 1876년 일본이 화친을 요구하자 음식을 끊고 통분했으며, 최익현이 이를 반대하는 상소를 하자 "우리나라에 인재가 없다는 기롱은 면하게 되었구나"라고 하였다. 노사학파의 일원으로 기우만·정재규·최익현 등에게 학문을 질정하였다. 저술로 『희암유고』가 있다.

양회갑(梁會甲, 1884~1961)

초명은 회을(會乙), 자는 원숙(元淑), 호는 정재(正齋)이며, 본관은 제주이다. 전라도 화순 출신으로 기우만의 문하에서 배웠다. 저술로 『정재집』이 있다.

어득강(魚得江, 1470~1550)

자는 자순(子舜), 호는 관포(灌圃), 본관은 함종이다. 경남 진주 인근에 살았으며, 문과에 급제하여 대사간 등을 지냈다. 저술로 『동주집(東洲集)』등이 있다.

엄광(嚴光)

후한 광무제(光武帝)의 동문수학한 벗으로 부춘산(富春山)에 은거하여 세상에 나아가지 않았다.

오국헌(吳國獻, 1599~1672)

자는 중현(仲賢), 호는 어은(漁隱), 본관은 해주이다. 김장생의 문인으로 경상도 단성에 살았으며, 저술로 『어은유고』가 있다.

오두인(吳斗寅, 1624~1689)

자는 원징(元徵), 호는 양곡(陽谷), 본관은 해주이다. 백부 오숙(吳翻)에게 입양되었다. 문과에 급제하여 홍문관 부교리 등을 역임하였다. 저술로『양곡집』이 있다.

오숙(吳翽, 1592~1634)

자는 숙우(肅羽), 호는 천파(天坡), 본관은 해주이다. 문과에 급제하여 경상도관찰사 등을 지냈다. 저술로『천파집』이 있다.

옥륜(玉輪)

1561년 신흥사 입구 홍류교와 능파각을 창건한 승려이다.

옥보고(玉寶高)

신라 경덕왕 때 사찬 공영(恭永)의 아들로, 지리산 운상원에 들어가 50년 동안 거문고를 배워 스스로 거문고 음악 30곡을 지어 전수했다.

옥정(玉井)

1618년 지리산 의신사 주지를 역임한 승려이다.

왕자교(王子喬)

중국 주(周)나라 영왕(靈王)의 아들로 생황을 즐겨 불었으며, 부구공(浮丘公)을 만나 숭산(嵩山)으로 들어가 신선이 되었다고 한다.

요장로(了長老)

1489년 지리산 신흥사에 주석한 승려이다.

용담(龍潭)

1862년 쌍계사의 주지를 지냈는데, 당시 쌍계사의 말사였던 목압사(木鴨寺)의 석탑을 옮겨다 육조 혜능선사의 초상이 걸려 있던 금당(金堂)에 안치했다. 그때부터 그 석탑을 육조정상탑이라 부르게 되었다.

우탁(禹倬, 1262~1342)

자는 천장(天章), 호는 백운(白雲), 본관은 단양이다. 고려 말 성균좨주 등을 지냈으며,

원나라에서 정주학을 들여왔다. 정이(程頤)가 지은 『주역』정전(程傳)을 아는 사람이 없어 방문을 닫고 연구하여 학생들에게 가르쳤다.

원진(元稹, 779~831)
중국 당나라 때 문학가이다.

위숙왕후(威肅王后)
고려 태조의 어머니이다.

유계승(劉啓承)
19세기 말 정여창이 독서하던 악양정에서 김현옥(金顯玉)이 주도한 소학강회(小學講會)에 참여한 인물이다.

유득공(柳得恭, 1748~1807)
자는 혜풍(惠風), 호는 영재(泠齋), 본관은 문화이다. 정조 때 규장각 검서를 지냈다. 저술로 『영재집』과 『발해고』 등이 있다.

유마힐(維摩詰)
석가모니불의 세속 제자로 『유마경』을 지었다.

유몽인(柳夢寅, 1559~1623)
자는 응문(應文), 호는 어우당(於于堂), 본관은 고흥이다. 문과에 장원급제하여 대사간 등을 지냈다. 인조반정 이후 역모를 꾸민다는 모함을 받고 사사되었다. 저술로 『어우당집』이 있다.

유문룡(柳汶龍, 1753~1821)
자는 문현(文見), 호는 괴천(槐泉), 본관은 진주이다. 지금의 경남 산청군 단성면에 살았다. 정종로(鄭宗魯)에게 수학하였다. 저술로 『괴천집』이 있다.

유하혜(柳下惠)

중국 춘추 시대 노나라의 현신이다. 맹자가 성지화자(聖之和者)로 추숭했으며, 조식이 존경한 인물이다.

유호인(兪好仁, 1445~1494)

자는 극기(克己), 호는 뇌계(㵢溪), 본관은 고령이다. 경남 함양 출신으로 김종직의 문인이며, 문과에 급제하여 거창현감 등을 지냈다. 저술로 『뇌계집』이 있다.

육구연(陸九淵, 1139~1192)

자는 자정(子靜), 호는 상산(象山)이다. 중국 강서성 출신으로 송대 심학(心學)을 주창한 성리학자이다.

육수정(陸修靜)

중국 남북조 시대의 도사로 도연명 등과 교유하였다. 여산 동림사에 주석한 혜원(慧遠)의 호계삼소(虎溪三笑)의 고사에 나오는 인물이다.

윤기(尹愭, 1741~1826)

자는 경부(敬夫), 호는 무명자(無名子), 본과는 파평이다. 이익의 문인으로 문과에 급제하여 종부시 주부 등을 지냈다. 저술로 『무명자집』이 있다.

윤기빙(尹起聘, 1556~?)

자는 응삼(應三), 본관은 파평이다. 한양 출신으로 생원시에 합격하여 진위현령 등을 지냈다.

윤현변(尹懸辯)

17세기 인물로 서산대사의 제자인 소요화상(逍遙和尙)의 문하에서 수학하였으며, 「청학동가」를 지었다.

윤흥(允興)

신라 시대 남원공사를 지낸 인물로 경문왕 6년(866) 아우들과 모반을 꾀하다가 발각되어 처형되었다.

응윤(應允, 1743~1804)

지리산에 주석한 승려로 호는 경암(鏡巖)이다. 저술로『경암집』이 있다.

의공(義空)

1489년 쌍계사에 주석한 승려로 팔영루를 중건하려고 하였다.

의문(義文)

1487년 쌍계사에 주석한 승려이다.

의순(義淳)

1644년 쌍계사 법당을 다시 짓고 단청을 한 승려이다.

의신조사(義神祖師)

어느 시대 승려인지 자세하지 않다. 지리산 의신사에 주석하였다.

이관의(李寬義, ?~?)

자는 의지(義之), 호는 율정(栗亭), 본관은 광주(廣州)이다. 15세기 후반 경기도 이천에 살던 성리학자이다.

이규경(李圭景, 1788~?)

자는 백규(伯揆), 호는 오주(五洲), 본관은 전주이다. 이덕무의 손자로『오주연문장전산고』를 저술하였다.

이달(李達, 1539~1612)

자는 익지(益之), 호는 손곡(蓀谷), 본관은 홍주(洪州)이다. 삼당시인의 한 사람으로 허균의 스승이다. 저술로『손곡집』이 있다.

이륙(李陸, 1438~1488)

자는 방옹(放翁), 호는 청파(靑坡), 본관은 고성(固城)이다. 한양에서 출생하였으며, 지리산 단속사에서 독서하였다. 1464년 문과에 합격하여 성균관 대사성 등을 지냈다. 저술로 『청파집』등이 있다.

이병욱(李炳郁)

19세기 말 정여창이 독서하던 악양정에서 김현옥(金顯玉)이 주도한 소학강회(小學講會)에 참여한 인물이다.

이병헌(李炳憲)

19세기 말 정여창이 독서하던 악양정에서 김현옥(金顯玉)이 주도한 소학강회(小學講會)에 참여한 인물이다.

이보림(李普林, 1903~1974)

자는 제경(濟卿), 호는 월헌(月軒), 본관은 전주이다. 전우(田愚)에게 수학하였으며, 저술로 『월헌집』이 있다.

이성계(李成桂, 1335~1408)

조선 왕조 태조로 1392년부터 1398년까지 재위하였다.

이수광(李睟光, 1563~1628)

자는 윤경(潤卿), 호는 지봉(芝峯), 본관은 전주이다. 대사간 등을 지냈으며, 저술로 『지봉유설』이 있다.

이수안(李壽安, 1859~1929)

호는 매당(梅堂), 본관은 재령이다. 경남 진주에 살았으며, 저술로 『매당집』이 있다.

이순인(李純仁, 1533~1592)

자는 백생(伯生), 호는 고담(孤潭), 본관은 전의이다. 한양 출신으로 이황 등에게 배웠다. 저술로 『고담유고』가 있다.

이용(李瑢, 1418~1453)

자는 청지(淸之), 호는 비해당(匪懈堂), 본관은 전주이다. 세종의 셋째 아들로 안평대군(安平大君)에 봉해졌다. 시·서·화에 모두 능하여 삼절(三絶)로 일컬어졌다. 1453년 계유정난 때 강화도로 유배되었다가 사사되었다.

이유(李濰, 1669~1742)

자는 봉익(鳳翼), 호는 용포(龍浦), 본관은 여주이다. 문과에 합격하여 사헌부 장령 등을 지냈다. 저술로 이동표(李東標)·이현일(李玄逸) 등에게 배웠다. 저술로 『용포집』이 있다.

이윤(伊尹)

중국 상(商)나라 초기의 현신(賢臣)으로, 탕(湯)임금을 도와 태평 시대를 열었다.

이인로(李仁老, 1152~1220)

자는 미수(眉叟), 호는 쌍명재(雙明齋), 본관은 경원이다. 고려 무신 집권기의 문인으로, 임춘(林椿)·오세재(吳世才) 등과 어울려 죽림고회(竹林高會)를 결성하였다.

이자겸(李資謙, ?~1126)

본관은 경원(慶源)이다. 나말여초 인주(仁州) 지역의 호족으로 고려 인종 때 정권을 장악하여 전횡하였다.

이자현(李資玄, 1061~1125)

자는 진정(眞靖), 호는 청평거사(淸平居士), 본관은 인주(仁州)이다. 과거에 급제하여 대악서승(大樂署丞)이 되었으나, 관직을 버리고 춘천 청평산에 들어가 암자를 짓고 선(禪)을 즐기며 살았다.

이재의(李載毅, 1772~1839)

자는 여홍(汝弘), 호는 문산(文山), 본관은 전주이다. 송계간(宋啓幹)의 문인으로 홍직필과 동문수학하였다. 저술로 『문산집』이 있다.

이정(李楨, 1512~1571)

자는 강이(剛而), 호는 구암(龜巖), 본관은 동성(東城)이다. 이황의 문인이며, 저술로『구암집』이 있다.

이주대(李柱大, 1689~1755)

자는 이극(爾極), 호는 명암(冥菴), 본관은 벽진(碧珍)이다. 경북 칠곡 출신이며, 저술로『명암집』이 있다.

이중훈(李重訓)

자는 근지(謹之)이며, 본관은 전의이다. 이공량(李公亮)의 손자로 지리산에 은거하였으며, 1616년 성여신과 함께 쌍계사 등지를 유람하였다.

이택환(李宅煥, 1854~1924)

자는 형락(亨洛), 호는 회산(晦山), 본관은 성주이다. 정재규의 문인이며, 저술로『회산집』이 있다.

이황(李滉, 1501~1570)

자는 경호(景浩), 호는 퇴계(退溪), 본관은 진성이다. 문과에 급제하여 성균관 대사성 등을 지냈다. 저술로『퇴계집』등이 있다.

임훈(林薰, 1500~1584)

자는 중성(仲成), 호는 갈천(葛川), 본관은 은진이다. 안의에 살았으며, 조식과 교유하였다. 저술로『갈천집』이 있다.

자

장석신(張錫藎, 1841~1923)
자는 순명(舜鳴), 호는 과재(果齋), 본관은 인동이다. 경북 칠곡에 살았으며, 장복추(張福樞)에게 배웠다. 저술로『과재집』이 있다.

장지(張芝)
중국 전한(前漢) 때 사람으로 자는 백영(伯英)이다. 초서를 잘 써서 초성(草聖)으로 불렸다.

저수량(楮遂良, 596~658)
중국 당나라 때의 서예가로 해서(楷書)에 뛰어났다.

전기주(全基柱, 1855~1917)
자는 방언(邦彦), 호는 국포(菊圃), 본관은 전주이다. 전치원(全致遠)의 후손으로 경남 진주 출신이다. 정재규에게 배웠으며, 최익현과 기우만에게도 찾아가 배웠다. 저술로『국포유고』가 있다.

정규석(鄭珪錫, 1876~1954)
자는 성칠(聖七), 호는 성재(誠齋), 본관은 해주이다. 경남 진주에 살았다. 정재규에게 수학하였다. 저술로『성재집』이 있다.

정기수(鄭基洙)
19세기 말 정여창이 독서하던 악양정에서 김현옥(金顯玉)이 주도한 소학강회(小學講會)에 참여한 인물이다.

정달석(鄭達錫, 1845~1886)
자는 백춘(伯春), 호는 호은(湖隱), 본관은 해주이다. 저술로『호은시고』가 있다.

정대순(鄭大淳, 1552~?)

자는 희숙(熙叔), 호는 옥봉(玉峯), 본관은 영일〔연일〕이다. 임진왜란이 끝난 뒤 덕천서원을 중건할 적에 실무를 맡았다.

정몽주(鄭夢周, 1337~1392)

자는 달가(達可), 호는 포은(圃隱), 본관은 영일〔연일〕이다. 이색의 문하에서 수학하였다. 저술로 『포은집』이 있다.

정복주(鄭復周)

본관은 하동이며, 정여창의 조부로 판전농시사(判典農寺事)를 지냈다.

정석귀(丁錫龜, 1772~1833)

자는 우서(禹瑞), 호는 허재(虛齋)이며, 본관은 창원이다. 전북 남원 출신으로 정염(丁焰)의 후손이다. 이석하(李錫夏)와 송환기(宋煥箕)에게 배웠다. 저술로 『허재유고』가 있다.

정식(鄭栻, 1683~1746)

자는 경보(敬甫), 호는 명암(明庵), 본관은 해주이다. 경남 진주에 살았다. 저술로 『명암집』이 있다.

정약용(丁若鏞, 1762~1836)

자는 미용(美鏞), 호는 다산(茶山)·여유당(與猶堂), 본관은 나주이다. 문과에 급제하여 병조 참지 등을 지냈다. 조선 후기 실학을 집대성한 인물이며, 저술로 『여유당전서』등이 있다.

정여창(鄭汝昌, 1450~1504)

자는 백욱(伯勖), 호는 일두(一蠹), 본관은 하동이다. 경남 함양 출신으로 김종직에게 배웠다. 문과에 급제하여 안의현감 등을 지냈다. 무오사화 때 종성으로 유배되었으며, 갑자사화 때 부관참시되었다. 저술로 『문헌공실기』가 있다.

정육을(鄭六乙)

본관은 하동이며, 정여창의 부친으로 함길도 병마우후(咸吉道兵馬虞侯)를 지냈다.

정이(程頤, 1033~1107)

자는 정숙(正叔), 호는 이천(伊川)이다. 형 정호(程顥)와 함께 북송 시대 이학(理學)을 창도하였다. 저술로 『이정전서(二程全書)』가 있다.

정재규(鄭載圭, 1843~1911)

자는 후윤(厚允), 호는 노백헌(老栢軒), 본관은 초계이다. 지금의 경남 합천군 쌍백면 묵동에 살았다. 기정진에게 수학하였다. 저술로 『노백헌집』이 있다.

정종엽(鄭鐘燁)

일제강점기 때의 학자로, 자는 택신(宅新), 호는 수당(修堂), 본관은 동래이다. 저술로 『수당집』이 있다.

정택중(鄭宅中, 1851~1927)

자는 응진(應辰), 호는 국포(菊圃), 본관은 진양이다. 곤명에 거주하였으며, 저술로 『국포유고』가 있다.

정환주(鄭煥周, 1833~1899)

자는 명신(命新), 호는 미산(薇山), 본관은 하동이다. 저술로 『미산유고』가 있다.

조광조(趙光祖, 1482~1519)

자는 효직(孝直), 호는 정암(靜庵), 본관은 한양이다. 김굉필에게 수학하였으며, 도학정치를 최초로 펴고자 했던 사림파의 인물이다. 기묘사화 때 사사되었다. 저술로 『정암집』이 있다.

조비(曹丕, 187~226)

중국 위(魏)나라 황제로 조조의 셋째 아들이다.

조성가(趙性家, 1824~1904)

자는 직교(直敎), 호는 월고(月皐), 본관은 함안이다. 지금의 경남 하동군 옥종면에 살았다. 기정진에게 수학하였다. 저술로『월고집』이 있다.

조식(曺植, 1501~1572)

자는 건중(健仲), 호는 남명(南冥), 본관은 창녕이다. 어려서 부친을 따라 한양으로 올라가 성장하였으며, 30세 이후 김해·삼가·덕산 등지에서 살았다. 사화기에 출처의 대절을 보였으며, 심성을 수양하는 실천적인 학풍을 수립하였다. 저술로『남명집』과『학기류편』이 있다.

조연(助演)

1561년 지리산 신흥사 입구의 홍류교와 능파각을 창건한 승려이다.

조위한(趙緯韓, 1567~1649)

자는 지세(持世), 호는 현곡(玄谷), 본관은 한양이다. 문과에 급제하여 공조 참판 등을 지냈다. 저술로『현곡집』이 있다.

조조(曹操, 155~220)

중국 후한 말기의 승상으로 위(魏)나라를 세운 인물이다.

조지서(趙之瑞, 1454~1504)

자는 백부(伯符), 호는 지족당(知足堂), 본관은 임천이다. 1474년 문과에 급제하여 세자 시강원 보덕 등을 역임하였다. 갑자사화 때 참살되었다.

종자기(鍾子期)

중국 춘추 시대 초나라 사람으로 백아(伯牙)의 거문고 소리를 듣고 그의 마음을 알아 지음(知音)으로 일컬어진 사람이다.

주돈이(周敦頤, 1017~1073)

자는 무숙(茂叔), 호는 염계(濂溪)이다. 북송오군자의 한 사람으로 신유학사상을 정립하는 데 공헌하였다. 저술로『통서(通書)』등이 있다.

중섬(仲暹)

1540년 쌍계사 중수를 조정에 건의하여 허락을 받은 승려이다.

지청(智淸)

1625년 쌍계사 현당(玄堂)을 지은 승려이다.

지협(智冾)

1646년 쌍계사 팔영루를 중건한 승려이다.

진감선사(眞鑑禪師, 774~850)

법명은 혜소(慧昭)이며, 진감은 시호이다. 중국으로 가서 신감선사(神鑑禪師)에게 불법을 전해 받고 돌아와 선문을 개창하였다. 얼굴이 검어 흑두타(黑頭陀)로 불렸다고 한다. 최치원이 지은 쌍계사 진감선사비에 그의 행적이 상세히 기록되어 있다.

차

천준(天俊)

1675년 쌍계사 은선당(隱仙堂)을 지은 승려이다.

청운(淸雲)

1675년 쌍계사 은선당(隱仙堂)을 지은 승려이다.

청장(淸長)

지금의 전북 남원 출신으로 신라 때 지리산 운상원에 들어가 옥보고가 전한 거문고 음악을 전수받았다.

최경창(崔慶昌, 1539~1583)

자는 가운(嘉運), 호는 고죽(孤竹), 본관은 해주이다. 박순의 문인으로 문과에 급제하여 영광군수 등을 지냈다. 이달·백광훈과 함께 삼당시인으로 일컬어지며, 저술로『고죽유고』가 있다.

최숙민(崔琡民, 1837~1905)

자는 원칙(元則), 호는 계남(溪南), 본관은 전주이다. 기정진의 문하에서 수학하였다. 저술로『계남집』이 있다.

최익현(崔益鉉, 1833~1907)

자는 찬겸(贊謙), 호는 면암(勉菴), 본관은 경주이다. 경기도 포천에 살았다. 이항로(李恒老)에게 수학하였다. 저술로『면암집』이 있다.

최충헌(崔忠獻, 1149~1219)

본관은 우봉(牛峯)이다. 고려 시대 무신으로 1196년 이의민을 제거하고 정권을 장악하여 최씨 무신정권을 확립하였다.

최치원(崔致遠, 857~?)

자는 고운(孤雲)이며, 본관은 경주이다. 신라 육두품 출신으로 12세에 당나라로 건너가 빈공과에 합격하여 표수현위(漂水縣尉) 등을 지냈다. 879년 황소의 난에 고변(高駢)의 종사관으로 참전하여 격문을 지어 천하에 이름을 떨쳤다. 882년 자금어대를 하사받았고, 885년 귀국하여 천령태수 등을 지냈다. 신라 말의 혼란스런 정국에 실망한 그는 가야산과 지리산에 들어가 은거하였다. 저술로『계원필경』등이 있다.

추붕(秋鵬, 1651~1706)

법호는 설암(雪巖)이다.

충언선사(忠彦禪師)

지리산 신흥사를 창건한 승려이다.

카

쾌선사(快禪師)
18세기 전반 지리산 신흥사에 주석한 선사이다.

타

태능선사(太能禪師)
17세기 전반 지리산 신흥사에 주석한 선사이다.

태휘선사(太暉禪師)
18세기 초 지리산 무위암에 주석한 승려이다.

퇴은(退隱)
15세기 후반 지리산 신흥사에 주석한 승려이다.

하

하겸진(河謙鎭, 1870~1946)
자는 숙형(叔亨), 호는 회봉(晦峯), 본관은 진양이다. 경남 진주 수곡에 살았다. 곽종석에게 수학하였다. 저술로 『회봉집』이 있다.

하봉수(河鳳壽, 1867~1939)
자는 채오(采五), 호는 백촌(栢村), 본관은 진양이다. 경남 진주 백곡에 살았다. 곽종석에게 수학하였다. 저술로 『백촌집』이 있다.

하용제(河龍濟, 1854~1919)

자는 은거(殷巨), 호는 약헌(約軒), 본관은 진양이다. 곽종석의 문인이다. 저술로『약헌집』이 있다.

하익범(河益範, 1767~1813)

자는 서중(敍中), 호는 사농와(士農窩), 본관은 진양이다. 경남 진주 단목에 살았다. 송환기(宋煥箕)에게 수학하였다. 저술로『사농와집』이 있다.

하장식(河章植, 1873~1941)

자는 문휴(文休), 호는 모산(某山), 본관은 진양이다. 저술로『모산시고』가 있다.

한성(罕醒, 1801~1876)

호는 침명당(枕溟堂)이며, 전라도 고흥 출신으로 송광사·선암사 등지에 주석하였다. 1875년「영남 하동 쌍계사사적기문(嶺南河東雙磎寺寺蹟記文)」을 지었다.

한유한(韓惟漢)

고려 무신 집권기에 화란이 일어날 것을 예견하고 지리산에 은거한 인물이다.

해공(解空)

김종직이 1472년 지리산을 유람할 적에 길을 안내한 승려이다.

허유(許由)

중국 고대의 은자로, 요임금이 천하를 물려주겠다고 하자, 더러운 말을 들었다고 여겨 귀를 씻었다.

허형(許衡, 1279~1368)

중국 원나라 때 학자로 정주학을 위주로 하였다. 국자좨주를 지냈으며, 저술로『허문정공유서(許文正公遺書)』가 있다.

현안(玄眼)

18세기 전반기의 승려로 법호는 명곡(明谷)이다.

현욱선사(玄昱禪師)

837년 봉림산문(鳳林山門)을 개창한 선승이다.

형수좌(泂首坐)

1487년 남효온이 칠불사를 유람하였을 적에 칠불사에 주석한 승려이다.

혜능선사(慧能禪師, 638~713)

선종 제6대 종사로 남종선의 시조이다. 중국 광동성 신주(新州) 출신으로 소주(韶州) 조계(曹溪) 보림사(寶林寺)에 주석하였으며, 『육조단경(六祖壇經)』을 지었다.

혜수(惠修)

1543년 쌍계사 대웅전(大雄殿)·금당(金堂) 및 동서 두 방장실(方丈室)을 지은 승려이다.

혜원(慧遠)

중국 진(晉)나라 때 여산(廬山) 동림사(東林寺)에 주석하여 중국 정토종을 창시한 승려이다.

혜철선사(慧哲禪師, 785~861)

당나라에 가서 서당(西堂) 지장(智藏)의 법맥을 전해 받고 돌아와 전라도 곡성 동리산 대안사[태안사]에 동리산문(桐裏山門)을 개창한 승려이다.

홍성민(洪聖民, 1536~1594)

자는 시가(時可), 호는 졸옹(拙翁), 본관은 남양이다. 문과에 급제하여 경상도관찰사 등을 지냈다. 저술로 『졸옹집』이 있다.

홍척선사(洪陟禪師)

당나라에 가서 서당(西堂) 지장(智藏)의 법맥을 전해 받고 돌아와 실상산문(實相山門)을 개창한 승려이다. 법호는 홍직(洪直)이며, 실상화상(實相和尙)이라 한다.

홍화보(洪和輔, 1726~1791)

자는 경협(景協), 본관은 풍산이다. 정약용의 장인으로 경상우도 병마절도사 등을 지냈다.

황도익(黃道翼, 1678~1753)

자는 익재(翼哉), 호는 이계(夷溪)이며, 본관은 창원이다. 경남 함안 출신으로 이재(李栽)·김성탁(金聖鐸) 등과 교유하였다. 저술로『이계집』이 있다.

황소(黃巢)

당나라 말기인 875년 반란을 일으킨 인물이다.

황준량(黃俊良, 1517~1563)

자는 중거(仲擧), 호는 금계(錦溪), 본관은 평해이다. 이황의 문인으로 문과에 급제하여 성주목사 등을 지냈다. 저술로『금계집』이 있다.

황현(黃玹, 1855~1910)

자는 운경(雲卿), 호는 매천(梅泉), 본관은 장수이다. 구한말의 문장가로 1910년 일제에게 나라를 빼앗기자 절명시 4수를 남기고 자결하였다. 저술로『매천집』과『매천야록』이 있다.

주석

1장_지리산 화개동

1   梁慶遇, 『霽湖集』 권11, 「歷盡沿海郡縣仍入頭流賞雙溪神興紀行錄」. "及至花開峽, 峽門向西, 洞府雄深. 有大川, 自山中流出, 激石奮鳴, 入于大江, 卽花開下流也. 自此捨循江之路, 並川行十餘里, 別雙溪洞口, 一水自石門出, 一水自神興出, 合而奔流, 卽花開上流武陵溪者也."

2장_무릉도원의 초입, 화개동천

1   金克成, 『憂亭集』 권1, 「花開洞路上 竹間搆屋 甚淨潔可愛 因賦一絶 示諸友」.

2   西山大師, 『西山大師集』, 「花開洞」.

3   趙緯韓, 『玄谷集』 권14, 「遊頭流山錄」. "自洞口, 捨岳陽直路, 徑取細路而入焉. 大川淅淅, 自山中出來. 循溪十里, 谷廻巖轉, 錦石琪花, 曲曲奇絶. 信馬徐行, 目勞心倦."

4   梁慶遇, 『霽湖集』 권11, 「歷盡沿海郡縣仍入頭流賞雙溪神興紀行錄」. "步步堪畫."

5   申命耇, 『南溪集』 권3, 「遊頭流續錄」. "山水之勝, 眞世外別區."

6   朴齊家, 『貞蕤閣初集』, 「花開洞 次惠風」.

7   西山大師, 『西山大師集』, 「花開洞」.

8   柳夢寅, 『於于集』, 「遊頭流山錄」. "所謂紅流者, 取謝詩石磴射紅泉之句. 釋之者曰, 紅泉出丹砂穴, 紅流之名, 出自仙籍."

9   柳夢寅, 『於于集』 권2, 「頭流錄－花開洞」.

10 李圭景,『五洲衍文長箋散稿)』「智異山辨證說」.

11 盧禛,『玉溪集』권1.「花開洞口 憶一蠹先生 因用其韻」.

12 鄭鐘燁,『修堂集』권4,「遊頭流錄」.“三十日, 蓐食早發, 抵花開洞. 想得一⬚先生風蒲獵獵之句, 而當日 講學之亭, 翼然如昨, 瞻慕溯風, 感慨何已.”

3장_은군자의 땅, 부춘동천과 덕은동천

1 『고려사절요』권14, 1024년(神宗 靖孝大王) 12월조. “以崔忠獻, 守太師門下侍郞 同中書門下平章事 判兵部 御史臺事. 王以忠獻有擁立功, 不以臣禮待之, 常呼爲恩門相國. 時有韓惟漢者, 世居京都, 見忠獻 擅政曰, 亂將至矣. 遂携妻子, 隱于智異山, 朝廷徵之不就, 遂終身.”

2 『東史綱目』제10상, 고려 신종 7년 12월조. “十二月, 崔忠獻加守太師門下侍郞同中書門下平章事. 王以 忠獻有擁立之功, 待以殊禮, 呼爲恩門相國. 韓惟漢入智異山. 惟漢世居京都, 不樂仕進, 見忠獻擅政曰, 亂將作矣. 遂挈妻子, 隱於智異山. 淸修苦節, 不與世人交. 後除大悲院錄事, 不赴. 移居深谷, 終身不返. 未 幾, 果有契丹蒙古之亂. 世傳名士隱智異山, 王聞之, 遣使迎之, 謝曰, 外臣無所知, 王命不可容易受. 卽閉戶 不出, 使者, 排戶入視, 壁上唯書一句曰, 一片絲綸來入洞, 始知名字落人間. 從北牖逃, 後人謂韓惟漢也. 南 溟-植曰, 國家將亡, 焉爲有好賢之事乎. 若此惟漢, 於高山大川, 更於十層峯頭冠一玉也, 千頃波面生一月也. 崔氏曰, 當時權奸擅國, 正賢士高蹈遠引之時也. 滿朝群臣, 無一人見機而作, 惟漢獨能之, 可不謂賢乎. 視 當時媚寵乞憐之徒, 不啻犬彘, 況肯赴其徵辟耶. 英風峻節, 千載之下, 莫不景仰而欽慕云.”

3 黃道翼,『夷溪集』권3,「銚巖」.“又有錄事臺, 乃韓公維漢所棲息處也. 人去臺空, 江自滔滔. 想像淸風, 感懷自生. 巖崖刻取適臺三字, 而字畫已盡刓缺矣.”

4 李東沆,『遲庵集』권1.「銚巖有韓錄事惟漢遺墟-惟漢當麗代凶臣之作亂 謝病南歸 日釣一魚-」.

5 鄭栻,『明庵集』권5,「靑鶴洞錄」.“憩于揷巖上, 上有就道巖, 卽錄事韓惟漢遺蹟.”

6 曹植,『南冥集』권2,「遊頭流錄」.“瞥過岳陽縣, 江上有銚岩者, 乃韓錄事惟漢之舊庄也. 惟漢, 見麗氏將 亂, 携妻子來栖, 徵爲大悲院錄事, 一夕遁去, 不知所之. 意, 國家將亡, 焉爲有好賢之事乎. 善善之好賢, 又 不如葉子高之好龍, 無補於亂亡之勢, 忽呼酒引滿, 重爲銚岩長息也.”

7 李楨,『龜巖集』권1.「訪韓錄事舊隱」.

8 趙緯韓,『玄谷集』권3.「過韓錄事舊基」.

9 金麟燮,『端磎集』권2.「韓錄事」.

10 鄭達錫,『湖隱詩稿』권2,「上取適臺」.“水抱巖腰可釣魚, 春風懷古客登初, 聊知當日名臺義, 留待來人分 不疎.”

11 金宗直, 『佔畢齋集』권8, 「靈神庵」. "千載一人韓錄事, 丹崖碧嶺幾遨遊."

12 權相政, 『學山集』권1, 「過岳陽取適臺」.

13 朴敏, 『凌虛集』권1, 「鉏巖」.

14 權基德, 『三山遺稿』권1, 「取適臺」.

15 尹愭, 『無名子集』 詩稿 제6책, 「詠東史 491」. "見機最是韓惟漢, 携隱妻孥智異山."

16 『주역』「계사전 하」. "君子見機而作, 不俟終日."

17 成汝信, 『浮查集』권5, 「鉏巖一小序」. "韓錄事惟漢, 麗季人. 見麗室將亂, 來隱此山中, 卜居鉏巖上. 後以
    大悲院錄事徵之, 書一句於壁曰, 一片絲綸來入洞, 始知名字落人間, 遂踰牆而走, 不知所之."

18 成汝信, 『浮查集』권5, 「鉏巖」.

19 黃玹, 『梅泉集』권2, 「早過岳陽」 중 일부.

20 河謙鎭, 『晦峯集)』권3, 「鉏巖行」.

21 曺植, 『南冥集』권2, 「遊頭流錄」. "去陶灘一里, 有鄭先生汝昌故居."

22 이상은 한국고전번역원에서 간행한 『한국문집총간해제1』의 '일두집 해제 행력'을 참조하였음.

23 黃道翼, 『夷溪集』권3, 「頭流山遊行錄」. "行十里, 訪一蠹鄭先生遺墟, 卽荒烟野草而已, 豈知大賢棲息蓄
    德之地, 今爲樵童牧竪之場也耶. 俯仰傷感, 懷不能裁. 然播馥流芳, 將與天壤同其傳, 較視洛陽亭館, 雖
    擅於一時, 未幾煙沒無傳者, 豈可同日而語哉. 彷徨久之 不忍去也."

24 安益濟, 『西岡遺稿』권3, 「頭流錄」. "庚子, 本鄕士林與本孫, 創建是亭, 刻寒暄一蠹濯纓諸先生韻於板
    上."

25 鄭汝昌, 『一蠹集』권3, 崔益鉉 撰 「岳陽亭重建記」. "今上己亥(1899)之春, 鄕論齊發, 經始重建, 而方伯
    知郡, 亦皆相役而訖功焉."

26 河謙鎭, 『晦峯集』권28, 「岳陽亭」. "河東人士, 追慕其德, 作亭於德隱村, 卜日上樑, 而忽被觀察曺始永,
    論以浮雜, 拿致拘囚, 亭亦見壞. 余於是, 又不能不爲陶灘長息也."

27 河謙鎭, 『晦峯集』권1, 「岳陽亭重修記」. "蓋以講契以小學爲名, 故堂室之號, 皆放而爲之, 而思道則取先
    生在泮宮不寐思道事也."

28 鄭汝昌, 『一蠹集』권3, 崔益鉉 撰 「岳陽亭重建記」.

29 李宅煥, 『晦山文集』권8, 「岳陽亭重修記」. "但其時制度創猝, 瓦材未完, 數十年之間, 復患滲漏, 將不可
    支久. 於是, 鄕土之公論齊發, 本裔之宗議, 協同鳩材, 招工始事於庚申(1920)春, 而增其舊制, 易以新材,
    數月而告功. 亭凡五楹, 廣其堂室, 爲諸生講學之所. 亭後建一屋, 爲釋菜行禮之所. 可謂棟宇完美, 規模
    大備矣."

30 李壽安,『梅堂集』권5,「岳陽亭重修記」.

31 河謙鎭,『晦峯集』권1,「岳陽亭重修記」.

32 曹植,『南冥集』권2,「遊頭流錄」.“先生, 乃天嶺之儒宗也. 學問淵篤, 吾道有緒. 挈妻子入山, 由內翰出守安陰縣, 爲喬桐主所殺, 此去鋪岩, 十里地. 明哲之幸不幸, 豈非命耶.”

33 鄭載圭,『老栢軒集』권34,「岳陽亭會遊記」.“嗚呼, 盛矣. 先生所以資, 所以居, 果惡在乎. 朱先生所編小學一書, 敬之如父母, 信之如神明, 魯齋以後, 未之有聞. 惟寒暄皓首蓮纓, 自稱小學童子, 謂光霽月, 不外是矣. 先生與寒暄, 志同道合, 當時有大猷唱之伯勗和之之稱, 是則先生之所以資之深居之安者, 亦不可外小學而求之.”

34 鄭汝昌,『一蠹集』권3, 崔益鉉 撰,「岳陽亭重建記」.“郡章甫, 以文學名者, 數十家, 竊嘗慨然其久爲榛蕪, 創設小學講契, 思爲庇風雨之計, 而歎其綿力久矣. 今上己亥(1899)之春, 鄕論齊發, 經始重建, 而方伯知郡, 亦皆相役而訖功焉. 亭凡三間, 扁其堂曰小學, 左右兩室, 左曰做樣, 右曰思道, 門曰敬信. 蓋先生之學, 一從朱子, 而與寒暄金文敬先生, 倡明小學, 啓我朝道學淵源之首.”

35 鄭汝昌,『一蠹集』권3, 崔益鉉 撰,「岳陽亭重建記」.“是以, 每春秋會講, 以晦翁夫子爲主, 配以寒蠹兩先生, 而行釋菜禮, 用滄洲精舍儀也.”

36 鄭載圭,『老栢軒集』권36,「書岳陽亭講規後」참조.

37 崔琡民,『溪南集』권25,「書岳陽亭小學講規後」참조.

38 鄭汝昌,『一蠹集』遺集 권1,「岳陽」.

39 『논어』,「雍也」제23장.

40 林薰,『葛川集』권3,「書兪子玉遊頭流錄後」.“山水者, 天地間一無情之物, 而厚重周流, 實有資於仁智之樂矣. 是以, 世之求道者, 不特於堯舜孔氏, 而未嘗不之此焉.”

41 鄭載圭,『老栢軒集』권34,「岳陽亭會遊記」.“一蠹先生‘看盡頭流千萬疊, 孤舟又下大江流’一絶, 知德者, 以爲人欲淨盡天理流行. 嘗竊味之, 蓋與沂雩風詠, 發聖人吾與之嘆者, 同一氣象. 然曾氏得聖人, 爲之依歸, 自身涵濡於太和元氣之中, 舍瑟之對, 固其所也. 若先生, 生於絶學之後, 倡明肇自己身, 誰從啓發. 只一同德之友, 有寒暄先生者. 其得之之難, 賢於曾氏, 遠矣. 且曾氏, 狂者也, 行有不掩. 若先生, 夷考其行, 孝弟通於神明, 踐履中於規矩. 然則先生孤舟大江, 意象之悠然, 得之資深居安之餘, 而非直天資是爾也.”

42 이 내용은『논어』「先進」에 보인다.

43 河章植,『某山詩稿』권1,「次岳陽亭板上韻」.

44 金馹孫,『濯纓集』속집,「與鄭伯勗汝昌同遊頭流歸泛岳陽湖 己酉」.

45 吳國獻,『漁隱文集』권1,「岳陽亭 次一蠹鄭先生韻」.

46　姜永祉,「南湖遺稿)」권1,「岳陽亭 謹次一蠹先生韻」.

47　權泰珽,「惺齋遺稿」권1,「登岳陽亭 用一蠹鄭先生韻」.

48　成汝信,「浮查集」권5,「方丈山仙遊日記」.

49　朴圭浩,「沙村集」권1,「歸路宿岳陽亭」.

50　鄭宅中,「菊圃遺稿」,「登岳陽亭」.

51　崔琡民,「溪南集」권4,「岳陽亭小學講罷 次蠹翁韻示諸生」.

52　鄭煥周,「薇山遺稿」권1,「岳陽亭講會 追賡風蒲詩」,“萬疊看來依舊好, 孤舟無恙載頭流.”

53　鄭珪錫,「誠齋文集」권2,「岳陽亭 次板上韻」.

54　文晉鎬,「石田遺稿」권1,「次岳陽亭重建韻」,“始知吾道終無墜, 喜見頹垣更露形.”

55　文晉鎬,「石田遺稿」권1,「次岳陽亭重建韻」,“講堂日夕絃歌起, 喚得頑廉夢盡醒.”

56　河鳳壽,「柏村集」권1,「次岳陽亭重修落成韻」.

57　曺植,「南冥集」권2,「遊頭流錄」,“看來高山大川, 非無所得, 而比韓鄭趙三君子於高山大川, 更於十層峯頭冠一玉也, 千頃水面生一月也. 海山三百里, 獲見三君子之跡於一日之間, 看水看山, 看人看世. 山中十日好懷, 翻成一日不好懷. 後之秉鈞者, 來此一路, 不知何以爲心耶. 且看山中題名於石者多, 三君子不曾入石, 而將必名流萬古, 曷若以萬古爲石乎.”

58　曺植,「南冥集」권2,「遊頭流錄」,“惟漢, 見麗氏將亂, 携妻子來栖, 徵爲大悲院錄事, 一夕遁去, 不知所之.”

59　曺植,「南冥集」권2,「遊頭流錄」,“明哲之幸不幸, 豈非命耶.”

60　李滉,「退溪集」권43「書曹南冥遊頭流錄後」,“曹南冥遊頭流錄, 觀其遊歷探討之外, 隨事寓意, 多感憤激昂之辭, 使人凜凜, 猶可想見其爲人. 其曰一曝之無益, 日向上趨下, 只在一擧足之間, 皆至論也, 而所謂明哲之幸不幸等語, 眞可以發千古英雄之歎, 而泣鬼神於冥冥中矣.”

4장_신선의 세계, 쌍계동천과 청학동천

1　이 자료는 쌍계사에서 2004년 간행한 『삼신산쌍계사지(三神山雙磎寺誌)』에 수록되어 있다.

2　釋應允,「鏡巖集」,「重錄雙溪寺寺蹟記」,“寺之古蹟, 有三述焉. 一曰釋道岑之記, 二則無名氏也. 岑記, 但詳載堂宇架數, 而不係年記. 無名二氏, 幸悉年記, 而載蹟汎漫, 言法界, 則周羅竺華, 攷年代, 則緬及佛法始興時. 皆於雙溪寺蹟, 有過不及之失, 故不免重錄焉. 按三氏述記, 皆云寺之肇建不知何代.”

3 崔致遠,「智異山雙谿寺眞鑑禪師大空塔碑」,"因於花開谷, 故三法和尙蘭若遺基, 纂修堂宇, 儼若化城."

4 이 자료는 쌍계사에서 2004년 간행한『삼신산쌍계사지(三神山雙磎寺誌)』에 수록되어 있다.

5 최원석 외,『지리산권역(화개동)의 산림인문자원 기초조사』, 국립산림과학원, 2015년, 87쪽 참조.

6 이 내용은 쌍계사에서 2004년 간행한『삼신산쌍계사지(三神山雙磎寺誌)』168쪽에 수록된「육조정상동래연기급방광기(六祖頂相東來緣起及放光記)」에 있다.

7 崔致遠,「智異山雙谿寺眞鑑禪師大空塔碑」,"雅善梵唄, 金玉其音, 側調飛聲, 爽快哀婉, 能使諸天歡喜, 永於遠地流傳, 學者滿堂, 誨之不倦. 至今東國, 習魚山之妙者, 競如掩鼻, 效玉天餘響, 豈非以聲聞度之之化乎."

8 이 내용은 최석기 외 옮김,『선인들의 지리산유람록』(한길사, 2000) 94쪽에 보인다.

9 위의 책, 195쪽 참조.

10 이 글은 쌍계사에서 2004년 간행한『삼신산쌍계사지(三神山雙磎寺誌)』에 수록되어 있다.

11 지곡사(智谷寺)는 지금의 경상남도 산청군 산청읍 웅석봉 아래에 있던 사찰.

12 이상의 내용은 석응윤(釋應允)의『경암집(鏡巖集)』에 실려 있는「重錄雙溪寺寺蹟記」의 내용을 간추린 것이다.

13 金馹孫,『濯纓集』권5,「頭流紀行錄」,"寺北有孤雲所登八詠樓遺址, 居僧義空, 欲鳩財而起樓云."

14 柳夢寅,『於于集』권6,「遊頭流山錄」,"寺有大藏殿·瀛洲閣·方丈殿 舊有學士堂, 今已圮矣."

15 成汝信,『浮査集』권5,「方丈山」仙遊日記」,"下馬於邀鶴樓前, 登樓列坐. (…) 十月一日戊戌, 旭日初昇, 綺疎瑩朗, 出邀鶴樓. 危欄聳空, 眩亂徙倚, 旋入法堂, 蜂房窈窕, 丹碧輝目. 先尋蓬萊殿, 古有溫突, 今爲空殿, 經板藏其中. (…) 又入瀛洲閣, 閣在法堂後, 常稱東方丈·西方丈者, 卽古之玉泉寺."

16 梁慶遇,『霽湖集』권11,「歷盡沿海郡縣仍入頭流賞雙溪神興記行錄」,"居僧出迎, 引至學士臺. 僧云, 昔時臺上有寶構, 新羅時所創, 經亂而廢, 未克重建, 但古碑巍然獨存. 實眞鑑太師碑銘, 而孤雲所撰所書, 文字典刑, 往往依舊, 而一半剝落, 殆不可讀矣."

17 吳斗寅,『陽谷集』권3,「頭流山記」,"是夕, 止宿寂黙堂. 此法寺之右廂, 而前有八詠樓, 東有學士堂, 皆孤雲跡也. 初三日丁丑, 早食後, 携同遊數君子, 皆乘籃輿, 北至數十步, 有一古刹, 扁以金堂, 而西則方丈閣, 東則瀛洲閣也."

18 宋光淵,『泛虛亭集』권7,「頭流錄」,"瀛洲閣方丈室, 卽崔孤雲所住處, 而靑鶴樓, 最絶勝. 又有學士堂, 亦孤雲所住云."

19 신감선사비(神鑑禪師碑)는 쌍계사 경내의 진감선사대공탑비(眞鑑禪師大功塔碑)를 말한다.

20 金昌翕,『三淵集』拾遺 권28,「嶺南日記」,"越澗攀閣, 觸目壯麗. 舊寺有三山閣, 左曰瀛洲, 右曰方丈. 傳

神鑑孤雲所對住. 蓬萊稍左邊側壁, 有神鑑孤雲畫像. 新寺庭中, 有神鑑碑, 孤雲所撰, 隷篆并焉."

21　鄭栻, 『明庵集』권5, 「頭流錄」. "宿學士殿, 孤雲所居云."

22　金道洙, 『春洲遺稿』권2, 「南遊記」. "寺在兩處, 而不甚敞麗. 有金堂, 掛眞鑑惠能及南嶽禪師之像. 堂之左有瀛洲閣, 右有方丈室, 前有靑鶴樓. 自樓稍東數十步, 有新建大雄殿, 殿前樹龜趺巨石, 卽眞鑑國師之碑, 大唐光啓三年立, 亦孤雲之二妙也."

23　李柱大, 『冥菴集』권2, 「遊頭流山錄」. "寺本巨麗而凋弊特甚, 末路固無好地, 深山亦乃爾耶."

24　安益濟, 『西岡遺稿』권3, 「頭流錄」. "轉入古僧菴, 靑鶴樓, 蓬萊閣, 八相殿, 六祖塔, 金碧玲瓏, 怳惚不可狀, 乃知天下財物, 皆消於此也. (…) 八相殿後, 有六祖頂相塔."

25　쌍계사, 『三神山雙磎寺誌』, 「智異山雙磎寺重創記」. "古之洞精儒釋博達內外者, 脫履功名, 一瓢忘貧, 與天地並立, 與神明同往, 或與無位眞人, 爲之遊, 或與無始終者, 爲之友 (…) 我國崔孤雲與眞鑑禪師, 是其人也. 孤雲儒也, 眞鑑釋也. 眞鑑建利, 始鑿人天之眼目, 孤雲立碑, 廣出儒釋之骨髓. 吁, 二人之心, 一種沒絃琴也. 其曲也, 若春風之燕舞, 其調也, 若綠柳之鶯歌. 一經一緯, 一表一裏, 而相資耳. 自漢唐宋以來, 碎儒釋之虛名, 樂天地之大全, 芒乎芴乎, 超然獨不顧者, 其唯此二大人歟."

26　崔致遠, 「眞鑑禪師碑」. "嘗試論之, 說詩者, 不以文害辭, 不以辭害志. 禮所謂言豈一端而已, 夫各有所當. 故廬峰慧遠著論, 謂如來之與周孔, 發致雖殊, 所歸一揆. 體極不兼應者, 物不能兼受故也. 沈約有云, 孔發其端, 釋窮其致, 鎭可謂識其大者, 始可與言至道矣."

27　金馹孫, 『濯纓集』권5, 「頭流紀行錄」. "所見碑碣, 多矣. (…) 而獨於此, 興懷不已者, 豈孤雲手澤尙存, 而孤雲所以倘徉山水間者, 其襟懷有契於百世之後歟."

28　金宗直, 『佔畢齋集』권2, 「遊頭流錄」. "孤雲, 不羈人也. 負氣槩, 遭世亂, 非惟不偶於中國, 而又不容於東土, 遂嘉遯物外. 溪山幽閒之地, 皆其所遊歷, 世稱神仙, 無愧矣."

29　宋光淵, 『泛虛亭集』권7, 「頭流錄」. "以孤雲之人物才調, 不偶於中國, 又不容於東土, 韜晦於僧釋之道, 倘徉於山水之窟, 以終其身. 有是哉, 時之難遇也."

30　南孝溫, 『秋江集』권6, 「遊天王峯記」. "文昌譽其道, 泰甚. 師, 無乃文字禪耶. 不然, 文昌, 何推之如此耶."

31　宋秉璿, 『淵齋集』권21, 「頭流山記」. "其文曰, 孔發其端, 釋窮其致. 又曰, 儒釋一理. 文昌之惑, 甚於蔥嶺帶來者, 豈可合於配食聖廟之列哉."

32　金馹孫, 『濯纓集』권5, 「頭流紀行錄」. "第讀其詞偶儷, 而好爲禪佛作文, 何也. 豈學於晚唐, 而未變其習耶. 將仙逸隱淪, 玩世之衰, 而與時佪仰, 托於禪佛, 以自韜晦耶. 不可知也."

33　申命耇, 『南溪集』권3, 「遊頭流日錄」. "古碑立於法堂前, 崔孤雲奉敎撰并篆書. 雖有剝落少缺處, 文辭奇逸, 筆法精妙, 實嶺南一奇玩也."

34　金馹孫, 『濯纓集』권5, 「頭流紀行錄」. "使孤雲生於今日, 亦必居可爲之地, 摛華國之文, 賁飾太平, 某亦

得以奉筆硯於門下矣. 摩挲苔蘚, 多少感慨."

35 柳夢寅, 『於于集』권6, 「遊頭流山錄」. "余於此, 有所晚悟矣. 且余自少, 愛孤雲筆蹟之古勁, 得墨本傳壁, 以玩之. 經壬辰亂, 室與書, 俱亡, 常以爲恨. 及爲金吾問事郞, 楷書文案, 傍有金吾將軍尹起聘, 熟視之曰, 子曾效孤雲書法乎, 何辱胎甚也. 今見眞本, 豈但弔古興懷, 兼有感舊之悲也. 命出紙墨, 印之."

36 金克成, 『憂亭集』권1, 「雙磎石門」. "高人已逝留眞蹟."

37 梁大樸, 『靑溪集』권1, 「雙磎石門」. "儒仙巨筆尙留痕."

38 金馹孫, 『濯纓集』권5, 「頭流紀行錄」. "兩石對立, 刻雙磎石門四字. 視廣濟喦門字, 加大如斗, 而字體不相類, 如兒童習字者之爲."

39 宋秉璿, 『淵齋集』권21, 「頭流山記」. "體如小兒習字者之爲."

40 柳夢寅, 『於于集』권6, 「遊頭流山錄」. "至雙溪石門, 有崔孤雲筆蹟, 字劃不泐. 觀其書, 瘦且硬, 絶異世間肥軟體, 眞奇筆也. 金濯纓謂兒童習字者之爲, 濯纓雖善文, 至於書, 未之學也."

41 宋光淵, 『泛虛亭集』권7, 「頭流錄」. "筆力如椽, 世稱孤雲手跡, 而濯纓比之兒童習字者之爲, 未知何所見也."

42 梁慶遇, 『霽湖集』권11, 「歷盡沿海郡縣仍入頭流賞雙溪神興紀行錄」. "渡而右轉數百步許, 兩岩石當路對竪如門. 出入雙溪寺者, 由焉. 其高皆可五六丈, 而刻雙溪石門四大字於岩面, 一石各書二字. 畫整體嚴, 劒戟交橫, 眞孤雲手迹也. 森然魄動, 下馬佇眙. 盖唐朝數名筆者皆曰, 楮太傅顏太師, 而獨崔學士無聞焉, 得非以外國故歟. 卽毋論楮公, 曾見顏公磨崖碑刻本, 決不及此."

43 趙緯韓, 『玄谷集』권2, 「遊頭流山錄」. "四大字森然, 如龍蛇騰攫, 劍戟橫揷, 乃崔孤雲筆跡也."

44 吳翻, 『天坡集』권1, 「石門」. "龍蛇何日動, 風雨有時喧."

45 曹植, 『南冥集』권2, 「遊頭流錄」. "畫大如鹿脛."

46 河益範, 『士農窩集』권2, 「遊頭流錄」. "畫大如鹿脛."

47 南周憲, 『宜齋集』권11, 「智異山行記」. "畫大如鹿脛."

48 梁會甲, 『正齋集』권8, 「頭流山記」. "巖壁刻雙溪洞門四大字, 南冥謂畫力深入石骨如鹿脛者, 是耳."

49 梁在慶, 『希庵遺稿』권8, 「遊雙磎寺記」. "大畫如拳, 小畫如指."

50 吳斗寅, 『陽谷集』권3, 「頭流山記」. "上七里而到沙門, 則嵬然兩巖, 並立路左右, 皆石刻大書, 右曰雙溪, 左曰石門, 世傳崔孤雲之筆, 而字畫甚奇古."

51 申命耇, 『南溪集』권3, 「遊頭流續錄」. "字畫遒勁奇古, 不覺摩挲久之, 乃孤雲筆也."

52 鄭鐘燁, 『修堂集』권4, 「遊頭流錄」.

53 金澤述, 『後滄集』권17, 「頭流山遊錄」. "洞口左右石壁, 分刻雙磎石門四字. 傳謂孤雲以鐵杖書石, 是果然否."

54 金馹孫, 『濯纓集』권5, 「頭流紀行錄」. "篆其額曰, 雙磎寺故眞鑑禪師碑九字"

55 宋光淵의 「頭流錄」(『泛虛亭集』권7)에도 "其額曰雙溪寺故眞鑑禪師碑"라고 하였다.

56 柳夢寅, 『於于集』권6, 「遊頭流山錄」. "額曰, 雙溪寺故眞鑑禪師碑, 篆體, 奇且怪, 未易曉."

57 趙緯韓, 『玄谷集』권14, 「遊頭流山錄」. "額曰, 眞鑑大師碑銘"

58 崔致遠, 「智異山雙谿寺眞鑑禪師大空碑」. "夫道不遠人, 人無異國"

59 崔致遠, 「智異山雙谿寺眞鑑禪師大空塔碑」. "而學者, 或謂身毒與厥里之設教也, 分流異體, 圓鑿方柄, 互相矛楯, 守滯一隅."

60 崔致遠, 「智異山雙谿寺眞鑑禪師大空塔碑」. "得遠傳妙道, 廣耀吾鄕, 豈異人乎, 禪師是也."

61 崔致遠, 「智異山雙谿寺眞鑑禪師大空塔碑」. "未能盡醉衢罇, 唯愧深跧泥甃."

62 南孝溫, 『秋江集』권2, 「讀雙溪寺碑」.

63 河受一, 『松亭集』권2, 「題雙溪寺崔學士碑後」. "早知空寂非吾事, 只合黃巢一橄傳"

64 沈光世, 『休翁集』권1, 「雙溪寺 觀崔孤雲眞鑑禪師碑」.

65 西山大師, 『西山大師集』, 「題崔孤雲石」.

66 宋光淵, 『泛虛亭集』권7, 「頭流錄」. "所謂影子堂, 有孤雲像, 英彩尙亦動人."

67 金昌翕, 『三淵集』拾遺 권28, 「嶺南日記」. "蓬萊稍左邊側壁, 有神鑑孤雲畫像"

68 申命耆, 『南溪集』권3, 「遊頭流續錄」. "殿西一小閣, 奉安文昌侯畫像."

69 金道洙, 『春洲遺稿』권2, 「南遊記」. "殿之右有香爐殿, 掛孤雲影幀."

70 鄭栻, 『明庵集』권5, 「靑鶴洞錄」. "寺後有古殿, 卽孤雲讀書處, 有畫像, 凜然如生."

71 李柱大, 『冥菴集』권2, 「遊頭流山錄」. "孤雲畫幀, 亦藏在一複壁, 小閣中係. 是千餘歲舊跡, 令人有感古之懷."

72 盧光懋, 『懼菴遺稿』권2, 「遊方丈記」. "大雄殿東南壁上, 有孤雲先生遺像."

73 申命耆, 『南溪集』권3, 「遊頭流續錄」. "拜手展謁, 宛然如見千載前仙風道範也."

74 西山大師, 『西山大師集』, 「崔孤雲圖」.

75 李瀷, 『龍浦集』권1, 「雙溪寺 見崔孤雲畫像有感」.

376

76 河益範,『土農窩文集』권1,「雙溪寺次崔孤雲影閣韻」.

77 李圭景,『五洲衍文長箋散稿』권35,「青鶴洞辨證說」. "世傳, 孤雲得道, 至今往來於伽倻·智異兩山間云. 又傳言, 青鶴洞中, 石壁上有石門, 以大鐵鎖鎖之. 人言, 其中藏孤雲秘書, 人若動其鎖, 則一山鳴動, 且有雷雨之異. 故, 不敢動石壁, 下万仞絶壁也. 野史多載青鶴洞故事, 未暇盡記, 以俟后日."

78 李睟光,『芝峯類說』, 文章部6. "智異山有一老髡, 於山石窟中, 得異書累帙, 其中有崔致遠所書詩一帖十六首, 已逸其半, 求禮倅閔君大倫得之, 以贈余. 見其筆跡則眞致遠筆, 而詩亦奇古. 其爲致遠所作, 無疑. 甚可珍也."

79 上同,「東詩」.

80 李圭景,『五洲衍文長箋散稿』, 天地篇, 地理類, 山,「智異山辨證說」. "雙溪寺沿溪石壁, 多刻孤雲大字, 世傳孤雲得道, 至今往來於伽倻智異兩山間. 宣廟辛卯年間, 寺僧得一紙於巖石間, 有絶句一首曰, (…) 字劃如新, 基字法, 與世傳孤雲筆同焉."

81 上同.

82 宋秉璿,『淵齋集』권21,「頭流山記」. "西寮藏其像, 雅粹淨潔, 誠非食烟火人也. 右上十餘步, 有六祖師頂上塔."

83 金會錫,『愚川文集』권4,「智異山遊賞錄」. "小北有小菴, 菴中立層石塔, 六朝師埋頭塔云."

84 安益濟,『西岡遺稿』권3,「頭流錄」. "八相殿後, 有六祖頂相塔, 塔在房中. 盖先立其塔, 以藏之, 其長短高下, 與塔相齊也. 佛說六祖大師, 通神入妙, 一日香光滿室, 瑞氣登天, 忽化去, 惟有珠在案. 故, 寺中以珠藏塔而修造云."

85 魚得江,『灌圃詩集』,「雙磎寺八詠樓詩」.

86 河謙鎭,『晦峯集』권1,「雙溪寺八詠樓」.

87 李達,『蓀谷詩集』권3,「雙溪寺」.

88 崔慶昌,『孤竹遺稿』,「次雙溪詩軸」. "幽興每隨青鶴去, 遠心空與白雲留."

89 金澤榮,『韶濩堂集』권3,「智異山 雙溪寺」.

90 西山大師,『西山大師集』,「雙溪寺方丈」.

91 成錞,『川沙遺稿』권1,「到香爐峯古靈臺 僧信暹持棗椒茶一罐 各進一椀 渴喉自解 飄然若御閬風而近帝居 上崒峒而遇廣成矣 還下雙磎寺 題八仙於邀鶴樓畫壁上 曰浮查少仙 玉峯醉仙 鳳臺飛仙 凌虛步仙 洞庭謫仙 竹林酒仙 梅村浪仙 赤壁詩仙 仍會鶴洞奉和」.

92 金宗直,『佔畢齋集』권2,「遊頭流錄」. "又指岳陽縣之北曰, 青鶴寺洞也. 噫, 此古所謂神仙之區歟. 其與人境, 不甚相遠, 李眉叟何以尋之而不得歟. 無乃好事者, 慕其名, 構寺而識之歟."

93 南孝溫,『秋江集』권6,「智異山日課」.“余問僧曰, 誰是靑鶴洞. 義文曰, 未及石門三四里, 有東邊大洞. 洞內有靑鶴庵, 疑是古之靑鶴洞也. 余惟李仁老詩, 杖策欲尋靑鶴洞, 隔林惟聽白猿啼, 樓臺縹緲三山遠, 苔蘚依稀四字題, 則石門內雙溪寺前, 無乃是耶. 雙溪寺上佛日庵下, 亦有靑鶴淵, 此爲靑鶴洞無疑矣.”

94 金馹孫,『濯纓集』권5,「頭流紀行錄」.“二十八日丙辰. 緣雙磎之東, 復扶筇, 攀石磴, 側危棧, 行數里, 得一洞府, 稍寬平可耕, 世以此爲靑鶴洞云者也. 仍思, 吾輩得以至此, 則李眉叟何以不能到歟. 豈眉叟到此, 而諱不省記歟. 抑果無靑鶴洞者, 而世傳相仍歟. 前行數十步, 臨絶壑, 閣過棧道, 得一菴, 曰佛日. 構在絶壁上, 前臨無地, 四山奇峭, 爽塏無比. 東西有香爐峰, 左右相對, 下有龍湫鶴淵, 深不可測. 菴僧云, 每歲季夏, 有靑身赤頂長脛之禽, 集香爐峰松樹, 飛而下 飮於湫, 卽去, 居僧屢歲見之, 是靑鶴云也. 安得羅而致之, 置一琴爲伴耶. 菴之東, 有飛泉瀑雪, 下落千丈, 入鶴湫, 此儘佳境.”

95 李圭景,『五洲衍文長箋散稿』권35,「靑鶴洞辨證說」.“大抵靑鶴洞, 自麗代已有名焉, 然終无至焉者. 至于我朝, 始得關山露見, 膾炙一世, 无人不知, 而无人不見者. 佔畢齋金公宗直遊頭流錄, 岳陽縣之北, 曰靑鶴寺洞, 其東, 曰雙溪寺洞.”

96 이 내용은 『지봉유설』 상권 「지리부(地理部)」에 보인다.

97 李圭景,『五洲衍文長箋散稿』권35,「靑鶴洞辨證說」.“雙溪寺, 多新羅崔孤雲遺蹟及孤雲影禎. 世傳, 孤雲得道, 至今往來於伽倻·智異兩山間云. 又傳言, 靑鶴洞中, 石壁上有石門, 以大鐵鎖鎖之. 人言, 其中藏孤雲秘書, 人若動其鎖, 則一山鳴動, 且有雷雨之異. 故不敢動石壁. 下萬仞絶壁也. 野史多載靑鶴洞故事, 未暇盡記, 以俟後日. 李芝峰晬光類說, 智異山靑鶴洞, 舊有靑鶴栖止, 故名. 前朝李仁老, 至神興寺, 尋靑鶴洞, 不得有詩'策杖欲尋靑鶴洞, 隔林空聽白猿啼'. 洞之得名, 蓋久矣. 居僧爲余言, 平時有俠少, 投石傷鶴翅, 由此, 不復來. 未久, 有壬辰之亂, 蓋見幾而作也. 南趁學修煉登第, 當己卯士禍, 謫谷城, 仍留焉. 嘗送奴持書, 入智異山靑鶴洞, 見彩宇精麗, 有二人對碁, 一人着雲冠紫衣, 玉貌都雅, 一人乃老僧, 形甚古健. 奴留一日, 受答書而還. 以二月入山, 及出, 乃九月也. 上洛君權清, 徉狂爲僧, 入此山, 與孤雲顯隱无方.

98 成汝信,『浮査集』권5,「方丈山仙遊日記」.“欲泝仙源何處是, 香爐峯上喚孤雲.”

99 沈光世,『休翁集』권1,「靑鶴洞」.“此地隱孤雲, 白衣岸綠幘. 我欲從之遊, 同騎千歲鹿.”

100 奇大升,『高峯集』권1,「入靑鶴洞 訪崔孤雲」.

101 朴枝華,『守庵遺稿』권1,「靑鶴洞」.“英雄那可測, 眞訣本無傳. 一入名山去, 淸風五百年.”

102 曹植,『南冥集』권1,「靑鶴洞」.

5장_승려들의 수도처, 삼신동천

1 吳斗寅,『陽谷集』권3,「頭流山記」.“橋邊之石刻以三神洞. 盖神興義神靈神三寺, 皆在此流之上云. 一溪

自西洞, 一溪自東谷, 西則七佛菴洞口也, 東則神興寺沙門也."

2 柳夢寅, 『於于集』권6, 「遊頭流山錄」. "洞名三神, 謂洞有靈神·義神·神興三刹故云."

3 宋光淵, 『泛虛亭集』권7, 「頭流錄」. "溪上有一巖壁立, 巖面刻三神洞三大字. 未知誰氏筆, 而僧輩言亦孤雲手跡云. 必是好事者, 取三神山之義, 有此題刻."

4 朴來吾, 『尼溪集』권12, 「遊頭流錄」. "遂行四五里, 渡澗邊木橋, 轉至于神興寺洞口. 路邊有丈餘立巖, 而石面有三神洞刻字, 卽孤雲筆也. 一行摩挲而歎曰, 世之相後, 幾千百年, 而仙翁三字之刻, 風不得磨, 雨不得洗, 使吾輩獲覩於今日, 則抑或有所待者存乎. 玆成短律, 以寓緬仰之懷."

5 丁錫龜, 『虛齋遺稿』상편, 「佛日庵遊山記」. "雙溪有雙溪石門四字及眞鑑國師碑銘, 新興有三神洞洗耳巖六字, 佛日有喚鶴臺翫瀑臺六字, 世傳孤雲氏親筆云."

6 宋秉珣, 『心石齋集』권12, 「遊方丈錄」. "洞口有巖, 石 刻三神洞三大字, 亦云孤雲筆."

7 吳斗寅, 『陽谷集』권3, 「頭流山記」. "平明出石門, 還渡擧石橋, 泝流而上, 此爲雙溪之右, 而來自神興洞者. 山回路轉, 下臨淸流, 或瀦而爲潭, 或激而爲瀑. 境界淸奇, 十倍於花開洞. 行十五里許, 至紅流橋."

8 趙緯韓, 『玄谷集』권14, 「遊頭流山錄」. "早發渡武陵橋, 入神頭洞. 洞深谷窈, 境異界別, 玉地金沙, 步步可翫, 瓊潭璧水, 處處皆勝. 與金剛萬瀑洞相似, 而雄壯富麗則過之, 下馬坐石厭觀之."

9 鄭栻, 『明庵集』권5, 「頭流錄」. "奇巖鍊石, 平鋪左右, 雪波銀瀑, 爭流鏡中, 卽南冥所謂銀河橫截, 衆星錯落, 瑤池宴罷, 綺席縱橫者也. 其中有石凹入, 自作一甕, 亦奇觀也."

10 黃道翼, 『夷溪集』권3, 「頭流山遊行錄」. "白石齒齒, 彌滿一壑, 若白雪平鋪, 素氊疊積, 無一點塵埃. 碧流注其間, 曲曲激射, 散珠噴玉, 而淸響琮琮, 其奇觀異賞, 不可言狀."

11 宋秉珣, 『心石齋集』권12, 「遊方丈錄」. "入其洞如壺口, 疊巒層崖, 環擁左右, 澗穿其中. 栗樹鬱鬱, 被山桃花, 間間映水. 孤雲詩東國花開洞, 壺中別有天, 固非此洞之謂歟."

12 李仁老, 『破閑集』권1. "遂自華嚴寺, 至花開縣, 便宿神興寺. 所過無非仙境, 千巖競秀, 萬壑爭流, 竹籬茅舍, 桃杏掩映, 殆非人間世也. 而所謂靑鶴洞者, 卒不得尋焉. 因留詩巖石云."

13 宋光淵, 『泛虛亭集』권7, 「頭流錄」. "所謂紅流者, 盖取謝詩石磴瀉紅泉之句. 釋之者曰, 紅泉出丹砂穴, 紅流之名, 出自僊籍, 而卽今滿山楓葉, 溪流漲紅, 亦不失紅流之名矣."

14 西山大師, 『西山大師集』「頭流山神興寺凌波閣記」. "嘉靖辛酉夏, 山之德士玉輪也, 囑道侶祖演, 以澗峽所臥石牛石羊, 鞭之爲柱, 而架一層長橋, 橋之上, 起五間高閣. 各以丹艧彩之, 因以紅流名其橋, 凌波名其閣. 其爲狀也, 下有黃龍之臥波, 而上有朱鳳之飛天."

15 河受一, 『松亭集』권1, 「神凝寺 紅流橋」.

16 成汝信, 『浮査集』권5, 「方丈山仙遊日記」. "古有凌波閣, 壬癸之變, 爲賊所焚, 只存遺礎."

17 梁慶遇, 『霽湖集』권11, 「歷盡沿海郡縣仍入頭流賞雙溪神興紀行錄」. "行十餘里, 至洞口. 有立石, 刻曰

三神洞. (…) 有洞川, 自三神洞流出, 合於神興之水. 澗上橫獨木杠, 指之曰紅流橋. 余問覺師曰, 余聞紅
流橋, 久矣. 今無橋而謂之橋, 何耶. 覺師盛稱平昔跨澗作五間浮樓, 金碧交輝, 左右闌干, 蘸影波心, 遊
人釋子交相往來. 眞奇勝處也. 不幸兵燹之後, 尙欠重建矣."

18　西山大師, 『西山大師集』「頭流山神興寺凌波閣記」. "於是, 崙演二師, 寄心於寥廓, 托身於浮雲, 策杖時
　　出, 或閑嘯其間, 或啜茶其間, 或偃臥其間, 不知老之將至也."

19　西山大師, 『西山大師集』「頭流山神興寺凌波閣記」. "山僧到此, 活於禪定, 騷客到此, 惱於詩句, 道士則
　　此, 骨不換而直馭輕風也."

20　西山大師, 『西山大師集』「頭流山神興寺凌波閣記」. "其閣也, 身登百尺, 有摘星趣, 目眺千里, 有昇天趣,
　　孤鶩落霞, 有滕王趣, 天外三山, 有鳳凰趣, 晴川芳草, 有黃鶴趣, 落花流水, 有桃源趣, 秋多錦繡, 有赤
　　壁趣, 迎送佳賓, 有虎溪趣."

21　西山大師, 『西山大師集』「頭流山神興寺凌波閣記」. "又有負者戴者耕者釣者灌者浴者諷者咏者, 至於觀魚
　　賞月者, 皆登斯閣而莫不得樂. 其樂焉, 則其閣之助人也, 不淺矣. 然則一閣之成, 衆樂具焉, 奚必曰賢者
　　而後樂此也耶."

22　洪聖民, 『拙翁集』권4, 「次神興寺凌波閣」.

23　趙緯韓, 『玄谷集』권6, 「凌波閣」.

24　申命耉, 『南溪集』권3, 「遊頭流續錄」. "暮入神興寺, 新羅忠彦禪師所刱, 中間廢興不一."

25　曺植, 『南冥集』권1, 「讀書神凝寺」.

26　曺植, 『南冥集』권2, 「遊頭流錄」.

27　梁慶遇, 『霽湖集』권11, 「歷盡沿海郡縣仍入頭流賞雙溪神興紀行錄」. "金沙道場, 綺搆玲瓏, 令人擧足踏
　　蹐, 不敢恣意. 寺前有樓, 與師同上, 山中百道之川, 合爲一水, 至樓下而爲淵, 深而黛黑, 淺而澄澈, 隔水
　　峯巒, 皆若拱揖此樓然."

28　趙緯韓, 『玄谷集』권2, 「遊頭流山錄」. "坐於寺前高臺, 臺臨廣淵, 大可容舟, 成削奇峯, 環列如屛. 靈飆習
　　習, 爽氣來侵. 怳然如在瑤臺月殿之上, 不自覺其羽化而登仙也. 覺師進茶後, 迎入法堂, 金翠晃朗, 照爛
　　龍鱗."

29　趙緯韓, 『玄谷集』권2, 「遊頭流山錄」. "僧徒年少而白晳者, 多至數百, 環列如羅漢, 皆覺師弟子也."

30　梁慶遇, 『霽湖集』권11, 「歷盡沿海郡縣仍入頭流賞雙溪神興紀行錄」. "遂相携行一里許, 至于寺. 寺亦亂
　　後新創, 僧言結構棟樑之制, 比前益侈, 獨凌波堂未及建耳."

31　吳斗寅, 『陽谷集』권3, 「頭流山記」. "過橋一里, 有巨刹遺基, 石砌荒凉, 古木成林. 僧言此乃神興寺, 而
　　廢自甲子云."

32　申命耉, 『南溪集』권3, 「遊頭流續錄」. "十餘里, 入三神洞, 巖壁刻三字, 孤雲筆也. 有紅流橋凌波閣故基,

景致殊絶. 暮入神興寺, 新羅忠彦禪師所刱, 中間廢興不一, 重修才二十餘年. 寺雖一殿, 而宏傑巨麗, 無與爲比. 前有洗塵閣, 翠嶂環拱, 如展彩屛, 俯臨碧溪, 快滌塵煩.」

33 한국불교전서 제8책 『栢庵集』.

34 鄭栻, 『明庵集』권5, 「頭流錄」. 「二十六日, 入新興庵, 乃雙溪合流處也.」

35 朴來吾, 『尼溪集』권12, 「遊頭流錄」. 「飯後, 卽往觀極樂殿, 因出寺門外, 向洗耳巖.」

36 柳汶龍, 『槐泉集』권3, 「遊雙磎記」. 「登洗塵樓, 和蘇處士詩.」

37 河益範, 『士農窩集』권2, 「遊頭流錄」. 「過橋, 入神凝寺, 祖室僧迎於門外, 頗有古僧風, 名釋印, 號花潭, 有詩聲云.」

38 南周憲, 『宜齋集』권11, 「智異山行記」. 「寺門書三神山神興寺六字.」

39 盧光懋, 『懼菴遺稿』권2, 「遊方丈記」. 「翌日, 到籠山齋, 此卽族人季良氏晩年所構者. 乃與主人, 就崔孤雲洗耳巖, 盤磚終日, 宿於籠山齋. 夜雨翌晴, 渡川歷覽新興寺古墟, 直東南下九里. 又東北渡一木橋, 有巖名曰聽溪巖, 乃孤雲先生所遊也.」

40 權顯明 『竹下遺稿』권1, 「至神興寺舊址 次盧廷翰韻」.

41 金駧孫, 『濯纓集』권5, 「頭流紀行錄」. 「及到神興寺, 寺前澄潭盤石, 可以永夕. 寺臨澗而構, 最勝於諸刹, 遊人, 足以忘歸矣. 昏投寺中, 云此作法道場, 鍾鼓喧聒, 人物鬧擾, 茫然若有所失.」

42 曹植, 『南冥集』권2, 「遊頭流錄」. 「新雨水肥, 激石濆碎, 或似萬斛明珠, 競瀉吐納, 或似千閃驚雷, 杳作噫吼, 怳如銀河橫截, 衆星零落. 更訝瑤池燕罷, 綺席縱橫, 黝黝成潭. 龍蛇之隱鱗者, 深不可窺也. 頭頭出石, 牛馬之露形者, 錯不可數也. 瞿塘峽口, 方可以喩其變化出沒, 眞是化工老手戲劇無藏處也. 相與睢盱視魄.」

43 申命耉, 『南溪集』권3, 「遊頭流續錄」. 「十日, 曉雨, 終日不止. 溪水大漲, 萬壑噴雷. 日昨所玩洗耳, 及潭心大石, 皆爲急流所激, 珠瀑飛散. 憑欄俯視, 亦一奇觀也. 意者, 山靈爲我驅雨, 留我仙境, 餉我無限淸景耶. 日欲暮, 山雨初收, 嵐翠霏霏, 坐此煙霞洞府, 世間一種塵念, 斗覺消盡.」

44 西山大師, 『西山大師集』「頭流山神興寺凌波閣記」. 「洞之及於寺之門也. 南行數十步許, 東西二溪, 合爲一澗, 而淸流觸石, 曲折有聲, 駿浪一翻, 雪花千點, 眞奇觀也. 澗之兩峽, 數千石牛石羊臥焉, 此物初天必設險, 以秘靈府也. 若多氷夏雨, 則人不得相通, 深以爲病也.」

45 申命耉, 『南溪集』권3, 「遊頭流續錄」. 「上下潭心, 白石橫亘平鋪, 隨意坐臥, 不覺夕照入而暝烟生, 水石之奇勝, 殆難以筆舌盡記也.」

46 黃道翼, 『夷溪集』권3, 「頭流山遊行錄」. 「踏石渡溪, 抵洗耳巖. 淸泉瀉出, 澄澈無滓, 白石磷磷, 疊積層累. 周環一洞, 處處皆然. 爛熳趣色, 混茫相映, 怳若宴設瑤池, 綺席玲瓏, 雲捲玉宇, 衆星昭布. 觸目眩晃, 如入無何之境, 何景象奇麗之若是耶. 人間亦復有此哉. 山中之勝, 至此而極矣.」

47 申命耉, 『南溪集』권3, 「遊頭流續錄」. "嵒上處處, 凹如甕缸者, 甚多. 寺僧沉葅其中, 經冬取食云, 亦異矣."

48 李柱大, 『冥菴集』권2, 「遊頭流山錄」. "十九日, 欲觀石瓮, 臨溪求其處, 則在越邊水底, 方雨後, 水深灘險, 不可涉云."

49 朴來吾, 『尼溪集』권12, 「遊頭流錄」. "中有兩竅如甕者, 深可數尺餘. 僧徒言每年沈菜, 則其味絶甚佳好云."

50 柳汶龍, 『槐泉集』권3, 「遊雙磎記」. "巖或有孔如甕, 皆天作, 人沈菜可口."

51 河益範, 『士農窩集』권2, 「遊頭流錄」. "茶罷, 印僧前導, 行尋諸勝. 門外大川中盤石, 有孔如甕者三, 所謂石甕者也. 以杖探深, 皆丈餘, 冬則沉葅, 味最佳云."

52 邊士貞, 『桃灘集』권1, 「遊頭流錄」. "初十日, 晚朝, 與釋子, 出洞口, 有一奇巖, 上可坐數十人. 其傍有大書三字, 靑苔成紋, 字畫隱微. 謂釋子曰, 彼誰氏之書乎. 釋子對曰, 小僧, 其實未可的知, 然自來言傳, 崔孤雲書也云."

53 柳夢寅, 『於于集』권6, 「遊頭流山錄」. "石上刻洗耳巖三大字, 不知誰氏筆."

54 金之白, 『澹虛齋集』「遊頭流山記」. "石上果有洗耳巖三字, 字體類孤雲筆, 而不能詳也."

55 趙緯韓, 『玄谷集』권2, 「遊頭流山錄」. "溪邊又刻洗耳嵒字, 此則皆非孤雲畫也."

56 安益濟, 『西岡遺稿』권3, 「頭流錄」. "洞門有水匯處, 巖石平臥, 刻洗耳巖. 傳云, 崔文昌洗耳處, 而自筆也. 竊念文昌之謝世隱遯, 與巢許不同, 則洗耳之義, 無所據也."

57 이 이야기는 『화개면지(花開面誌)』에 실려 있다.

58 吳斗寅, 『陽谷集』권3, 「頭流山記」. "寺前溪石, 甲於山中, 閣曰凌波, 臺曰洗耳. 寺砌之左, 有一銅佛, 立於荊棘之間, 其左亦有此象, 盖昔時雙立於寺之左右者也."

59 安益濟, 『西岡遺稿』권3, 「頭流錄」. "洗耳巖傍, 有巨竅, 置鐵佛二坐. 甚大面目, 如生. 盖溪之上, 古有寺, 寺廢而藏佛于此. 今佛道漸熾, 金殿朱闕, 在在玲瓏, 而獨是佛窮餓於寂寞之濱, 無人供養, 佛之窮達, 亦如人世耶. 見者, 咸傷之."

60 李純仁, 『孤潭逸稿』권1, 「洗耳巖」.

61 金樂行, 『九思堂集』권1, 「洗耳巖在神興潭上 巖面三字 孤雲筆云」.

62 李載毅, 『文山集』권1, 「洗耳巖孤雲筆云」.

63 柳夢寅, 『於于集』권6, 「遊頭流山錄」. "秘志又曰, 近年, 或見崔孤雲乘靑驢, 渡獨木橋, 如飛. 有姜家蒼頭者, 執鞚而挽之, 揮鞭而不顧. 又曰, 孤雲不死, 至今遊靑鶴洞, 靑鶴洞之僧, 日三見孤雲. 是說, 不可信. 然使世間有眞仙, 安知孤雲之不爲仙. 使孤雲果爲仙, 捨此地, 又焉遊哉."

64 金馹孫,『濯纓集』권5,「頭流紀行錄」.“近世有退隱師者住神興, 一日語其徒曰, 有客至, 當淨掃除以候. 俄而, 有一人騎白駒, 結藤蘿爲鞦轡, 疾行而來, 履獨木如平地, 衆皆駭之. 至寺, 迎入一室, 淸夜共話, 不可聽記. 明朝, 辭去. 有姜家蒼頭者, 學書於寺, 疑其異客, 執鞚以奉之. 其人, 以鞭揮去, 袖落一卷文字, 蒼頭急取之. 其人曰, 誤被塵隷攬取, 珍重愼藏, 勿以示世. 言訖急行, 復由略彴而逝. 姜蒼頭者, 今白頭猶居晉陽之境. 人有知者, 求觀不與. 蓋其人, 崔孤雲不死在靑鶴洞云.”

65 趙緯韓,『玄谷集』권2,「遊頭流山錄」.“寺僧列坐前後, 其中有雲衲甚潔, 兩目熒熒者, 名曰覺性. 能通經識字, 解渠家大乘法, 率弟子二百人, 在神興寺講道. 聞吾輩入山, 來此而迎候矣.”

66 柳夢寅,『於于集』권6,「遊頭流山錄」.“覺性者, 自大乘菴而至, 皆以詩名. 其詩, 皆有格律, 可諷者. 覺性, 則筆法臨羲之, 甚淸瘦多法度.”

67 梁慶遇,『霽湖集』권11,「歷盡沿海郡縣仍入頭流賞雙溪神興紀行錄」.“有年少沙彌軰, 玉骨氷肌, 眉眼如畫, 環擁覺師者, 數十. 其餘, 在廡下庭除者, 十百爲群, 皆其門徒也. 相排競進於余坐之前, 各携經卷, 請書題目, 余謝不能遍. 只書若干卷與之. 覺師曰, 貧道久聞措大名, 今焉邂逅 願得一句詩, 爲他日面目.”

68 吳翮,『天坡集』권1,「神興寺 示太能老釋」.“眞鑑傳衣地, 孤雲去幾春.”

69 申命耉,『南溪集』권3,「遊頭流續錄」.“是夕, 宿新興. 僧寶悅, 頗識字, 可與語. 詢之, 乃雪巖明眼師之弟子, 與無爲暉大師同門云. 可知其乘門衣鉢之傳有所自也.”

70 李柱大,『冥菴集』권2,「遊頭流山錄」.“夕食就宿. 前在大源, 聞快禪師方在神興, 來此問之, 則初甚牢諱, 後乃云, 非此菴, 乃距此十餘里, 某菴中, 結夏坐禪.”

71 南孝溫,『秋江集』권6,「智異山日課」.“戊辰, 發貧鉢, 穿靈神, 行西山頂樹木中三十里, 抵義神庵. 庵之西面, 盡爲脩竹, 柿木雜生竹間, 紅實透日, 春廬涵室, 亦在竹間. 近日所見佳境無此比. 殿内, 有金佛一軀, 西側室, 有僧像一軀.”

72 南孝溫,『秋江集』권6,「智異山日課」.“此義神祖師也. 到此修道, 道旣半, 此山天王勸祖師移住他所. 自爲鵪鶉鳥引路, 師隨之. 及一大岾, 化爲鷹, 至今名其岾, 曰鵪鶉鷹云. 鷹又引路, 至下無住基, 師曰, 此地幾日成道, 鷹曰, 三七日, 師遲之. 師又至中無住基, 師曰, 此地幾日成道, 鷹曰一七日, 師又遲之. 鷹又至上無住基, 不能入. 曰 此地, 可一日成道, 非女人所得入. 師自入擇地, 結幕精盡, 改名曰無住祖師.”

73 『정조실록』권19, 정조 9년(1785) 3월 23일(임신).“鷲嶺下七佛菴.”

74 金馹孫,『濯纓集』권5,「頭流紀行錄」.“自山頂猝下, 午投義神寺. 寺在平地, 寺壁有金彦辛金楣題名. 居僧三十餘, 亦精進. 竹林柿園, 種菜爲食, 始覺人間世矣. 然回首靑山已抱, 辭烟霞謝猿鶴之懷矣. 寮主法海, 可僧也.”

75 柳夢寅,『於于集』권6,「遊頭流山錄」.“於是 有僧 玉井住義神 覺性者 自太乘菴而至 皆以詩名 其詩皆有格律 可諷者 (…) 兩僧抵掌而笑, 遂相與更唱迭酬, 到夜闌而罷.”

76 金宗直,『佔畢齋集』권2,「遊頭流錄」.“宿靈神寺, 但有一僧. 寺之北崖, 有石迦葉一軀, 世祖大王時, 每

遣中使行香.(…) 迦葉殿之北峯, 有二巖突立, 所謂坐高臺也. 其一, 下蟠上尖, 頭戴方石, 闊纔一尺, 浮屠者言, 有能禮佛於其上, 得證果. 東砌下有靈溪, 西砌下有玉泉. (…) 泉之西, 壞寺歸然, 此古靈神也. 其西北斷峯, 有小塔, 石理細膩, 亦爲倭所倒, 後更累之, 以鐵貫其心, 失數層矣."

77 南孝溫,『秋江集』卷6,「智異山日課」. "山行三十里, 抵貧鉢庵. 庵下有靈神庵, 庵後有伽葉殿, 世俗所謂有靈驗者. 余詳視之, 一石頑然. 余從伽葉殿後, 攀枝仰上一山, 名曰坐高臺. 有上中下三層, 余止上中層. 心神驚悸, 不得加上. 臺後, 有一危石, 高於坐高臺, 余登其石, 俯視臺上, 亦奇玩也."

78 金馹孫,『濯纓集』卷5,「頭流紀行錄」. "十四日壬子, 宿靈神. 前有唱佛臺, 後有坐高臺, 突起千仞. 登而目可及遠. 東有靈溪, 注於剖竹之中. 西有玉淸水, 僧云鷹所飮也. 北有石迦葉像, 堂中有畫迦葉圖贊. 匪懈堂三絶也."

79 李陸,『靑坡集』卷2,「遊智異山錄」. "庭下有小泉, 水性堅, 香甚味, 號神泉, 下而爲花開川."

80 朴來吾,『尼溪集』卷12,「遊頭流錄」. "後有削立奇巖, 高可十餘丈, 又有如床小石在其上."

81 柳夢寅,『於于集』卷6,「遊頭流山錄」. "仍降萬丈蒼壁, 抵靈神菴, 諸峰環拱面內, 如相向而揖. 毗盧峰在其東, 坐高臺峙其北. 阿里王塔樹其西, 迦葉臺壓其後. (…) 菴有茶鼎·香爐, 而不見居僧."

82 宋光淵,『泛虛亭集』卷7,「頭流錄」. "行三十里, 到冷井. 二倅已先到, 少憩矣. 又行十里許, 到靈神堂. 所謂九折坂, 最極危險. 堂卽靈神寺舊基. 前有唱佛臺, 後有坐高臺. 東有靈溪, 西有玉淸水."

83 朴來吾,『尼溪集』卷12,「遊頭流錄」. "又行四五里, 至靈神寺故墟. 但有毁礎廢井, 榛蕪荒穢, 而後有削立奇巖, 高可十餘丈, 又有如床小石在其上. 一行怪問之, 持袱者言, 此卽坐高臺也. 臺上有崔孤雲筆迹, 盍往觀乎."

84 金宗直,『佔畢齋集』卷2,「遊頭流錄」. "法堂有蒙山畫幀, 其上有贊云, 頭陀第一, 是爲抖擻, 外已遠塵, 內已離垢, 得道居先, 入滅於後, 雪衣雞山, 千秋不朽. 傍印淸之之篆, 乃匪懈堂之三絶也."

85 金馹孫,『濯纓集』卷5,「頭流紀行錄」. "北有石迦葉像, 堂中有畫迦葉圖贊, 匪懈堂三絶也. 烟煤雨淋, 惜其奇寶之見棄於空山, 欲取之, 伯勗曰, 私於一家, 曷若公於名山, 以備具眼者之遊賞也, 遂不取."

86 金宗直,『佔畢齋集』卷2,「遊頭流錄」. "寺之北崖, 有石迦葉一軀. 世祖大王時, 每遣中使行香."

87 李陸,『靑坡集』卷2,「遊智異山錄」. "諺傳, 燒盡人世當更, 卽有彌勒佛住世, 甚有靈驗云."

88 金宗直,『佔畢齋集』卷2,「遊頭流錄」. "其右肱有瘢, 似燃燒. 亦云劫火所焚, 稍加焚, 則爲彌勒世. 夫石痕本如是, 而乃以荒怪之語誑愚民, 使邀來世利益者, 爭施錢布, 誠可憎也."

89 金宗直,『佔畢齋集』卷2,「遊頭流錄」. "其項有缺, 亦云爲倭所斫. 噫, 倭眞殘寇哉. 屠剝生人無餘, 聖母與迦葉之頭, 又被斷斬, 豈非雖頑然之石, 以象人形而遭患歟."

90 『新增東國輿地勝覽』卷30, 晉州牧, 祠廟, 聖母祠

91 李陸,『靑坡集』卷2,「遊智異山錄」. "後峯有奇石削立如櫬, 北臨萬丈, 復戴小石如床, 向般若峯稍係. 人

有攀緣而登, 四向拜者, 以爲根性. 然其能之者, 千百僅有一二."

92 金宗直, 『佔畢齋集』 卷2, 「遊頭流錄」. "迦葉殿之北峯, 有二巖突立, 所謂坐高臺也. 其一, 下蟠上尖, 頭戴方石, 闊纔一尺, 浮屠者言 有能禮佛於其上, 得證果."

93 朴來吾, 『尼溪集』 卷12, 「遊頭流錄」. "又行四五里, 至靈神寺故墟. 但有毀礎廢井, 榛蕪荒穢, 而後有削立奇巖, 高可十餘丈, 又有如床小石在其上. 一行怪問之, 持袱者言, 此卽坐高臺也. 臺上有崔孤雲筆迹, 盍往觀乎."

94 李陸, 『靑坡集』 卷2, 「遊智異山錄」. "東有石峰, 如浮屠狀. 居僧以爲龜社主崔文昌, 不死在此云."

95 黃俊良, 『錦溪集』 外集 卷1, 「遊頭流山紀行篇」.

96 黃俊良, 『錦溪集』 外集 卷1, 「遊頭流山紀行篇」.

97 黃俊良, 『錦溪集』 卷1, 「靈神寺」.

98 西山大師, 『西山大師集』, 「內隱寂庵」.

99 西山大師, 『西山大師集』, 「頭流內隱寂」.

100 南周憲, 『宜齋集』 卷11, 「智異山行記」. "古稱雲上院, 一名眞金輪."

101 有一, 『林下錄』 卷3, 「七佛庵上樑文」. "拓雲上之舊址, 揭壁間之今名. 一山正脈之函藏, 萬壑靈氣之輻輳. 昔在新羅之代, 神文臨朝, 爰有頭流之仙, 玉浮其號, 迹似浮丘子, 道則毘耶翁. 飛玉笛之一聲, 警金關之七子, 踰城半夜, 捨萬乘之尊榮. 入山六年, 悟三界之夢幻, 洽同悉達太子, 頓成佛來, 奚論弄五公主 但隨鳳去. 於是, 一竿建利, 七佛命名."

102 南孝溫, 『秋江集』 卷6, 「智異山日課」. "寺本名雲上院, 新羅眞平王朝, 有沙飡金恭永之子名玉寶高者, 荷琴入智異山雲上院, 以琴修心五十餘年, 作曲三十調, 日日彈之. 景德王於街亭, 翫月賞花, 忽聞琴聲. 王問樂師安長一名曰聞福, 請長一名曰見福者曰, 此何聲, 二人曰, 此非人間所聞, 乃玉寶仙人彈琴聲也. 王齋戒七日, 玉寶至王前, 奏曲三十調. 王大喜, 使安長請長習之, 傳於樂府, 更於所居寺, 設大伽藍. 三十七國, 皆宗此寺, 爲願堂."

103 釋應允, 『鏡巖集』, 「七佛庵記」. "始羅二百十年, 有新文王子二人, 與宮母五人, 入此成道, 故改今名."

104 釋應允, 『鏡巖集』, 「七佛庵記」. "金海金氏譜, 首露王有子十人, 一爲儲君, 二人錫爲許氏嗣, 其餘七人, 志絶塵寰, 從寶玉仙, 入伽倻山, 學道成仙, 必此也. 盖寶玉, 玉寶, 字倒而已. 仙佛, 世人之互稱也. 自伽倻, 入雲上院, 悟心佛, 故後人慕之, 七佛名庵者也."

105 鄭栻, 『明庵集』 卷5, 「頭流錄」. "此庵創設, 不知幾千年, 而或傳東晉時所創. 且法堂後, 有玉臺. 昔新羅景德王有八子, 忽聞空中玉笛聲, 尋聲而來, 則玉臺上, 果有一仙人吹笛, 七子因築臺不返. 故名之."

106 宋光淵, 『泛虛亭集』 卷7, 「頭流錄」. "所謂七佛, 金富大王之七子, 住此成佛, 故以上院菴, 改今名. 左右有梵王村大妃洞, 卽金溥夫妻, 隨七子, 來寓之所. 言實無稽, 亦足備記異者筆."

107 金富軾,『三國史記』권32, 雜志 第一, 樂. "羅人沙湌恭永子玉寶高, 入地理山雲上院, 學琴五十年, 自製新調三十曲, 傳之續命得 得之貴金先生. 先生亦入地理山不出. 羅王恐琴道斷絶, 謂伊湌允興, 方便傳得其音, 遂委南原公事. 允興到官, 簡聰明少年二人, 曰安長淸長, 使詣山中傳學."

108 金富軾,『三國史記』권11, 新羅本紀 제11, 景文王 六年冬十月.

109 南孝溫,『秋江集』권6,「智異山日課」. "寺本名雲上院, 新羅眞平王朝, 有沙飡金恭永之子名玉寶高者, 荷琴入智異山雲上院, 以琴修心五十餘年 作曲三十調, 日日彈之."

110 南孝溫,『秋江集』권6,「智異山日課」. "景德王於街亭, 翫月賞花, 忽聞琴聲, 王問樂師安長一名曰聞福請長, 一名曰見福 日此何聲, 二人曰, 此非人間所聞, 乃玉寶仙人彈琴聲也. 王齋戒七日, 玉寶至王前, 奏曲三十調. 王大喜, 使安長請習之, 傳於樂府. 更於所居寺, 設大伽藍, 三十七國, 皆宗此寺, 爲願堂."

111 南孝溫,『秋江集』권6,「智異山日課」. "己巳, 寺有溫法主者, 示余玉寶事跡, 與洞首坐所言同."

112 金昌翕,『三淵集』拾遺 권28,「嶺南日記」. "位置穩奧, 亦兼高曠之致. 後有平臺, 乃玉寶仙人鼓琴處, 臺有數株松杉, 久經斧斫, 而復苗笋幹, 極可恠."

113 鄭栻,『明庵集』권5,「頭流錄」. "僧曰, 此庵創設, 不知幾千年, 而或傳東晉時所創. 且法堂後 有玉臺, 昔新羅景德王有八子, 忽聞空中玉笛聲, 尋聲而來, 則玉臺上果有一仙人吹笛. 七子因築臺不返, 故名之. 且玉臺上斫檜, 生莖不死云, 亦異矣."

114 金道洙,『春洲遺稿』권2,「南遊記」. "僧言玉寶新羅時人, 入山成道, 常遊此臺故名云."

115 宋光淵,『泛虛亭集』권7,「頭流錄」. "所謂七佛, 金富大王之七子, 住此成佛, 故以上院菴, 改今名. 左右有梵王村大妃洞, 卽金溥夫妻, 隨七子, 來寓之所. 言實無稽, 亦足備記異者筆."

116 黃道翼,『夷溪集』권3,「頭流山遊行錄」. "入法堂, 見記七佛事蹟, 王子七昆弟, 讀書於此寺, 因剃髮爲僧."

117 柳汶龍,『槐泉集』권3,「遊雙磎記」. "佛是新羅王子七人云."

118 宋秉珣,『心石齋集』권12,「遊方丈錄」. "僧云, 駕洛首露王之子七人, 嘗辭世成佛於此寺, 其母妃來坐洞口, 請出見, 則七子列立寺前, 但以形影池, 使之相視, 繇是, 寺以七佛名, 池亦以影號也."

119 金會錫,『愚川文集』권4,「智異山遊賞錄」. "寺門外數弓許, 有一小塘. 駕洛王之子七人, 成佛于此, 其母來欲見之, 七子不迎謁, 而但以形影暎池以視, 故寺名七佛, 池名影池也."

120 安益濟,『西岡遺稿』권3,「頭流錄」. "僧言, 昔首露王有子十人, 七子成佛於伽倻山, 奉妥七影於是菴, 方七子之居, 是也. 其母許后, 欲見七子於此, 而七子學道入定, 恐塵諦之有妨於工, 不使見形, 以道術現影於池中, 使母見其影而去. 其後寺門樓塔, 皆暎於其中云."

121 金澤述,『後滄集』권17,「頭流山遊錄」. "駕洛國首露王子七人, 成佛於此, 故菴以是名."

122 梁會甲,『正齋集』권8,「頭流山記」. "釋言首露王七子, 來化爲佛, 故名之, 而門外有影池, 照其親面云."

123 河益範,『士農窩集』권2,「遊頭流錄」. "老宿云, 新羅金夫大王有八子, 一傳位, 餘七子, 來此爲佛. 其妻

尋到, 請見, 佛曰, 見則世緣難脫, 鑿池於門外, 七佛立正門上, 照影於池, 使之一見, 寺名七佛, 以此也."

124 河謙鎭,『晦峯集』권28,「遊頭流錄」. "念昔新羅之亡, 敬順王七王子, 恥爲臣僕, 入此山, 爲生佛. 此與天竺王子之逃父, 入雪山者, 不可同年而語也, 明矣."

125 梁在慶,『希庵遺稿』권8,「遊雙磎寺記」. "新羅王七子化仙臺, 在其後, 名曰玉寶臺. 此庵之所以爲七佛也."

126 黃道翼,『夷溪集』권3,「頭流山遊行錄」. "登塔臺回首, 寺基結局山上, 甚端妙矣."

127 金之白,『澹虛齋集』「遊頭流山記」. "頭流寺觀, 至三百有七十, 而奇麗特爲第一."

128 宋秉珣,『心石齋集』권12,「遊方丈錄」. "寺之幽奇, 超勝於雙磎·國師."

129 梁會甲,『正齋集』권8,「頭流山記」. "形勝, 與雙溪寺伯仲, 而有裕. 盖般若峯一支, 東轉百里, 爲天王峯, 西分爲卯峰, 其中峰起伏, 四十里環抱, 成庵址. 面面拱揖, 白雲三峯對案如畫."

130 全基柱,『菊庵續稿』권2,「遊雙溪七佛菴記」. "有上中下三臺. (…) 已而, 周觀後, 逶迤上上臺, 金莎佃鋪廣五里許, 白雲山, 亦爲正案."

131 宋秉珣,『心石齋集』권12,「遊方丈錄」. "峯包如郭, 中闢一洞府, 儘別界靈源也."

132 金會錫,『愚川文集』권4,「智異山遊賞錄」. "寺之幽暢, 僧之恭勤, 方丈諸寺中第一也."

133 宋秉珣,『心石齋集』권12,「遊方丈錄」. "菴在兜率峯." 金會錫,『愚川文集』권4,「智異山遊賞錄」. "訪七佛菴, 菴在兜率峰下."

134 釋應允,『鏡巖集』「七佛庵記」. "毘盧法殿, 淸虛尊者, 手筆記文. 在東, 有藥師石佛, 甚靈偉. 西則高僧堂, 因突爲床, 均溫高低, 堂制嘿言面壁, 達摩心是究."

135 釋應允,『鏡巖集』「七佛庵記」. "登庵後, 有玉寶臺, 西北崗有浮休祖師齒牙塔, 其下秋月能禪師浮圖."

136 朴來吾,『尼溪集』권12,「遊頭流錄」. "往觀法堂及影子殿等處, 因上玉寶臺舊墟遺址, 別無可觀."

137 南周憲,『宜齋集』권11,「智異山行記」. "所謂影池亞埃, 皆菴中古蹟."

138 梁會甲,『正齋集』권8,「頭流山記」. "佛堂如巖廊, 亞房形妙, 法堂安七佛懸像."

139 金昌翕,『三淵集』拾遺 권28,「嶺南日記」. "後有平臺, 乃玉寶仙人鼓琴處. 臺有數株松杉, 久經斧斫, 而復苗笋幹, 極可恠."

140 鄭栻,『明庵集』권5,「頭流錄」. "且法堂後, 有玉臺, 昔新羅景德王有八子, 忽聞空中玉笛聲, 尋聲而來, 則玉臺上果有一仙人吹笛. 七子因築臺不返, 故名之."

141 黃道翼,『夷溪集』권3,「頭流山遊行錄」. "登寺後玉府臺."

142 柳汶龍,『槐泉集』권3,「遊雙磎記」. "後有浮臺 稱王子成佛處."

143 宋秉珣, 『心石齋集』권12, 「遊方丈錄」. "又云, 七佛登遊寺後石臺, 玉笛自東京, 忽浮來浮去. 故名其臺, 曰玉浮."

144 金會錫, 『愚川文集』권4, 「智異山遊賞錄」. "寺傍, 又有玉浮臺, 七佛自駕洛持玉笛來, 吹浮於此, 故臺以名焉."

145 河謙鎭, 『晦峯集』권28, 「遊頭流錄」. "庵後有玉簫臺, 僧云新羅玉笛出於此, 新羅亡後, 玉笛無聲, 其誕妄可知也."

146 盧光懋, 『懼菴遺稿』권2, 「遊方丈記」. "入庵, 菴後玉抱臺甚奇."

147 梁在慶, 『希庵遺稿』권8, 「遊雙磎寺記」. "新羅王七子化仙, 臺在其後, 名曰玉寶臺, 此庵之所以爲七佛也."

148 李普林, 『月軒集』권9, 「頭流山遊記」. "菴後有七寶臺, 而奇妙洽如人功. 古者, 七佛生于此, 故菴名云也."

149 釋應允, 『鏡巖集』, 「七佛庵記」. "從般若南三十里, 有七佛庵, 稱東國第一禪院, 舊額雲上院."

150 朴來吾, 『尼溪集』권12, 「遊頭流錄」. "中有六七法侶, 面壁而坐, 身被袈裟之服, 念着摩尼之珠, 終日黙坐, 持心無常者, 依然若塔上之佛也."

151 盧光懋, 『懼菴遺稿』권2, 「遊方丈記」. "西有黙言閣, 房以亞字爲之. 僧云, 此是造化翁所造, 以新羅時作, 而屢經兵火, 至今完久, 一不重修矣."

152 柳汶龍, 『槐泉集』권3, 「遊雙磎記」. "西有亞字房口字突, 由羅閭麗, 至今不改云."

153 黃道翼, 『夷溪集』권3, 「頭流山遊行錄」. "至亞字房, 中低而四邊高, 高低幾數尺餘, 一處焦火, 上下皆溫, 亦可怪也."

154 朴來吾, 『尼溪集』권12, 「遊頭流錄」. "其制作規模, 極妙且奇, 而上下烟突, 一般寒燠, 則此亦莫知其所以然也."

155 金澤述, 『後滄集』권17, 「頭流山遊錄」. "菴有亞字房, 一巨房內, 用高低作, 畫如亞字形, 一竈燃火, 高低幷溫, 歷數百年, 不變云."

156 安益濟, 『西岡遺稿』권3, 「頭流錄」. "碧眼堂房突, 作亞字形, 突上加突, 高可尺餘, 廣可數尺. 藉以紙版, 緣以鐵錫, 五日一爨, 其寒暖高低一般, 亦奇事也."

157 李普林, 『月軒集』권9, 「頭流山遊記」. "僧云, 以一負柴燃突, 則限一月溫不息."

158 金澤述, 『後滄集』권17, 「頭流山遊錄」. "是曇空禪師所造."

159 金會錫, 『愚川文集』권4, 「智異山遊賞錄」. "又有亞字房, 此亦七佛所創."

160 宋秉珣, 『心石齋集』권12, 「遊方丈錄」. "入禪房, 以亞字作三間層堗, 而有東西隔檻. 怪問之, 此亦七佛所

創, 而今幾千年, 不改其埃, 炊輒遍燠云."

161 宋光淵, 『泛虛亭集』권7, 「頭流錄」. "所謂七佛, 金富大王之七子, 住此成佛. 故以上院菴 改今名, 左右有 梵王村大妃洞, 卽金薄夫妻, 隨七子, 來寓之所."

162 黃道翼, 『夷溪集』권3, 「頭流山遊行錄」. "前有影池, 僧亦云, 七佛之妻, 來求見七佛, 七佛不許, 徘徊樓 上, 影落池中, 故但見其影而歸."

163 朴來吾, 『尼溪集』권12, 「遊頭流錄」. "昔羅王世子逃佛於此寺者, 積有年所, 而羅王莫의 其所向矣. 一夜 夢寐之暇, 輒告於王曰, 苟欲見我, 來訪於智異山七佛寺, 寺後有玉寶臺, 臺下有池, 於池, 可以見吾影子 也. 古昔相傳之言, 其來已久, 則池以影名, 蓋有所據也."

164 柳汶龍, 『槐泉集』권3, 「遊雙磎記」. "前有影池, 王子嘗曰, 吾眞像當照見云."

165 安益濟, 『西岡遺稿』권3, 「頭流錄」. "未及寺門三百餘武地, 有影池. 玉流澄淸, 金碧照輝, 見寺門倒暎於 波底, 其楣額大書東國第一禪院六字. 蓋寺在池上, 則理固相暎, 而橫在池左, 遠不能及, 其亦異哉."

166 釋應允, 『鏡巖集』, 「七佛庵記」. "登庵後, 有玉寶臺, 西北崗有浮休祖師齒牙塔, 其下秋月能禪師浮圖."

167 불교신문 3228호. 2016년 10월 8일 자. "七十餘年遊幻海, 今朝脫殼返初源, 廓然眞性元無碍, 那有 菩提生死根."

168 釋應允, 『鏡巖集』, 「七佛庵記」. "禪師嗣碧松心印, 精勤苦行. 每夜, 負石行道, 遇虎, 便欲捨身, 虎俛首 不肯, 常侍左右. 臨終遺誡, 毋費人財力, 但聚山形石, 藏舍利. 後人欲改石鐘, 虎出沮之. 至今繞塔, 純儉 無奢. 如見其人, 不覺膝之跪而手之叉矣."

169 鄭栻, 『明庵集』권5, 「頭流錄」. "以亞字形作突, 卽所謂高僧堂也. 其佛殿, 則撑下十二層卓上, 刻成飛禽, 金飾懸之. 僧曰, 形容百禽聽說法狀云."

170 金道洙, 『春洲遺稿』권2, 「南遊記」. "下輿入碧眼堂, 房突左右崛起, 爲座榻狀. 房中掛達摩像, 有八九癯 僧, 面壁參禪, 見余至, 下榻拜迎."

171 李柱大, 『冥菴集』권2, 「遊頭流山錄」. "稍北十餘武, 有金臺者, 亦云孤雲所遊賞處. 若橫一爼几, 而稍隆 其中, 登此望之, 則光陽之白雲山, 只在眼底."

172 金昌翕, 『三淵集』권8, 「七佛寺」.

173 李載毅, 『文山集』권2, 「七佛寺 賦所見」.

174 姜瑋, 『하동군지』상권, 「七佛寺」.

175 宋秉璿, 『朝鮮寰輿勝覽』상권-하동(『화개면지』에 재수록), 「七佛寺」.

6장_오래된 미래, 화개동

1 李仁老, 『破閑集』 권1.

2 奇大升, 『高峯集』 권1, 「入靑鶴洞 訪崔孤雲」.

3 南孝溫, 『秋江集』 권2, 「讀雙溪寺碑」.

한국인의 이상향

지리산 화개동

초판 1쇄 발행 • 2019년 3월 15일

지은이 • 최석기
사 진 • 김종길
펴낸이 • 이상경
부 장 • 박현곤
편 집 • 김종길
디자인 • 이희은
편집보조 • 이가람

펴낸곳 • 경상대학교출판부
주 소 • 경남 진주시 진주대로 501
전 화 • 055) 772-0801(편집), 0802(디자인), 0803(도서 주문)
팩 스 • 055) 772-0809
전자우편 • gspress@gnu.ac.kr
홈페이지 • http://gspress.gnu.ac.kr
페이스북 • https://www.facebook.com/gnupub
블로그 • https://gnubooks.tistory.com
등 록 • 1989년 1월 7일 제16호

이 도서의 국립중앙도서관 출판시도서목록(CIP)은 서지정보유통지원시스템 홈페이지(http://seoji.nl.go.kr)와
국가자료공동목록시스템(http://www.nl.go.kr/kolisnet)에서 이용하실 수 있습니다.
(CIP제어번호: CIP2019005762)